제2판

유아의 마음을 읽는

유아미술교육

이현아 지음

창지사

머리말

유아에게 미술교육은 다양한 미술적 재료와 탐색적 활동을 통해 인지 발달, 정서 발달, 신체 발달 등 중요한 발달 과업을 이룩하게 도와준다. 즉, 유아기는 감각을 통해 세상을 알아나가는 시기이며 감각적 교육은 그 어떤 교육보다 중요하다. 미술교육은 유아에게 시각적, 촉각적 감각을 자극하며 세상을 사고하고 인지하며 느끼게 도와준다. 그러므로 유아기에 감각을 자극하는 다양한 재료와 미술적 활동은 중요한 교육이 될 수 있다. 또한, 유아는 미술활동을 통해 자신의 심상(心像, imagery)을 미술적 요소로 표현해 놓는다. 심상은 모든 감각 양상의 심적 표상을 포함하며 경험이나 정서, 인지 등을 포함하여 담고 있다. 따라서 유아들은 자신이 느낀 것, 생각한 것, 경험한 것을 그림으로 표현해 놓는다. 그러므로 유아의 그림이나 미술활동은 유아의 마음을 이해할 수 있는 기회를 제공한다.

이 책은 미술교육을 통해 유아의 마음을 읽고 이해하고자 하는 데 중점을 둔다. 따라서 이 책의 이론편 내용과 실제편의 활동은 유아의 심상을 살펴보고 찾아보는 내용으로 구성되어진 장점을 지니며, 실제편에서는 유아가 미술놀이를 할 수 있는 기초적인 미술 매체의 기법 안내와 이를 바탕으로 다양한 발상이 가능한 내용으로 나누어 제시하므로 다른 책과의 차별성을 가진다.

따라서 이 책은 유아의 심상을 통해 살펴본 미술교육의 이론과 유아의 마음을 담을 수 있는 실기활동에 대한 안내로 총제적인 유아미술교육에 관해 설명하고자 한다.

이 책은 유아교육학과를 비롯해 아동학과, 아동보육, 사회복지 관련학과의 분야에서 공부하는 학부생들과 현재 어린이 집과 유치원에서 근무하는 교사들의 유아미술에 관한 이해를 돕고자 집필하였다. 그밖에 유아를 둔 학부모나 그림을 통해 유아의 마음을 알고자 하는 사람들, 기초적인 그리기 작업을 좋아하는 사람들에게도 많은 정보를 제공하며 도움이 될 것이다.

이 책은 2009년 처음 출판된 이후 현 교육과정의 내용을 첨가하며 부분 개정하였다. 이 책의 내용 및 구성은 크게 유아의「심상을 통한 유아미술교육 이론편」과 「재료 탐색을 통해 살펴본 유아미술교육 실제편」으로 나누어진다.

첫째,「 심상을 통한 유아미술교육 이론편」에서는 1. 유아미술교육의 중요성, 2. 유아의 미술적 표현과 심리, 3. 유아미술을 보는 다양한 관점, 4. 유아미술표현의 발달단계, 5. 유아미술의 발달단계에 따른 특성, 6. 유아미술교육과 교육과정, 7. 유아미술을 위한 교사론, 8. 감상과 전시, 9. 유아미술을 위한 환경 및 자료, 10. 유아 그림을 통해 살펴본 유아미술의 10장으로 구성되어졌으며 각 장마다 자세한 내용을 설명해 놓았다.

둘째,「재료 탐색을 통해 살펴본 유아미술교육 실제편」은 1. 크레파스, 2. 파스텔, 3. 수채화, 4. 먹, 5. 거품그림, 6. 실그림, 7. 풀그림, 8. 콜라주, 9. 요술그림, 10. 판화, 11. 본드그림, 12. 색종이 접어 꾸미기, 13. 골판지 퍼즐의 13장으로 구성되어 졌으며 각 장마다 참고 사진을 수록하여 활용·응용하는 데 도움을 주고 자 하였다.

마지막으로 이 책이 나오기까지 도움을 주신 많은 분들께 감사의 말씀을 드린다. 우선 책을 쓸 수 있도록 마음과 여건을 주신 주님께 감사드리며 가족들에게 고마운 마음을 전하고 싶다. 마지막으로 이 책을 출판하도록 맡아주신 김기섭 사장님과 좋은 책이 나오도록 노력해 주신 창지사 담당자 여러분께 진심으로 감사의 말씀을 전한다.

2022년 6월

이현아

제 2 부 재료 탐색 및 발상을 통한 실제편 • 161

유아의 마음을 읽는

유아미술교육

유아의 심상을 통한
유아미술교육
이론편

P·A·R·T

01

Chapter 01 유아미술교육의 중요성

1. 인지 발달에 도움

인지(認知: cognition)는 우리가 일상생활에서 대상을 인식하고, 주의하고, 기억하고, 생각하고, 느끼고, 문제를 해결하는 모든 지적 혹은 정신적 사고과정을 의미한다.

즉, 우리는 주변 자극에 대하여 강하게 인식된 것을 주의(attention)의 단계를 통해 기억(memory)에 저장하고 새로운 개념과 지식을 얻을 수 있게 된다. 이와 같은 인지과정은 사고(thinking)나 문제해결(program solution)에 영향을 준다. 따라서 대상을 인식하거나 알아가는 모든 과정들을 인지, 혹은 인지과정이라 할 수 있다. 과거 인지의 발달은 선천적인 것으로 여겨졌으나 피아제(Piaget)를 비롯해 블룸(Bloom), 브루너(Bruner)등의 학자들은 인지를 환경과의 상호작용에 의해 영향을 받는 것으로 보았다. 또한 블룸(Bloom)의 연구에 의하면 0~4세 사이에 지능 발달의 50%가 이루어지고 4~8세 사이에 30%가 이루어지며 8세 이후에 20%가 이루어진다고 한다. 즉, 0~8세 사이에 인간의 80%에 해당하는 지능의 발달을 가진다고 볼 수 있다(조정숙 외 2003: 13). 이와 같은 인지, 혹은 지능의 발달은 주변 환경과의 끊임없는 상호작용에 의해 영향을 받으며 발달한다. 따라서 8세 이전의 유·아동에게 적당한 자극 환경은 인지발달에 중요한 요소가 된다.

유아에게 제공되는 미술교육은 다양한 자극 환경을 조성한다. 유아는 다양한 미술적 자료를 통해 그리거나 만들어 봄으로써 대상을 인식하고 느끼며 문제를 해결하고 생각하는 과정을 가진다. 즉, 유아들은 미술활동의 환경 속에서 대상을 그리거나, 종이를 자르거나, 접거나, 부분과 전체를 구성하거나 하는 다양한 문제를 접한다. 이와 같은 다양한 자극은 유아의 사고와 문제해결능력을 길러준다.

그리고 주의집중이 짧은 유아들에게 미술활동은 주의를 집중할 수 있게 도와준다.

또한, 미술교육은 유아들에게 감각적 자극을 통해 지각발달을 가져오며 유아의 인지발달에 도움을 준다. 유아들에게 제공되는 미술적 자료는 다섯가지 감각을 다루는 것이어야 하며 특히, 시각과 촉각의 지각적 자극을 줄 수 있는 자료여야 한다.

첫째, 자연물을 비롯한 미술자료는 유아들에게 충분한 시각적 자극을 줄 수 있어야 한다.

색, 형태, 움직임이 있는 시각적 자극이 많이 주어졌을 때 뇌의 담당 부분이 활성화된다. Moutousis와 Zeki(1997)의 연구에 의하면 대상이 가지고 있는 시각적 속성인 형태, 색, 움직임을 지각하는 데 걸리는 시간은 상대적이라고 한다. 색이 가장 빨리 지각되고 형태, 움직임 순으로 지각된다.

〈그림 1〉은 인간의 뇌가 기능적으로 특수화되어 있음을 보여주는 실험 그림이다. 다양한 색을 보았을 때와 움직이는 장면을 보았을 때 담당하는 뇌의 부분이 따로 활성화됨을 알 수 있다.

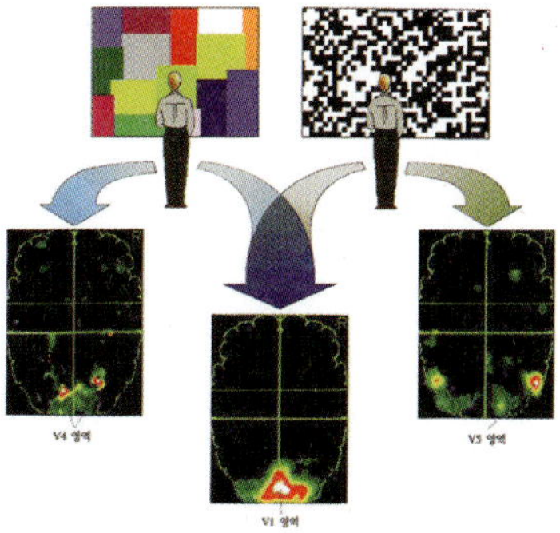

〈그림 1〉

자료 출처: Zeki, S.(1999). Inner vision. 박창범 역(2003).
이너비전 뇌를 보는 그림, 뇌로 보는 그림. 서울: 시공사. 84.

즉, 뇌는 시각체제에 입력된 대상의 색, 형태, 움직임을 처리하는 부분이 특수화 되어 있으며 다양한 시각 자극은 뇌를 활성화시킴으로써 지능 향상을 가져올 수 있다. 또한, Piaget(1960)도 영유아기에 다양한 시각적 자극 및 경험의 제시가 지적·정서적 발달에 중요하다고 보았다(강경미, 2007: 26).

둘째, 유아들에게 제공되는 미술자료는 풍부한 촉각적 자극을 줄 수 있어야 한다. 유아들은 미술자료가 지닌 재료를 만져봄으로써 더욱 구체적으로 재료의 특성을 파악할 수 있다. 즉, 재료에서 오는 촉감을 통해 사물을 인지하는 촉시(touch sight)를 기르게 되며 질적 사고 및 확산적 사고(divergent thinking)를 할 수 있게 된다(이현아, 2005: 16). 확산적 사고는 한 가지 답만을 가지는 수렴적 사고(convergent thinking)의 반대개념으로, 다양한 관점에서 사고할 수 있는 능력으로서 창의성과 깊은 관련성을 가진다.

따라서 유아들에게 제공되는 미술교육은 감각적이며 지각적인 자극을 주어야 하고 이와 같은 자극들은 유아의 인지발달을 촉진할 수 있다.

2. 정서 발달과 심리 치료적 기능

정서(emotion)는 우리가 생활하면서 가지게 되는 마음의 움직임으로 외부 자극에 대한 생리적 반응이나 미소, 울음과 같은 행동의 반응을 의미한다. 정서는 크게 기쁨, 슬픔, 행복과 같은 긍정적인 정서와 분노, 우울, 짜증과 같은 부정적인 정서로 나누어 볼 수 있다.

사람의 정서는 영아기 초기에 일차 정서로 기쁨, 분노, 공포가 나타나다가 이후 이차 정서로 수치, 부러움, 죄책감, 자부심 등이 나타나게 된다. 만 2세가 되면 흥미, 불쾌, 혐오, 기쁨, 분노, 놀람, 슬픔 등 11종류의 정서가 나타난다. 3~6세의 정서 반응의 형태는 독자적이고 자율적인 형태를 추구하며 자기가 원하는 목표 달성에 어려움이 생기면 분노, 질투와 같은 격한 감정이 발생한다. 또한, 다양한 종류의 자율적인 활동을 통하여 자기 통제를 익히게 된다(한임순, 1999: 165).

유아의 정서 표현이나 정서적 행동은 그들의 심리적 상태를 알 수 있게 한다. 유아들은 그들 나름대로의 여러 가지 갈등을 가질 수 있다. 즉, 부모와의 갈등(양육 태도에 의한 갈등, 애착에 의한 문제), 자기 자신과의 갈등(욕구 불만, 열등감, 외로움), 형제로 인한 갈등(동생의 출생), 또래 유아와의 갈등(소외감, 의견 충돌)

등 여러 가지 갈등 상황을 가질 수 있다(이현아, 2005: 22). 또한 이 시기가 되면 유아 스스로 정서 표현에 대해 많은 것을 이해하게 되고 정서를 표현하는 단어를 사용하거나 이해하는 능력이 급속도로 증가한다(정옥분, 2007: 398). 그러나 유아는 논리적 사고력이나 언어적 유창성이 아직 미숙하기 때문에 자신의 정서를 정확하게 표현하기에 어려움이 따른다. 따라서 유아기에 그림이나 만들기의 미술활동은 유아 자신의 내면을 자연스럽게 표출할 수 있게 도와주며 유아의 정서나 감정을 가시화 해 줄 수 있게 한다. 즉, 미술활동은 유아의 생각, 감정, 욕구등 말로 표현하기 어려운 심상(心傷)을 가시화하는 제2의 언어적 역할을 해준다.

〈그림 2〉

유아들은 미술활동을 통해 자신의 감정과 정서를 표출하고 내적인 문제를 해결할 수 있다.즉, 유아 스스로 자신의 욕구나 갈등을 해소함으로써 정서적 안정과 정신 건강을 가져 올 수 있다. 또한 미술활동은 개인의 느낌이나 사고, 문제점을 전달 해 줄 뿐만 아니라 정신적 문제를 이겨내고 회복하는 데 도움을 준다. 정신적 외상들이 미술활동을 통해 표현됨으로써 개인이 지니고 있는 긴장, 불안이 해소된다. 즉, 미술활동은 정서 발달과 관련하여 심리 치료적 기능을 지닌다. 일반 유아를 비롯해 정서장애 유아, 행동장애 유아, 발달장애 유아, ADHD(attention deficit hyperactivity disorder) 유아, 우울한 유아 등에게 심리적 문제점을 치유해 줄 수 있다. 정서나 행동 장애 유아는 무엇보다도 보고, 만지고, 조작하고, 행동하는 놀이적 활동에 관심이 있다고 한다(박은혜 외, 2004: 125). 따라서 놀이와 통합된 미술활동으로 구성·계획해야 한다. 또한 행동장애 유아 가운데 위축된 유아가 있는데 이런 유아들은 흰색 종이보다는 미색지를 이용하여 그리게 하며 큰 종이에 큰 붓을 사용하여 그리게 하거나 핑거 페인팅, 꼴라쥬와 같은 활동으로 유도한다(김동연 외, 2002: 151). 공격성이 있는 유아에게는 찰흙과 같은 매체를 통해서 공격성을 표출시키고 이완시킬 수 있다. 과잉 행동 장애를 가진 유아는 주의집중 시간이 짧고 한꺼번에 여러 가지 활동을 하고자 한다. 따라서 단순한 과제를 제시해 준다. 그리고 과잉행동이나 충동성이 강한 유아에게는 에너지를 감소시키는 것이 필요하므로 활동성이 많은 활동이나 종이 찍기, 반복적인 활동인 모자이크 등의 미술활동으로 심리 치료적 효과를 얻을 수 있다(이근매·최외선, 2003: 23).

또한 다양한 미술활동을 통해 정서를 표출함으로써 유아 자신의 정서를 이해하고 표현할 수 있으며 나아가 남의 마음을 이해하고 배려할 수 있는 정서지능(emotion intelligence)을 함양할 수 있을 것이다.

따라서 미술활동은 유아에게 공격, 분노와 같은 부정적 정서를 표출·해소할 수 있게 도와주며 긍정적 정서를 함양할 수 있도록 계획되어야 한다.

3. 신체 발달에 도움

유아들은 미술활동을 통해 눈과 손의 협응력과 손과 손목의 소근육 발달을 가져 올 수 있다. 영아기 때는 눈으로 본 것을 손으로 잡으려 해도 잘 잡을 수 없다. 그러나 생후 3개월 이후에는 눈으로 본 것을 손으로 잡는 '눈(감각 계통)과 손(운동 계통)의 협응'이 이루어진다.

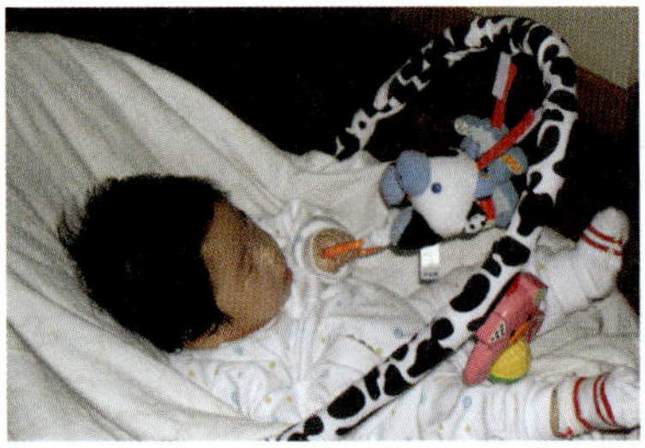

〈사진 1〉

이것은 신체 분화와 통합이라는 발달과정을 보여주는 것이므로 신체 각 부위와 감각기관의 발달을 의미한다(조복희, 2003: 147).

미술활동에서 이루어지는 그림 그리기, 자르기, 쌓기, 점토 놀이, 구슬꿰기 등은 눈과 손의 협응력이 길러 줄 수 있다. 또한 눈과 손의 협응력과 방향성은 읽기, 쓰기, 셈하기(3R's) 등의 학습을 준비하는 데 필요한 신체적 기술(한임순, 1999: 157)이며 지능과 관련하여 인지 발달에도 도움을 준다.

또한 미술활동은 손과 손목의 소근육 발달을 도와준다. 3세 유아는 엄지와 검지 손가락으로 매우 작은 물체를 잡을 수 있지만 서투르며 블록도 똑바로 쌓지 못한다. 4세가 되면 블록도 똑바로 쌓고 선을 따라 가위질도 할 수 있다. 5세가 되면 종이를 1/2이나 1/4로 접을 수 있으며 크레용으로 색칠을 할 수 있다(정옥분, 2007: 355).

〈그림 3〉은 3세가 그린 그림으로 손의 근육이 약해서 필선이 흐리게 나타났다. 〈그림 4〉는 5세의 그림으로 필선이 진하고 여러 가지 색을 이용해 잘 표현 되어졌다.

〈그림 3〉 3세의 난화그림

〈그림 4〉 5세의 그림

그림 그리기, 접기, 가위질하기, 구슬 꿰기, 꼴라쥬와 같은 미술활동은 유아들의 소근육을 발달시킬 수 있다.

4. 시공간 지각발달

인간은 외부 자극의 80%를 시각을 통해 얻는다. 시각은 빛에 의해 이루어진다. 빛이 망막에 비쳐지고 시신경(optic)을 통해 뇌의 일차시각피질, 시각연합피질로 이동한다. 이와 같은 시각과정을 통해 외부 대상을 지각·인식하게 된다. 시각체제는 외부 대상이 가지는 형태, 색채, 움직임, 표면결 등의 특성을 각기 전문화된 시각회로에 의해 해석한다. 〈그림 5〉는 대상의 특정 속성을 처리하는 시각체제(이현아, 2008)를 나타낸다.

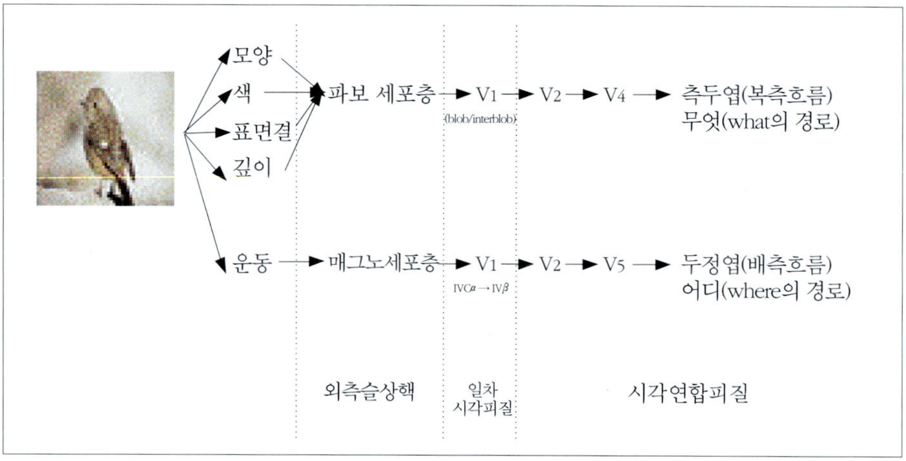

〈그림 5〉 대상의 특정 속성을 처리하는 시각체제

자료 출처: 이현아(2008). 시각체제의 특정 속성과 조형요소의 관계 연구. 한국조형교육, 제31호 1호, p. 248.

이와 같이 우리는 시각체제를 통해 대상을 보고 대상의 형태, 색채, 움직임, 표면결 등의 특성을 읽어 대상을 인식하게 된다. 즉, 시지각은 '보기'인 시각과 '이해하기'인 지각으로 나누어진다.

Arnheim(1969)은 시지각을 시각적 사고(visual thinking)라고 보았으며 지능과 연관하여 인지적인 측면을 설명하고 있다. 또한, Gardner(1983)는 다중지능이론(multiple intelligence theory)을 설명하면서 미술과 관련하여 공간 지능(spatial intelligence)에 대해 언급하고 있다. 공간적 지능은 같은 요소들의 실례를 알아내는 능력, 한 요소를 다른 요소로 변형시키거나 변형을 알아내는 능력, 정신적인 이미지를 포착하고 이미지를 변형시키는 능력, 공간적 정보의 도포적 형상을 만들어 내는 능력 등을 말한다(이경희, 1998: 219). 실제적으로 지도를 잘보고, 길을 잘 찾고, 퍼즐을 잘 맞추는 능력들이다. 이와 같은 시지각 능력들은 눈으로 보는 능력과 시각적 심상을 이용해 마음속으로 공간을 이동하고, 상상하고, 추론할 수 있는 인지적인 혹은, 지능적인 능력들과 깊은 연관을 가진다.

〈그림 6〉은 Shepard 와 Metzer(1971)의 심적 회전 그림으로 방향이 서로 다른 3차원 입체 형태를 짝으로 제시하며 마음속으로 회전하여 같은 형태인지를 알아보는 그림이다.

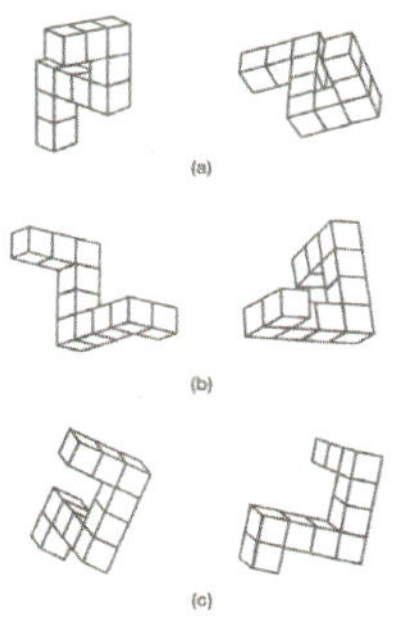

〈그림 6〉 Shepard와 Meter(1971)의 심적 회전

〈그림 7〉은 정육면체를 전개도로 접었을 때의 형태를 시각적 심상을 이용해 생각해 볼 수 있게 한다.

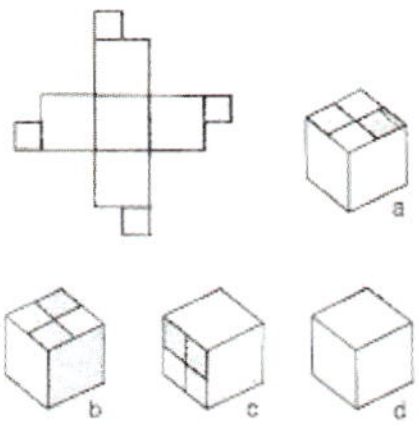

〈그림 7〉 접혀진 형태

이와 같이 시각적 심상은 시지각에 의해 이루어지며 대상의 형태를 인식하거나 공간을 지각할 수 있게 도와준다. 또한, 시지각에 의해 인식된 심적 표상(mental representation)은 새로운 이미지나 대상을 상상하거나 추상할 수 있게 한다. 따라서 생리적인 시각체제를 비롯한 시지각의 발달은 유아에게 지능이나 인지를 높일 수 있는 기초적인 자료로서 중요하다.

영아의 시각체제는 밝은 빛만 볼 수 있고 엄마를 비롯한 외부의 대상은 흐릿한 실루엣으로만 지각할 수 있다. 생후 첫 주의 영아는 평면보다는 희고 검은 표면을 좋아하고, 이후 2~3개월 된 영아는 복잡한 도형을 오래 주시함으로써 시각체제의 발달을 가져온다.

즉 2~3개월 이후의 유아는 〈그림 8〉의 도형 보다는 〈그림 9〉의 복잡한 도형을 자세히 응시한다.

〈그림 8〉

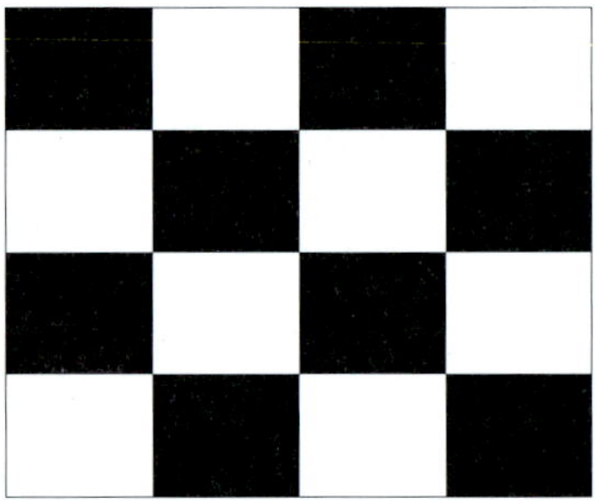

〈그림 9〉

영아 초기에는 단순한 형태들도 구분할 수 없지만 생후 6개월 이후에는 원형, 사각형, 삼각형의 면을 가진 블록들을 구분할 수 있게 된다. 또한, 4세의 유아는 다이아몬드, 삼각형, 사다리꼴, 불규칙한 사각형 등의 형태지각을 할 수 있게 시지각이 발달한다. 6~7세에 이르면 지각활동 통제 능력이 발달하게 되어 형태의 부분들을 서로 비교해 보기도 하고 부분들간의 상호관계를 보다 정확하게 지각함으로써 형태를 더욱 체계적으로 탐색할 수 있게 된다(신명희, 2000: 93~98). 색지각에 있어서도 영아 때부터 색의 차이를 알며 유아기 때는 빨간색, 노란색, 파스텔톤의 색들을 좋아한다. 대상의 전체적인 지각은 정지된 물체보다는 움직이는 물체를 보고 흑백보다는 색깔이 있는 것을 본다. 그러나 외부 대상의 속성은 색, 형태, 움직임 순으로 지각된다.

이와 같은 시지각의 발달은 다양한 미술활동을 통해 촉진될 수 있다. 유아기 때 제공되는 미술 활동 및 자료는 대상의 형태, 색채, 질감과 같은 속성을 지각하는 데 도움을 주며 대상을 보는 눈의 힘을 길러준다. 이것은 시지각 발달뿐만 아니라 공간이나 환경을 이해하며 인지를 높일 수 있는 기초적인 자료가 되어줄 것이다.

5. 긍정적 자아개념의 향상

자아개념(self-concept)은 신체적 특징, 개인적 기술, 특성, 가치관, 희망, 역할, 사회적 신분 등을 포함한 '나'는 누구이며, 무엇인가를 깨닫는 것을 의미한다. 자아개념은 자신이 독특하고 타인과 구별되는 분리된 실체라고 인식하는 데에서 발달하기 시작한다(정옥분, 2007: 508). 실제로 생후 1세 정도면 자신과 타인을 구별하고 2세 정도가 되면 자신의 이름을 아는 등 자아개념이 형성되기 시작한다고 볼 수 있다.

즉, 자신과 남이 다르다는 것을 인식하게 되면서 서서히 발달되는 자아개념은 연령에 따라 간단하고 구체적인 개념에서 복잡한 개념으로 발달된다. 유아기 아동에게 자신을 묘사하라고 하면 이름, 신체적 모습, 자기가 가지고 있는 물건 등의 구체적 특징에 의거하는 것이 보편적이다. 그러나 나이가 들어가면서 가치관이나 사고 그리고 정서상황 등의 추상적인 차원으로 자신을 기술한다(조복희, 2003: 255). 즉, 2세의 영아는 자신이 좋아하는 행동으로 자신을 표현하지만 유·아동기로 접어들면서 자신의 신체적 특성이나 능력 등으로 자신을 나타낸다.

이와 같은 자아개념은 자아(self), 자신(ego), 자아지식(self-knowledge), 자아정체(self-identity), 자기이해(self-understanding), 자아상(self-image), 자아존중감(self-esteem)등의 동의어로서 자신을 이해하고 인식하는 것을 말한다(송인섭, 1998: 18).

자아개념은 선천적으로 타고 나는 것이 아니며 후천적으로 이루어진다. 즉, 개인의 자아에 대한 지각 이전에 환경과의 상호작용에 의해 형성된다. Cooley에 의하면 자아는 타인과의 접촉을 통해 사회적으로 형성되며 자기라는 상(figure)은 사회적 상호작용에서 타인이라는 거울 속에서 발견된다는 뜻으로 면경자아(looking-glass self)라는 개념을 사용하였다(김용래, 2000: 175). 상호작용에서의 타인은 개인에게 있어 '의미 있는 타인'(significant others)또는 '중요타인'(important others)으로 살펴볼 수 있다. 유아에게는 부모나 가족, 교사, 동료, 친구들이 의미 있는 타인, 중요타인이 된다. 즉, 부모나 교사와의 상호작용에서 유아 스스로 긍정 정인 자아개념을 가질 수 있고 혹은 부정적인 자아개념을 가질 수 있다. 부모나 교사가 유아를 존중하고 긍정적 태도를 보여준다면 유아 스스로 긍적적인 자아를 형성한다. 그러나 반대로 부정적인 태도를 보여준다면 유아는 부정적인 자아개념을 형성한다. 이와 같은 자아개념은 곧 자기 존중감과 깊은 관련을 가지며 모든 상황에 적용되어진다. 따라서 미술활동은 유아 스스로 자신의 생각, 느낌, 감정을 표현하며 나타내는 기회를 준다. 유아는 미술활동을 통해 정서를 표출하면서 정서적 안정감과 만족감을 가지게 되며 긍정적인 자아개념을 형성할 수 있게 된다. 또한, 다양한 미술활동 중에 느끼게 되는 만족감이나 성취감은 곧 긍정적인 자아개념으로 연결되며 차후 학습 자아개념과 깊은 관련을 가지게 된다. 이와 같은 관점에서 교사는 유아가 미술활동을 통해 자아를 잘 표현할 수 있고 긍정적인 만족감이나 성취감을 가질 수 있도록 학습의 기회를 제공해야 할 것이다.

6. 사회성 향상

사회화는 자기 이외에 남이 있다는 사실을 알게 되었을 때 형성된다. 사회화(socialization)란 다른 사람과의 인간관계에 있어서 공동생활이 잘 이루어져 나가는 과정을 말하며 사회성 발달이란 사회의 기대에 따라서 행동하는 능력이 길러지는 것을 의미한다. 인간의 본성 가운데에는 타인과 접촉하려는 사회적 욕구가 있으며,

이와 같은 욕구는 유아가 나이들어감에 따라 증가한다(한임순, 1999: 166).

영아는 엄마나 다른 사람과의 눈 맞춤과 미소를 통해 사회화의 시작이 이루어진다고 할 수 있다. 유아기에 들어서면 다른 사람을 이해하고 의견을 존중하는 태도를 보임으로써 사회화의 행동 특성을 보여준다.

그림 그리기를 비롯한 다양한 미술활동은 유아의 사회성을 향상시킨다. 우선 영아는 그림을 그릴 때 낙서의 기간이 지나고 나면 엄마나 아빠를 그려 자신이 아닌 대상을 표현한다. 즉, 사회화의 표현이 시작되는 것이다. 유아가 되면 주변 환경과 다양한 대상을 그려나감으로써 사화화의 표현은 더욱 활발해진다. 또한, 다양한 미술활동을 하면서 유아는 교사나 다른 유아들과의 상호작용을 배운다. 그림을 그리거나 작품을 만들어 봄으로써 유아 자신의 생각과 다른 유아의 생각과 의견이 다름을 알고 인정할 수 있는 기회가 제공된다.

혹은, 미술활동 중에 재료를 서로 나누어 쓰고 집단이나 협동 작업을 통해 협동심을 길러나갈 수 있다. 미술활동이 끝나면 함께 뒷정리를 하면서 공동 생활의 습관과 태도를 익힐 수 있다. 이와 같은 과정 속에서 유아는 협동, 도움, 이타심을 배우고 자신 중심에서 벗어나 타인을 존중할 수 있는 사회화의 기초적인 태도와 행동을 습득할 수 있다.

7. 창의성 향상

창의성은 기존의 경험이나 지식이 아닌 새로운 것을 만들어 내는 능력이다.

Lowenfeld(1964)는 창의성을 사고의 융통성과 아이디어의 유연성으로 정의내리며 새로운 것을 만들어내는 능력이고 남과는 다른 사고방식을 의미한다고 보았다. 또한, 그는 새로운 것을 만들기 위해서는 감수성(sensitivy), 유창성(fluency), 융통성(flexibility), 독창성(originality), 추상하는 능력(abstract), 종합하는 능력(synthesize), 조직하는 능력(organize) 등이 필요하다고 보았다. 즉, 이와 같은 능력들은 창의성의 기본 특성이 된다.

Guilford도 창의성이란 새로운 것을 낳는 힘으로 인간의 다섯 가지 지적 기능, 인지력, 기억력, 수렴적 산출력, 확산적 산출력, 판단력 중에서 확산적 산출력을 의미하며 어떤 문제를 해결하는 데 있어서 하나의 올바른 해답을 요구하는 수렴적 산출과는 반대의 개념으로 정의하였다(오종숙, 2001: 34). 확산적 산출력 즉, 확산적 사고는 다양한 관점에서 생각하는 사고 능력으로 창의성을 촉진시킬 수 있다. 이와 같은 확산적 사고는 미술교육에 의해 길러질 수 있다. 미술활동은 수학과는 달리 한 가지 답이나 결과물을 가지는 것이 아니다. 여러 가지 재료와 한 가지 주제라도 다양한 작품을 만들 수 있다.

Lowenfeld에 의하면 모든 유아들은 잠재적으로 창의성을 가지고 태어난다고 하였다. 그러나 창의성은 유아기 때 가장 활발하게 나타나며, 초등학교 입학 전후로 저하된다. Hurlock도 아동의 창의성은 취학 즈음하여 저하되며, 이것은 학교나 교사가 요구하는 일정한 질서나 훈련에 기인한다고 보았다. Torrance도 역시 창의성은 4세 경에 절정을 이루며 취학하면서 차츰 저하된다고 하였다(오종숙, 2001: 35). 따라서 유아기 때 절정이 되는 창의성을 더욱 계발하여야 한다. 이와 같은 창의성 계발은 미술활동을 통해 촉진되어 질 수 있다. 미술활동 속에서 유아들은 다양한 재료와 문제를 접하게 되며 새로운 방법을 찾아나간다. 이와 같은 활동 과정 속에서 미술재료를 가지고 문제를 해결함으로써 창의력의 향상을 가져온다.

Lowenfeld는 창의성을 잘 발휘하게 하는 방법은 아동의 모든 감각을 통하여 삶의 특성에 노출되도록 하는 것이며, 상상력과 지각능력은 촉각, 시각, 청각적 현상에 대한 직접적인 경험을 통하여 발달한다고 보았다(Eisner, 미술교육연구회 역, 2003: 106). 즉, 창의력은 오감각을 느끼며 충분한 지각적 경험을 가졌을 때 더욱 발달할 수 있다. 또한, 창의성 발달은 교사의 태도와 말에 영향을 받는다. 미술활동을 할 때 교사는 수용적인 태도로 유아들에게 충분한 시간을 주고 발상을 도와주는 역할을 해야 할 것이다. 교사는 유아들의 미술활동 중에 '기쁨을 느끼게 하는 색은 무엇일까?', '노란색은 어떤 느낌이 드니?'와 같은 확산적 사고나 상상력을 촉진하는 질문을 함으로써 다양한 사고를 할 수 있도록 도와주어야 한다.

〈그림11〉는 5세 유아가 그린 「상현이와 지구를 지키는 독수리 오형제」 라는 그림이다.

유아는 예전에는 별을 그리지 못해 교사에게 가르쳐 달라고 했다. 교사는 '삼각형 두 개를 포개면 별이 되지'하고 별을 쉽게 그리는 방법을 가르쳐 주었다. 다음에 유아는 '선생님 제가 별을 그리는 새로운 방법을 개발했어요.'하고 이야기하면서 그림을 보여주었다. 새롭게 그린 별은 꽃모양으로 별 안에 서로 다른 색이 칠해져 있었다. 유아는 자신이 별을 그리는 새로운 방법을 찾았다고 기뻐하며 이야기했다. 교사에게 기뻐서 말한 상현이가 찾은 새로운 별 그림이 바로 창의력의 표현이다.

〈그림 10〉
별을 그리지 못했을 때의 표현

〈그림 11〉 상현이와
지구를 지키는 독수리 오형제

8. 개념과 지식의 획득

우리는 시각체제를 통해 외부의 정보를 얻는다. 우리에게 시각체제가 없다면 대상을 인식하는 데 많은 어려움을 느낄 것이다. 우리가 빨간 사과를 떠올린다면 우선 사과의 빨간색, 동그란 모양, 향기, 상큼한 맛 등을 생각할 것이다. 빨간색과 동그란 모양은 시각체제에 의해 인식된 정보이다. 또한, 향기는 후각, 맛은 미각에 의한 사과의 정보이다. 이와 같은 사과라는 대상은 이미 예전에 우리 눈을 통해 보고 만지고, 냄새 맡고, 먹어 본 우리 마음 속 심상의 사과이다. 사과를 전혀 경험하지 못했다면 마음 속 사과는 존재하지 못한다.

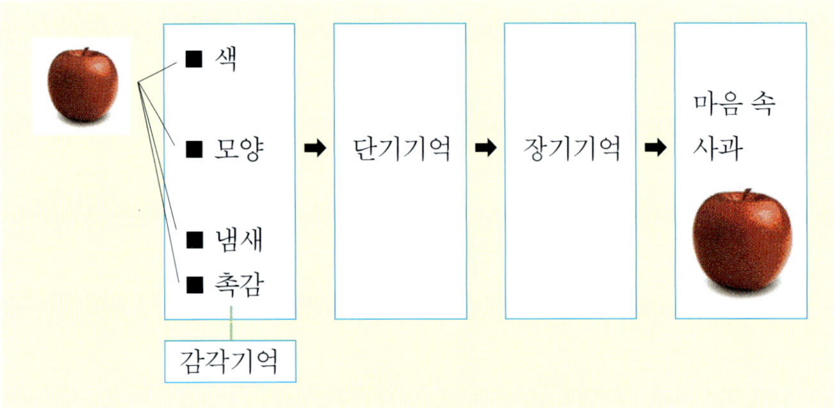

〈그림 12〉 시각 체제의 과정

자료 출처: 이현아(2008). 시각지능과 미술교육과의 관계 연구. 미술교육논총, 제22권 1호, p. 112.

이와 같이 우리는 시각체제 및 다른 감각을 기초 자료로 하여 대상을 인식하게 된다. 즉, 감각자료에서 지각자료로, 지각자료는 인지자료가 된다. 직접적인 경험을 통해 대상을 느끼고 파악하는 것이다. 〈그림 12〉는 사과를 알아가는 전체 시각체제의 과정(이현아, 2008)을 나타낸다.

우리에게 대상에 대한 심상이 어떻게 생기는지를 살펴보면 다음과 같다. 〈그림 13〉은 시각주의의 과정을 나타낸다.

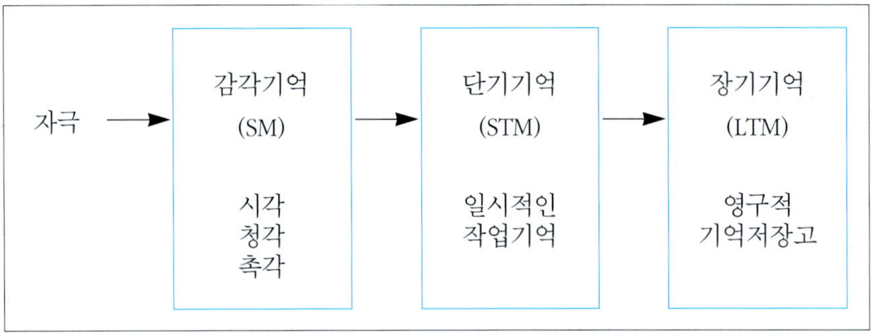

〈그림 13〉 시각주의의 과정

자료 출처: Reed, S. K.(1982). Cognition: Theory and applications. 박권생 역(2006). 인지 심리학. 서울: 시그마 프레스. 6.

유아가 병아리를 보았다면 노란색, 작은 두발, 날개 등 병아리의 모습을 본다. 청각으로 삐악삐악 소리를 듣는다. 촉각으로 부드러운 털의 촉감을 느낀다. 유아는 다섯개의 감각기관을 통해 병아리를 느끼며 "병아리는 노란 털을 가졌으며 작고 삐악삐악하며 걷는다."라고 지각한다. 병아리의 모습은 유아에게 큰 자극을 준다. 병아리의 시각적, 청각적, 촉각적 자극은 유아의 마음에 주의(attention)된다. 이것은 곧 단기기억(short-term memory)되어 유아의 기억체제로 넘어간다. 단기기억 체제에서는 병아리의 시각적 이미지와 청각적, 촉각적 이미지가 부호화되어 저장된다. 저장된 이미지는 곧 장기기억(long-term memory)으로 넘어가 유아는 병아리가 무엇인지 마음속에 담아둔다. 이제 유아의 마음속에는 병아리 모습의 심상이 담겨진다. 유아는 병아리를 그림으로 그리거나, 만들거나, 율동으로 표현하고자 할 때 마음속 병아리를 생각하여 표현할 수 있다. 이와 같은 과정은 유아가 병아리라는 새로운 개념을 알아나가는 과정이다. 즉, 인간의 인지과정이라 할 수 있다.

미술활동은 유아에게 새로운 개념을 형성시킬 수 있으며 알고 있는 개념도 더욱 정확하게 알려줄 수 있다. 아래의 〈그림 14〉는 유아가 그린 자전거 그림이다.

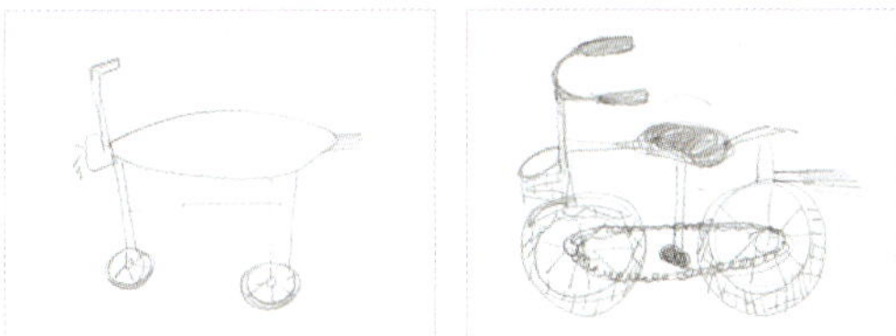

〈그림 14〉

유아가 그린 자전거의 그림을 통해 유아들이 각자 자전거에 대해 가지는 개념과 지식이 어떠한지를 알 수 있다. 페달과 바퀴의 관계 등 움직임에 대해 어느 정도 알고 있는지를 알 수 있다.

〈그림 15〉, 〈그림 16〉, 〈그림 17〉은 교사와 유아가 식목일을 주제로 하여 그린 그림이다.

교사는 "식목일은 나무나 씨앗을 심는 날이야. 우리 한번 식목일 날 나무나 씨앗을 심는 모습을 그려보자." 하고 권하였다. 유아는 씨앗을 심겠다고 했다. 처음에는 수박씨를 심는다고 했다. 교사는 다른 과일도 심어보는 게 어때? 하고 질문하였고 유아는 과일의 모든 이름을 대면서 씨앗을 그리기 시작했다. 그 다음에 교사가 씨앗을 심으려면 삽과 고갱이가 있어야 하는데 하고 이야기하자. 고갱이가 무엇이냐고 물어 보았다. 교사는 고갱이의 모양과 용도를 가르쳐 주었고 유아는 교사를 따라 그림에 그려 넣었다. 그리고는 물을 주는 그림을 그리기 시작하였다. 이 과정은 많은 시간이 걸렸지만 유아는 교사와의 상호작용 속에서 다양한 식물과 열매, 씨앗에 대해 이야기를 나누었고, 삽과 고갱이라는 도구에 대해, 또 식물에게는 태양과 물이 있어야 한다는 개념을 알아가는 시간이 되었다.

〈그림 15〉

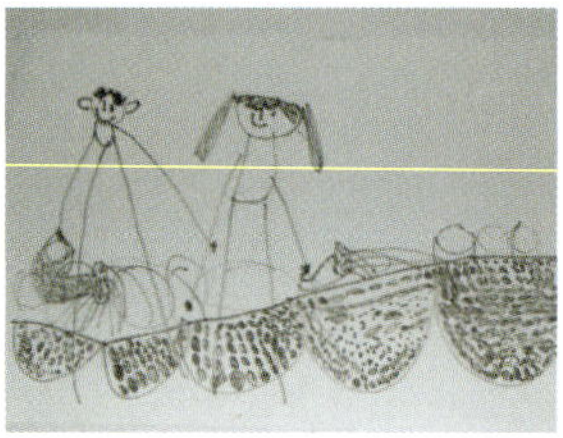

〈그림 16〉

〈그림 17〉

이와 같이 미술활동은 유아에게 새로운 개념과 지식을 가르쳐 주며, 교사는 유아가 그린 그림이나 작품을 통해 대상에 대해 어느 정도의 개념과 지식을 가지고 있는지를 알 수 있다.

9. 언어발달

유아기에 여러 경험을 하게 되면 새로운 말을 배우게 된다. 유아가 지니고 있는 호기심을 자극하여 다양한 물체를 보여주고 새로운 사건을 경험하게 하면 유아는 그 물체나 그 사건의 용어를 자연스럽게 습득하게 된다(조복희, 2003: 189). 또한, 언어적 환경을 주느냐에 따라 언어발달은 달라진다. 즉, 유아의 언어발달을 위해서는 성숙한 언어 사용자와의 상호작용이 필요하다. 유아는 흥미있는 것, 보는 것, 느끼는 것에 대해 이야기할 기회가 제공되어야 한다(한임순, 1999: 173). 미술 활동은 유아들에게 다양한 언어를 구사할 수 있는 환경을 제공한다. 일예로 '찰흙은 부드럽고 물렁물렁해요', '돌맹이는 울퉁불퉁하고 거칠어요', '분홍색은 진달래꽃 같아요', '핑거페인팅의 풀은 케익같이 부드러워요' 등의 재료와 활동 과정 속에서 다양한 어휘를 사용하게 만든다. 또한, 미술품을 감상하면서 자신의 생각과 느낌을 이야기하거나, 자신의 작품과 친구들의 작품을 보면서 서로 언어 기술을 익힐 수 있다. 즉, 미술활동은 유아들에게 다양한 어휘의 발달과 자신의 생각과 느낌을 전달하는 언어표현, 의사소통 기술 등을 발달시킬 수 있는 환경을 조성해 준다.

또한, 유아들은 미술활동 중에 접하게 되는 선, 색, 형태와 같은 조형요소를 통해 비교와 분류를 할 수 있고, 이것은 곧 읽기와 쓰기의 학습과 연관을 가지게 되며 다양한 도구의 사용은 쓰기 도구(필기 도구)를 다룰 수 있는 능력을 증진시킨다(이현아, 2005: 15).

10. 좌뇌와 우뇌의 균형 있는 발달

뇌는 수많은 신경세포들로 이루어진 거대한 네트워크로서 우리의 지각, 행동, 기억, 판단을 가능하게 만든다. 이런 모든 능력은 뇌를 구성하는 수많은 신경계 세포들에 의해 이루어진다.

신경계를 이루는 신경세포에는 지주세포(gilal cell)와 뉴런(neuron)이 있다. 그 중 뉴런은 두뇌의 구성 요소 중 가장 중요한 요소로 작용한다. 즉, 뉴런은 신경계의 기본적인 정보처리 요소로서 외부의 정보를 받아들이고 상호 전달하며 결정을 내리고 근육을 움직이게 한다(Carlson, 김현택 외 역, 2006: 38). 뉴런들은 서로 분리되어 있는데 뉴런들을 서로 연결시키는 역할은 시냅스(synapse, 또는 연접)에 의해 이루어진다. 따라서 뉴런은 시냅스에 의해 교신을 하며 교신은 신경 전달 물질(neuro-transmitter)이라는 화학 물질에 의해 이루어진다.

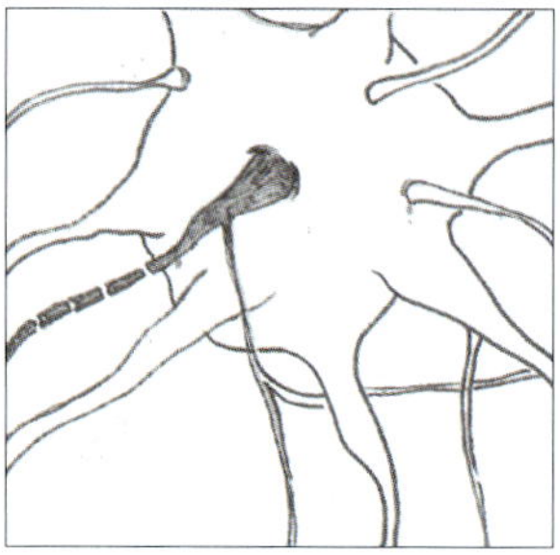

〈그림 18〉 시냅스

시냅스는 뇌에서 일어나는 모든 정보의 비교와 통합에 중심적인 역할을 한다(Kalat, 김문수 외 역, 2006: 65). 따라서 우리는 외부의 자극 정보를 뉴런과 시냅스의 역할에 의해 받아들일 수 있다. 우리는 외부의 일정 자극이 반복적으로 오면 시냅스의 연결에 의해 뉴런과 뉴런이 연결되며 새로운 지식을 얻는다. 이와 같은 과정은 우리에게 학습을 가능하게 하며 기억과 지능을 증가시킨다. 시냅스의 발달이 두뇌 발달의 주를 이루게 된다.

우리가 얼마나 잘 사고하고 학습하는 지는 이런 시냅스의 양이나 특성과 밀접하게 관련되어 있다(김유미, 2004: 59).

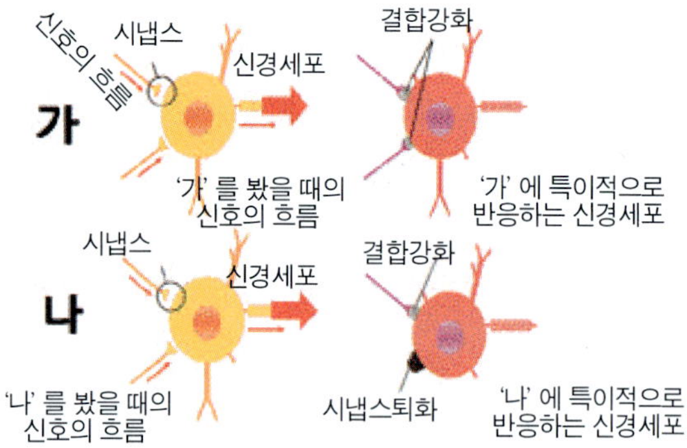

〈그림 19〉 기억, 학습의 메커니즘

시냅스의 형성(synaptogenesis)은 생후 2개월 때에 운동 피질에서 시작된다. 3개월 때 시각피질의 시냅스 형성이 절정에 이르면서 영아의 눈은 물체에 초점을 맞출 수 있게 된다. 8~9개월쯤 되면 기억 내용을 분리, 보관의 역할을 하는 해마

(海馬, ippocampus)의 기능이 형성된다. 이때 영아들은 경험 내용을 명확하게 기억할 수 있게 된다. 생후 6~12개월 때 논리적 사고와 예견 기능을 담당하는 전두엽 피질에서는 성인의 두뇌보다 배나 많은 에너지를 소모할 정도로 시냅스 형성이 빠르게 진행되며 이것은 10세까지 이어진다(백중열, 2003: 156). 특히 4~12세 사이의 유아동의 뇌가 성인의 뇌보다 훨씬 더 많은 에너지를 소모한다는 사실에 비추어 볼 때, 이시기가 감각자극을 열렬히 탐색하는 학습 고조기임을 알 수 있다(Chugani, 1991). 따라서 이 시기에는 감각자극을 탐색하려는 뇌의 욕구에 부응하는 다양한 경험이 제공되어야 할 것이다(조동균, 2004).

미술활동은 유아들에게 다양한 경험과 자극을 제시해 준다. 미술 자료의 탐색을 통해 시각, 촉각의 감각자극을 받을 것이며 활동을 통해 생각하고 문제를 해결하며 방법을 찾아 나갈 것이다. 이와 같은 과정은 유아의 뇌 발달에 도움을 줄 수 있다.

뇌는 크게 좌우로 나뉘어 좌뇌(왼쪽 뇌)와 우뇌(오른 쪽 뇌)로 되어 있다. 좌뇌는 언어적, 직선적, 순차적, 분석적, 논리적, 상징적, 합리적, 계수적인 반면, 우뇌는 비언어적, 지각적, 곡선적, 총체적, 종합적, 직관적, 구체적, 비합리적, 공간적이다(Edwards, 강은엽 역, 1998: 12).

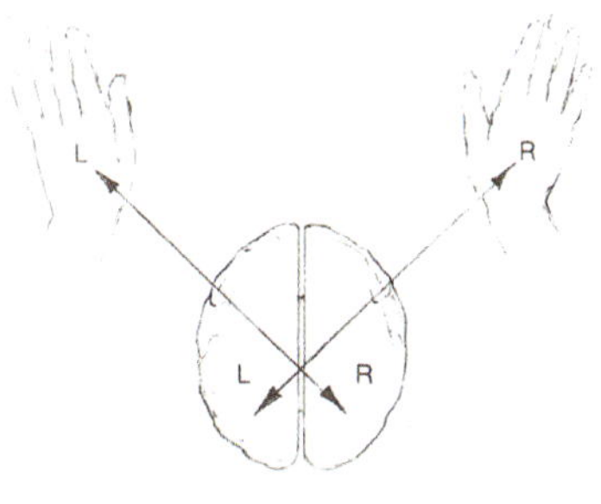

〈그림 20〉 좌우뇌와 신체 기능

자료 출처: Edwards(1999). The new drawing on the right side of the brain.
강은엽 역(2000). 오른쪽 두뇌로 그림 그리기. 서울: 나무숲. 55

양쪽 두뇌는 신체 기능에 있어 반대로 연결되어 있다. 좌뇌는 오른쪽 신체의 기능과, 우뇌는 왼쪽 신체의 기능과 연결되어 있다. 또한, 두뇌는 뇌의 신경 줄기에 의해 서로의 정보를 공유·소통한다. 우리가 생각하고 행동하는 모든 것은 두뇌의 기능이 절충되어 이루어진다. 한 예로 음악을 들을 때 좌뇌에 의해서 음표를 읽고 박자를 세어 나가고 우뇌에 의해서 음정, 표현 등을 조절해 나간다. 그림을 감상할 때도 양쪽 뇌가 다 작용한다. 〈그림 21〉을 감상해 보자.

〈그림 21〉

좌뇌는 그림이 담고 있는 상징을 읽고 색과 형태를 분석한다. 우뇌는 부분과 전체의 조화와 나아가 연관된 이미지를 상상한다. 또한, 그림을 보고 느껴지는 전체적인 인상을 가진다. 그러나 실제적으로 그림정보와 같은 시각 정보를 처리하는 것은 일반적으로 우뇌가 우세하게 수행한다(Solso, 신현정 외 역, 2003: 46). 그렇지만 창의적인 사고는 우뇌와 좌뇌의 상호 협력 하에 이루어진다.

미술활동은 유아에게 좌우 뇌의 균형 있는 발달을 가져다준다. 그림을 그리거나 작품을 만들 때, 전체적인 계획, 느낌, 부분과 전체의 조화, 공간, 형태의 인식과 다양성은 유아의 우뇌의 작용에 의해 이루어진다. 또한, 미술활동 중 생기는 문제해결이나 상징 사용, 단계적이고 조직적으로 사물을 파악하는 능력, 논리적이며 분석적인 활동은 좌뇌의 도움에 의해 이루어진다. 즉, 미술활동은 좌우뇌를 자극하며 양쪽 뇌의 균형 있는 발달을 가져다 줄 수 있다.

Chapter 02 유아의 미술적 표현과 심리

1. 유아의 미술적 표현

유아의 미술적 표현은 유아기의 전반적인 발달 단계와 깊은 관련을 가진다. 특히, 인지적 발달단계에 많은 영향을 받는다.

유아기의 인지 발달은 Piaget가 제시한 인지발달 단계 중 전조작기(preop-era-tional stage, 2~7세)에 해당한다. 전조작기의 사고는 자기중심적 사고(ego-centric thought), 물활론적 사고(animiam thought), 직관적 사고(intuitive thought), 상징적 사고(symbolic thought)의 특성을 지닌다.

첫째, 자기중심적 사고(egocentric thought)는 모든 사고의 중심이 유아 자신이 되어 자신이 좋아하거나 싫어하는 것에 의해 결정되는 사고 특성이다. 한 예로 파란 바다는 누군가가 파란색 물감을 떨어뜨린 것이라고 생각한다거나 해와 달도 사람이 만들어 놓은 것이라고 생각하는 것을 들 수 있다. 자기중심적 사고는 자기중심적인 언어(egocentric speech)와 함께 그림에서도 표현된다. 유아들은 자신이 좋아하는 사람은 크게 그리고 싫어하는 사람은 작게 그리거나 그리지 않는다. 〈그림 22〉는 자기중심적 표현의 예이다.

〈그림 22〉 자기 중심적 표현의 예

또한, 유아는 자기중심적 사고에 의해 공간 조망능력이 떨어진다. 즉, 자신의 중심에서 공간을 이해하기 때문에 한 대상이나 공간 안에서 자기 중심적 시각을 가지며 타인이 가지는 시각에는 관심을 가지지 않는다. 이와 같은 사고 특성으로 유아가 표현한 공간에 관한 관점에서도 자기중심적 관점에서의 공간 표현들이 나타난다. 〈그림 23〉은 유아가 지각한 공간을 표현한 것이다.

〈그림 23〉 유아의 공간 표현 그림

둘째, 물활론적(animiam thought) 사고는 무생물에게도 생명이 있다고 생각하는 사고로 4~5세 정도가 되면 감소한다. 한 예로 유아들이 탁자에 스스로 부딪쳐 넘어진 후 탁자에게 '때찌'하며 탁자가 자신을 넘어뜨렸다고 생각한다거나, 바람이나 햇님, 달님은 움직이기 때문에 살아있다고 생각하는 것을 들 수 있다.

이와 같은 물활론적 사고는 몇 가지 단계를 가진다. 1단계는 사람에게 영향을 주는 모든 사물은 살아 있다고 생각하는 단계이다. 2단계는 움직이는 것은 살아 있고, 움직이지 않은 것은 죽었다고 생각하는 단계이며 3단계는 움직이는 것 가운데서도 스스로 움직이는 것은 살아 있다고 생각하는 단계이다. 마지막 4단계는 생물학적 생명관에 근거하여 생물과 무생물의 개념을 파악하게 되는 것이다. 유아기는 1, 2단계까지 발달한다(정옥분, 2007: 364). 유아들은 물활론적 사고에 의해서 그림에 의인화 표현을 한다. 즉, 꽃과 태양에 사람의 얼굴 표정을 표현한다거나, 태양이 눈부시지 않게 썬글라스를 씌운 태양을 그리는 등의 의인화 표현을 보인다.

〈그림 24〉는 물활론적 사고에 입각한 그림이다.

〈그림 24〉 물활론적 사고의 표현

셋째, 직관적 사고(intuitive thought)는 사물을 볼 때 직관에 의해 사물이 지닌 독특한 특성이나 속성만을 지각하는 사고를 말한다. 직관(intuition)은 사고, 추리, 판단, 경험 따위의 간접 수단에 따르지 않고 대상을 직접 파악하는 일을 말한다. 또한, 직관이란 본다(seeing)의 의미로 대상을 그냥 바라보는 것(looking at)이 아닌 자세하게 보는 것(severly seeing)을 말한다. 자세히 본다는 것은 대상의 근본이 밝혀지기까지 주시함을 뜻한다. 따라서 직관적 파악은 본질적 파악이다. 즉, '본다'는 '아! 알았다'(I see)의 말의 의미와 통한다(김춘일, 1988: 37). 이와 같은 직관은 '경험적 직관'과 '본질적 직관'으로 나뉘어진다. '경험적 직관'은 사물을 순간적으로 직감(直感)하는 것으로 상대방의 표정에서 그 사람의 감정의 상태를 짐작하는 것이다. '본질적 직관'은 경험에 전혀 의존하지 않고 사실을 파악하는 능력이다(교육학 대백과 사전, 1998: 663). 본질적 직관은 사실에서 존재의 진실(truth of being)을 본다는 것을 말한다. 유아는 경험적 직관보다는 본질적 직관에 의해 대상을 표현한다.

유아는 직관적 사고에 의해 대상의 두드러지는 특성을 지각하고 그 느낌을 이미지화하여 표현한다. 미술에서 나타나는 표현들은 유아 정신의 인식적 기능(cognitive function)을 수행하는 중요한 현상이다. 유아들은 대상을 표현하는 데 있어 대상의 기본적인 형태를 바탕으로 단순하고 간결하게 재구성하여 표현한다. 다음 〈그림 25〉는 직관적 사고에 의한 유아의 그림 표현이다.

〈그림 25〉 사자의 정 · 측면 혼합그림

〈그림 25〉는 사자의 정면 얼굴과 옆면의 몸통을 연결하여 그린 그림이다. 모든 유아들이 그린 동물화의 그림은 이와 같은 표현 형식으로 그려진다. 즉, 직관적 사고에 의해 동물의 얼굴이 강하게 지각되고 몸은 옆모습의 움직임에 의해 강하게 지각되기 때문에 앞과 옆을 동시에 표현하여 그려 넣는다. 이와 같은 표현 형식은 원시 미술에서도 흔하게 보여진다. 〈그림 26〉은 민화에 그려진 호랑이의 동시성과 이집트 여인의 얼굴 그림이다. 이와 같이 원시 미술에서도 동시성·정면성의 그림 표현을 찾아 볼 수 있다.

〈그림 26〉 민화의 호랑이 그림과 이집트의 여인의 얼굴

자료 출처 : 김영학(1993). 민화. 서울: 대원사. 87.

즉, 얼굴의 방향과 눈의 방향이 다르다는 점이다. 즉, 본질적 직관에 입각한 정·측면 혼합의 표현 양식은 원시미술에서도 발견할 수 있다.

〈그림 27〉도 직관적 사고에 의한 표현의 그림이다. 가족들이 식탁에 둘러 앉아 식사하는 모습의 그림이다. 이 그림에서도 이상한 점을 발견할 수 있다. 즉, 표현

된 대상의 시점이 다르다는 것이다. 가운데에 있는 식탁과 가족의 모습은 위에서 본 시점으로 표현하였다. 유아는 식탁과 식탁 위에 놓인 맛있는 음식을 표현하기 위해 평면도의 형식을 빌려 그려놓았다.

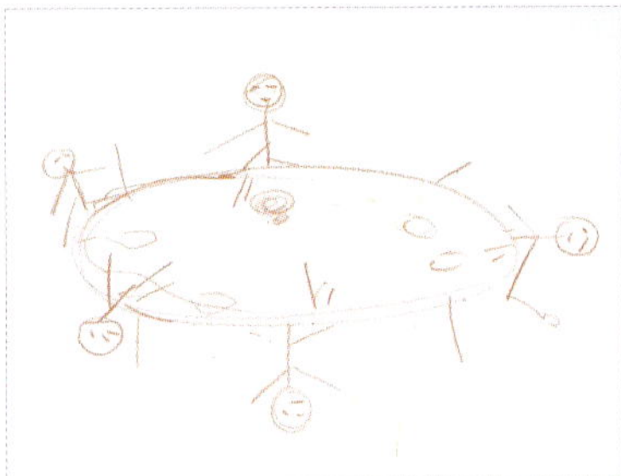

〈그림 27〉 식사하는 가족

넷째, 상징적 사고(symbolic thought)는 대상을 상징하여 표현하는 사고를 의미한다. 상징적 사고는 문제해결을 가능하게 하며 지금 여기에서 벗어나 정신적으로 과거나 미래를 넘나들 수 있게 한다. 유아는 상징적 사고에 의해 소꿉놀이, 병원놀이, 시장놀이 등 가상 놀이를 할 수 있다. 즉, 이 단계의 유아는 감각 운동적 사고에서 상상적 사고, 상징적 사고가 가능한 인지적 발달을 가진 것이다. 유아들은 상징적 사고에 의해 꽃, 나무, 집, 사람, 자동차를 다음과 같은 양식으로 표현한다.

〈그림 28〉

〈그림 29〉에서도 유아는 대상에 대해 상징화하여 반복적으로 표현한다.

〈그림 29〉

유아는 지금까지 살펴본 사고 특성에 의해 대상을 지각하여 표현한다. 또한, 이와 같은 인지적 기능에 의해 유아의 그림에서는 성인과는 다른 표현 양식을 찾아볼 수 있다.

유아가 대상을 표현할 때 대상의 형태 표현은 유아의 인지와 관계가 있다면 유아가 표현하는 색은 감정, 정서와 깊은 관계를 가진다. 따라서 유아가 대상을 표현하는 형태와 색에 대하여 알아보고자 한다.

1) 유아와 형태

유아가 대상을 표현하는 형태는 성인과는 다르게 나타난다. 즉, 성인에게 사과를 그려 보라고 한다면 대부분의 어른들은 빨간색이나 초록색의, 적당한 크기의 동그란 사과를 표현할 것이다. 그러나 유아는 기분과 느낌에 따라 네모난 사과나 보라색 사과를 그릴 수도 있다. 또한, 배가 고프다는 이유로 커다란 사과를 그릴 수도 있고 지금 현재 사과에 관심이 없거나 사과가 싫으면 아주 작게 그릴 수도 있다. 즉, 성인과 유아의 대상에 대한 표현 양식은 다르다. 성인은 대상을 그려 보라고 하면 1:1의 사실적 형태의 표현을 한다. 그러나 유아에게서는 1: 다수의 다양한 표현들이 이루어진다. 이 다수는 유아의 감정, 느낌, 경험, 지각에 따라 달라지는 표현들이다. 유아의 형태 표현에 관한 내용은 아래의 〈표 1〉과 같다.

〈표 1〉 유아의 형태 표현

유아의 형태	V 사고, 인지 V 변형의 형태 1:다수

아래 〈그림 30〉에 그려진 사과를 보고 이 각각의 사과는 어떤 사과인지 생각해 보자.

〈그림 30〉 사과

사과 그림을 보고 우리는 '왼쪽의 사과는 너무 잘 익은 사과이거나 썩은 사과'라고 생각할 것이고 오른쪽의 사과는 '연두색 사과, 혹은 풋 사과'라고 생각할 것이다. 그러나 유아들은 왼쪽의 사과는 빨간 물감을 칠한 사과, 사과 모양의 공, 내가 싫어하는 사과, 사과 모양의 사탕, 백설 공주가 먹은 독이 든 사과라고 말하며 오른쪽의 사과는 치약과 같아 입안이 향긋해지는 사과, 풀냄새가 나는 사과, 애벌레 집 사과라며 다양한 생각을 표현한다. 즉, 유아는 대상을 보고 자기중심적으로 다양한 느낌과 생각을 가지며 표현해 나간다.

또한, 유아의 형태 표현은 인지와도 깊은 관련을 가진다. 유아가 대상을 표현하는 것은 대상에 대한 유아의 개념이나 지식을 나타내는 것이다. 즉, 유아가 표현한 그림은 유아의 인지적 기능을 알 수 있게 도와준다. 한 예로 5세 유아에게 소방차를 그려보라고 한다면 소방차의 기능을 이해하고 물탱크와 사다리가 있는 차의 형태를 그려 넣는 유아가 있을 수 있고, 그냥 일반 자동차를 그려 표현하는 유아가 있을 수 있다. 물탱크와 사다리를 그려 소방차를 표현한 유아는 소방차의 개념과 기능을 아는 유아일 것이다.

이와 같은 관점에서 Lowenfeld와 Goodenough, Harris는 유아동의 그림 표현이 지능과 관련을 가진다고 보았으며 인물화를 그려 보게 하고 지능을 측정하는 인물화 검사(DMT: Dra-a-Man-Test)의 도구를 제작하였다. 이 검사는 유아동들이 가장 쉽게 그려 표현할 수 있는 인물을 주제로 하여, 인물이 자세히 표현되었는지, 신체의 부분과 전체의 비율, 눈과 손의 협응, 신체 각 부분이 있는지 등을 측정하여 유아동의 지능을 검사하는 도구이다. 즉, 유아의 그림 표현으로 지능을 알아 나갈 수 있다는 것은 유아의 형태 표현이 곧 지능, 혹은 인지와 깊은 관련을 있음을 알 수 있는 것이다.

〈그림 31〉, 〈그림 32〉는 동물원을 주제로 7세 유아가 그린 그림들이다.

〈그림 31〉

〈그림 32〉

같은 연령대의 동물원 표현은 완전히 다르다. 꼭 그림 표현이 뛰어나다고 해서 머리가 좋다고 할 수는 없지만, 〈그림 32〉의 유아는 〈그림 31〉의 유아보다 동물원의 개념을 확실히 알고 있다고는 볼 수 있다.

나아가 유아의 형태 표현은 유아의 성격이나 자아개념, 정서 상태를 포함한 심리상태를 알 수 있게 해준다.

2) 유아와 색

유아가 표현하는 색도 유아가 표현하는 형태와 같이 자기중심적이며 다양하다. 성인에게 지금 보이는 맑은 하늘을 그리고 색칠해 보라고 한다면 대부분의 성인은 맑은 하늘을 하늘색과 비슷한 색을 이용해 표현할 것이다. 그러나 유아는 성인과는 달리 노란색의 하늘, 보라색의 하늘, 파란색의 하늘, 회색의 하늘을 그려 넣을 수도 있다. 왜냐하면 노란색을 좋아하니깐, 엄마에게 혼이 나서 너무나 슬프기 때문에 회색의 하늘을 칠할 수도 있다. 즉, 유아의 색 표현은 1:1의 대상과 같은 사실적 색 표현이 아닌 1: 다수의 느낌의 색을 표현한다.

색은 형태보다 더욱 정서나 느낌, 감정과 연결되어 있다. 실제로 5세 유아가 늘 보라색만을 써서 문제가 있는 것이 아닌지 의문을 가진 적이 있었는데, 유아는 포도를 너무나 좋아해서 보라색으로만 칠하고 싶다고 말했다. 즉, 유아들은 대상의 본래 색보다는 자신의 감정과 경험, 느낌의 색으로 표현하고자 한다. 유아의 색 표현에 관한 내용은 아래의 〈표 2〉와 같다.

〈표 2〉 유아의 색 표현

유아의 색	∨ 감정 표현 ∨ 느낌의 색

〈그림 33〉에 있는 두 창문 안의 방 분위기가 어떨런지 생각해 보자.

〈그림 33〉

왼쪽 방은 파란색의 빛이 도는 방이다. 오른쪽 방은 주황색의 빛이 도는 방이다. 우리는 왼쪽의 파란색 방 안에 대해서는 왠지 쓸쓸하고 우울하며 차가운 느낌 즉, 부정적인 느낌의 분위기를 느낀다. 오른쪽의 주황색 방안에 대해서는 따뜻하고, 즐거우며, 행복한 느낌의 분위기를 느낀다. 이와 같이 색에서 받는 느낌은 우리의 정서와 감정을 표현할 수 있게 해준다. 유아가 느끼는 색에 대한 감정도 이와 비슷하다. 그러나 색채 감정은 5세 이전에는 없으며 5세 이후에서야 색채 감정을 가질 수 있다. 따라서 5세 이전의 유아는 대상의 사실적 색과는 관련이 없게 칠한다. 그러나 5세 이후에는 대상의 사실적 색을 칠하려고 한다.

아래 〈그림 34〉, 〈그림 35〉는 5세 유아 그림이다.

〈그림 34〉

〈그림 35〉

유아가 색칠한 그림은 대상의 색과는 다르게 칠해져 있음을 알 수 있다. 즉, 얼굴을 하늘색으로 칠하고 있으며 하늘의 구름은 초록색, 연두색, 노란색으로 칠해져 있다.

Lowenfeld가 제시하는 연령별 색 개념(김정 외, 2003: 223)을 〈표 3〉을 통해 살펴보면 다음과 같다.

〈표 3〉 Lowenfeld의 색 개념

	색개념
2~4세	아직 색의 개념이 분명하지 않다. 색을 보고 그리는 것이 아니고 그려 내고 싶은 충동 자체에 이끌려 끄적인다. 색깔보다는 차라리 한 두색의 색으로 처리한다. 색보다는 그냥 그린다는 개념이 앞선다.
4~7세	대상을 놓고 어떤 색으로 표현할 것인지 생각한다. 색채보다는 대상의 묘사에 충실하고자 노력한다. 형태를 그리려고 스케치한 것을 보고 판단해서는 안 된다. 자꾸 색채가 변하게 된다. 대상을 놓고 색칠하는 과정에서 개인의 어떤 의식은 우리가 생각하는 것처럼 어떤 의미를 깊이 갖는 것은 아니다 그러나 이따금 유아들이 사용하는 색채는 심리상태와 무관하지 않다. 강한 인상을 받았다거나 좋아하는 색깔을 자주 애용한다.

	색개념
7~9세	대상과 색깔과는 자연스런 관계를 맺는다. 반드시 대상과 똑같게 그리지 않을 때도 있다. 맑은 하늘도 보았지만 안개 낀 하늘도 본 적이 있고 노을진 하늘도 보았기에 여러 형태의 하늘이 나타날 수 있다.

또한, 유아들은 밝은 노란색, 빨간색, 파란색을 선호한다. 특히, 여아들은 파스텔 톤의 밝은 색을 선호하는 경향을 가진다. 여아는 생리학적으로 망막의 두께가 남아보다 얇기 때문에 밝은 색을 선호하는 것이다. 남아들은 파스텔 톤보다는 진한 색을 선호한다. 그 이유 역시 남아들은 눈의 망막이 두껍기 때문이다. 실제로 남아들은 파란색을 선호한다.

Garth는 6세 된 유아는 빨강색을 제일 좋아하고 그 다음 순으로 파란색을 좋아하며, 이 나이가 지나면 파랑색을 제일 먼저 고르고 빨강, 주황색 순으로 선택한다고 하였다. Winch도 유아에게 여러 가지 색을 가르쳐 주고 좋아하는 색을 선택하라고 하면, 나이가 어린 유아는 빨강색을 고르고 6세가 넘은 유아들은 파란색을 선호한다고 하였다(김정 외, 2003: 212). 그러나 초등학교에 입학하게 되면 초록과 파란색의 한 색을 선호하는 경향으로 나타난다. 초등학교의 규칙과 규율에 의해 색의 선호가 바뀌는 것이다.

또한, 유아가 대상을 표현하는 색의 사용량은 그리 많지 않다. 실제로 어린 유아들은 여러 가지 색을 제시하여도 한 가지 색으로만 그림을 그린다.

〈그림 36〉은 4세의 그림이다.

〈그림 36〉

색의 사용은 4세 이전에는 3~4가지 색 정도이고 5세는 4~5가지 색, 6~7세는 10가지 색, 7세 이후에는 12색 정도까지 사용이 가능해지며 언어가 유창해지면서 다양한 색의 이름도 알고 표현할 수 있게 된다.

색은 다양한 심리적 속성과 깊은 관련성을 가진다. 따라서 유아의 색 표현도 심리적 속성과 깊은 관련성을 가진다.

2. 유아의 심리와 미술적 표현 특성

미술의 표현은 시각적 심상의 표현이다. 즉, 심상은 유아의 지각, 기억, 경험 등에 기초한다. 특히, 시각적 심상은 형태와 공간에 관한 정보를 표상하는 데 효과적이며 정서적인 반응을 포함한다(한국미술치료학회, 2000: 29). 또한, 유아의 미술적 표현은 언어로써는 표현하지 못하는 것을 쉽고 직접적으로 표현할 수 있게 도와준다. 유아의 표현은 유아의 심상과 무의식을 엿볼 수 있게 해주며 이를 통해 그들의 경험, 지각, 정서, 감정 등을 알 수 있게 도와준다.

즉, 유아동 그림은 심리적 상태나 대인관계, 다양한 감정들을 나타내는 내면세계에 대한 반영이다. 유아동은 자신이 탐색하거나 해결한 문제, 혹은 자신의 생각이나 관찰을 시각적인 형태로 간단히 나타내는 것으로 그림을 사용하는데, 미술 표현은 그들의 내면에 담겨 있는 의식적, 무의식적 요소를 지니는 특별한 개인의 상태이자 유아동이 가지고 있는 여러 가지 측면을 나타내는 것일 수 있다(Malchiodi, 김동연 외역, 2003: 19).

이와 같이 유아의 그림은 유아가 가지는 여러 가지의 심리적 상황 및 대상의 지각, 경험, 관계 등을 가르쳐 준다.

1) 유아의 심리와 형태의 표현

유아가 그림에 그려 넣는 형태는 유아가 경험하고 지각한 내용을 담고 있다. 특히, 언어적 발달이 미흡하기 때문에 그림에 표현된 형태는 제2의 언어적 기능을 담는다. 또한, 미술은 시각적 심상을 가시화 하는 기능과 역할을 하고 있기 때문에 유아가 그린 그림의 표현 역시 유아의 느낌, 생각, 정서를 가시화해 준다. 아래 〈그림 37〉, 〈그림 38〉은 남아 7세가 그린 그림이다.

〈그림 37〉

〈그림 38〉

위의 두 그림에서 보면 왼쪽 그림에서는 검은색의 동그라미에 선이 연결된 형태를 볼 수 있을 것이며 오른쪽 그림에서는 비슷한 형태가 빨간색으로 그려진 것을 볼 수 있다.

교사가 유아에게 무엇을 그린 거니? 하고 물어보자 유아는 천둥 번개가 치는 것을 표현했다고 말했다. 유아는 늘 조용하고 내성적이며 얌전한 남자 아이였다. 그러나 가족 상담을 통해 유아의 부모님이 별거 중이며 친할머니에 의해 길러지고 있는 상태였음을 알았다. 유아의 그림에서는 늘 천둥 번개가 등장한다. 태양을 그린 밝은 날에도 천둥 번개는 늘 그려졌다. 바로 천둥 번개는 유아의 내성적인 성격에 반해 내면에는 충동과 분노가 가득함을 나타내 준다. 즉, 유아는 자신의 내면을 그림에서 천둥 번개로 표현하고 있다.

또한, 유아는 자기중심적 사고에 의해서 자신이 좋아하는 사람은 크게 그리며 이쁘고 멋진 옷을 입히고 아름답게 표현한다. 그러나 싫어하는 사람은 작게 그리거나 아름답지 않게 표현한다. 심지어는 동생이 태어나 부모의 사랑을 빼앗겼다는 생각에 동생을 부모님이 쓰레기통에 넣었으면 좋겠다는 마음의 상태를 그려 넣었다.

〈그림 39〉는 이와 같은 예시를 보여준다.

〈그림 39〉

자료출처 : Burns, R. C. & Kaufman, S. H. (1974). Actions, styles and symbols in kinetic family drawings. 장연집 역(2000). 아동이 그린 가족화 분석. 서울: 교문사. 197

따라서 유아가 그린 그림은 유아의 마음을 그대로 투사하는 기능을 지닌다. 이와 같은 관점에서 Goodenough가 제시한 인물화 검사는 유아동의 지능뿐만 아니라 성격 특성을 보여준다. 이는 후에 Buck(1948), Machover(1949), Koppitz(1968) 등의 학자들에 의해 지지받으며 더욱 발전하였다.

특히, Machover의 인물화 검사(DAP: Draw-A-Person)는 유아동에게 사람 그림을 그리게 한 후 성격을 알아보도록 하는 검사 도구이다. Machover는 인물화를 통해 자아상을 알 수 있다고 하였다. 신체 각 부분인 머리, 얼굴, 손, 발, 몸, 어깨, 목 등 각 부분에 대하여 자아상의 표현 방법을 구별할 수 있고, 여러 가지 자세, 연령, 복장 등으로 성격을 추리할 수 있다고 하였다. 즉, 그림을 그린 사람의 신체적 자아상, 심리적 자아를 관찰할 수 있게 도와준다. 〈그림 40〉은 6세 여아가 그린 인물화이다.

〈그림 40〉

그림에서 여아는 두 팔을 들고 있으며 웃고 있는 얼굴 표정을 하고 있다. 6세 여아의 인물화 검사의 평가는 그림 그리는 순서, 그림에 대한 태도, 지움, 수정, 생략한 부분이 있는지를 우선적으로 고려해 본다. 그 다음 전체적인 인물상의 크기, 자세, 방향, 선의 묘사, 세부묘사, 신체 각 부분의 표현 방법 및 그밖에 표현되어진 상징 등을 고려하여 유아의 자아상 및 성격을 알아본다. 위에 제시한 6세 여아는 도화지에 적당한 인물의 크기와 자세, 방향으로 그렸으며 웃는 얼굴 표정에 두 팔을 벌리고 있는 모습을 그렸다. 또한, 치마에 하트 모양을 상징으로 그려 넣었다. 이 인물화는 6세 여아들에게서 볼 수 있는 대표적인 그림이기도 하다. 두 팔을 벌리고 하트 모양이 상징으로 나타난 것은 애정을 표현한 것이다. 또한, 발의 생략은 아직 어린 유아로서 자율성이 부족한 것을 상징한다. 그러나 여기서 이루어지는 평가로 유아를 완전히 판단해서는 안 된다. 이와 같은 인물화 검사는 유아동을 이해하고자 하는 것이지 서투른 판단을 내리고자 하는 것은 아니다. 즉, 유아동은 그림을 통해 자신의 무의식에 의한 자아상을 표출하고 내면을 투사해 준다.

이와 같은 투사의 기능을 통해 우리는 언어적 표현이 미흡한 유아의 심리 상태를 그림으로써 이해할 수 있게 된다.

또한, 집, 나무, 사람(HTP: House-Tree-Person) 그림과 동적 가족화(KFD: Kinetic-Family-Drawing)의 그림 검사 도구를 통해 유아의 심리상태과 정서, 대인관계 등을 읽어나갈 수 있다.

HTP 그림 검사는 집, 나무, 사람을 그리는 것이고 KFD 그림 검사는 움직임이 있는 가족을 그리는 것이다. 이 그림들은 유아의 정서, 자아상, 욕구, 감정, 가족과의 관계를 알 수 있게 해준다. HTP 그림 검사나 KFD 그림 검사는 미술치료에서만 사용되는 검사도구가 아닌, 일반적으로 유아들이 쉽게 그리는 주제나 표현으로 되어 있다. 〈그림 41〉, 〈그림 42〉는 6세 남아의 HTP그림과 KFD그림이다.

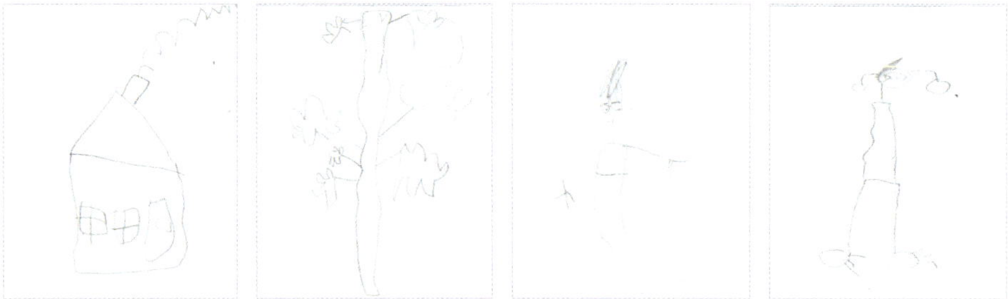

〈그림 41〉 HTP

〈그림 42〉 KFD 그림

HTP그림에서 남아는 다음과 같이 설명하였다.

이 집은 고양이와 쥐가 살고 티라노사우루스도 함께 사는 집이예요. 이 애들은 사이가 안좋고 자주 싸워요. 서로 사랑하지도 않아요. 이 나무는 감나무고 1100살 먹었어요. 물이 필요하고요. 다 자라면 까맣게 타버려요. 그리고 그 자리에 독버섯이 나와요.

이 사람(왼쪽 첫 번째 사람)은 유치원생이고 열심히 공부해야만 해요. 또 이 사

> 람은 20살이고 회사를 다녀요. 공부를 하고 있고 건전지가 필요해요.

위에 제시한 예문은 HTP 그림 검사와 KFD 그림 검사 후 교사의 사후질문에 따라 대답한 유아의 설명이다. 유아가 그린 그림과 질문에 대답한 예시를 보면 전체적으로 공격성을 느끼게 하며 공부를 잘해야만 된다는 생각을 가지고 있음을 알 수 있고 애정(물, 건전지)이 필요함을 예시하고 있다. 실제로 이 유아의 형제관계는 동생과 둘인데, 자주 싸운다고 한다. 또한, 엄마는 공부를 잘 해야 된다는 얘기를 자주 하신다.

KFD 그림에서 남아는 다음과 같이 설명하였다.

> 왼쪽부터 아빠, 엄마, 나, 동생이 집에서 놀고 있는 것을 그렸어요. 아빠는 TV를 보고 엄마는 설거지를 하고, 나하고 동생은 놀고 있어요, 그리고 바로 전에 동생과 싸워서 엄마 아빠한테 혼났어요.

위에 제시한 예문도 유아가 KFD를 그리고 교사가 질문하는 사후질문에 따라 설명하는 내용이다. 우선 전체 가족을 커다란 선 안에 포획하고 또 아빠만 다시 포획하는 양식으로 그려졌다. 즉, 자신의 가족을 보호하고자 하는 욕구나, 안정의 욕구가 보이며 특히, 아빠가 싫거나, 혹은 유아와의 정서적인 교류가 적은 것으로 이해되어진다. 또한, 아빠 엄마보다 동생과 손을 잡은 표현은 더욱 깊은 유대관계를 느끼게 해준다.

이와 같은 그림검사의 방법과 평가는 매우 복잡하며 한 장의 그림으로 유아를 이 할 수는 없지만 유아의 정서나 감정, 관계를 조금은 진단할 수 있게 도와준다. 따라서 그림검사 도구에서 제시하는 방법 및 평가의 관점을 참고로 한다면 유아가 그린 자유로운 그림 표현에서도 유아의 심리적 상황이나 정서를 이해할 수 있게 될 것이다.

2) 유아의 심리와 색의 표현

유아가 사용하는 색의 표현은 형태보다 더욱 강한 감정과 정서의 상태를 이해할 수 있게 한다. 색은 심리적 속성과 깊은 관련을 가지며 일반적으로 우리의 삶에서 많은 영향을 끼친다. 실제로 주황색은 침샘을 자극시키는 색으로 우리 주변의 식자재와 관련하여 많이 사용되는 색이다. 또한, 하늘색은 집중을 주는 색으로 아이들 방에 하늘색 벽지를 많이 사용한다. 이와 같이 색은 인간의 생리적 반응, 민족, 국가, 문화에 따라 다양한 해석을 가진다.

또한, 색채 심리는 색이 가지는 심리적 속성, 색 혼합에 의한 심리적 변인, 사용방법에 의한 심리적 변인 등 다양한 요인들이 작용하여 복잡한 해석을 가진다.

우선 일반적으로 색이 지니는 연상과 상징(정현희, 2006: 208)을 살펴보면 다음과 같다.

〈표 4〉 색의 연상과 상징

색명	색		색의 상징
	긍정적	부정적	
빨간색	행복, 강함, 역동성, 낙관주의 생동력	폭발성, 죽음, 전쟁, 악마, 피, 고통, 공격성	사랑, 정열, 불, 헌신, 피, 범죄, 분노, 용기, 정지신호
파란색	고요함, 안정성, 평안, 온건, 신뢰감	놀라움, 우울, 차가움, 침체, 황폐화	하느님, 영원성, 진실성, 용기, 영광, 평온, 내향성, 믿음, 차가움, 절망, 수동성, 깊은 지혜
노란색	희망, 기대, 기쁨, 행복, 맑음, 개나리, 병아리, 밝음, 봄, 귀여움, 활발	질투, 외로움, 연약함	태양, 영웅, 지성, 사랑, 관대, 불변, 부와 권력, 풍요, 위엄, 가을, 우울, 적의, 변덕, 무기력, 소망, 혁신, 배신
녹색	위로, 치료, 평화, 시원, 청순, 안전, 희망	이기심, 질투심, 게으름, 우울, 공포	새로운 생명, 즐거움, 신세대, 봄, 기쁨, 희망, 불멸성, 평화, 자유정신, 행운
주황색	원기, 활력, 희열, 유쾌, 명랑, 가을, 태양, 노을, 사랑	천박, 사치, 경박함, 화려함, 요란함	힘, 인내, 따뜻함, 환기, 생명력, 약진, 거부당함, 버림받음, 혼돈

색명	색		색의 상징
	긍정적	부정적	
분홍색	우아한, 기품, 사랑스런, 부드러운, 청춘, 소녀, 벚꽃	나약함, 유아적인 유치함	열반의 꽃, 성스러운 꽃, 천상의 색, 여성, 부활, 사랑, 행복, 달콤함
보라색	포도, 제비꽃, 고귀, 신비, 부드러움, 신성함	불만, 질투, 광기, 공포	고귀함, 신성함, 신비, 균형에 대한 욕구, 치유력, 분노
갈색	풍요로운 들판, 대지, 가을, 대변, 흙, 안정감	건조함, 쇠퇴, 외로움, 쓸쓸함, 불경기	항문기, 불굴의 정신, 안정감, 풍요로움
흰색	구름, 토끼, 흰옷, 눈, 의사, 병원	뼈, 항복, 실패, 재, 냉기, 차가움, 단순함, 허무함	빛, 성스러움, 순수, 청결, 평화, 허무, 정숙, 결백, 공간, 자유, 신성함, 소박함, 숭고함, 희망
검은색	밤, 눈동자, 석유, 머리카락	탄 것, 죽음, 그림자, 비구름, 연기, 상복	절망, 두려움, 고통, 슬픔, 불안, 우울, 공포, 악, 범죄, 부정, 죄, 침묵, 중압감, 후회, 의지, 냉담, 허무, 정숙, 고생, 강건

이와 같이 색은 다양한 연상과 상징을 가진다. 색이 가지는 상징을 바탕으로 유아의 심리와 색을 연관하여 살펴보면 다음과 같다.

유아의 색 표현은 직접적으로 정서와 연결된다. 배변이 잘 안 되는 유아는 갈색이나 황토색에 집착하고 몸이 아픈 유아는 보라색에 집착한다. 또한, 애정이 필요한 유아는 노란색에 과도한 집착을 보이고 공격성이 강한 유아는 빨간색이나 검은색에 집착하여 표현한다. 엄마에게 심한 꾸지람을 받은 유아는 엄마의 입을 크게 그리고 빨간색으로 칠하기도 한다.

그러나 이와 같은 해석들은 신중하게 이루어져야 할 것이다. 무조건 유아가 한 색에만 집착한다고 그 색의 의미를 찾아 해석하면 안 된다. 실제로 어린 유아들은 한 가지 색만 사용하여 표현하기도 하기 때문이다.

Alschuler와 Hattwick, 아사리(淺利篤)가 제시하는 색과 심리와의 분석을 정리하면 〈표 5〉와 같다(김정, 2000: 296; 오현숙, 2000).

〈표 5〉

색명	Alschuler & Hattwick	아사리(淺利篤)
빨강	비교적 건전한 적응을 나타내고 어른들이나 어린이들과도 좋은 관계에 있으며, 놀이에서도 협조성을 나타내 준다.	불만, 비난, 공격
파랑	충동적 감정적인 반응에서 억제된 행동으로 나아가려는 심리에 대응한다.	의무감, 복종, 순종
노랑	다른 사람들과 좋은 관계, 의존적이며 유아적인 단계에 머무르고 있다.	애정의 욕구
녹색	감정의 결여, 의식적인 회피	허약, 피로, 비애
검정	공포와 불안에서 오는 압박감으로 자기감정 억압	공포, 어머니의 히스테리
주황색	주위와 비교적 순응하고 있을 때 사용, 감정 표출을 두려워하는 내성적인 성향, 공상 도피	애정, 극도 결핍
갈색	청결과 습관의 지도에 대한 저항	욕구, 식욕, 물욕
보라	불행의 기분과 관계	질병, 상해와 그 영향
흰색	흰색을 더럽히지 않을까? 하는 실패의 긴장감이나 경계심	경계심, 실패감

이와 같이 색은 각각의 심리적 속성을 지니며, 개별적 색의 속성은 혼합을 하면서 다양한 심리적 변인을 만들어 낸다. 따라서 여러 색의 사용은 또 다른 심리적 속성을 지니게 된다.

예를 들어 색채 심리의 관점에서 볼 때 다양한 색을 사용하고자 한다면 한 가지 색만 쓰는 사람보다 융통성이 있으며 남과의 타협을 잘 할 수 있다고 볼 수 있다. 그러나 한 가지 색만 사용하며 여러 가지 색을 혼합하여 쓰는 것을 기피한다면 융통성이 없고 고집이 센 것으로 본다. 또한, 유아동이 원색을 쓰다가 보라색을 쓰면 '이제 엄마 말을 잘 듣겠다.'는 것으로 이해된다. 즉, 보라색이라는 빨강과 파랑의 혼합색은 어느 정도의 타협을 의미하기 때문이다.

아사리(淺利篤)와 김재은(1976)이 제시하는 혼합색의 심리적 속성의 의미를 〈표 6〉을 통해 살펴보면 다음과 같다.

〈표 6〉 혼합색의 심리적 특성

아사리(淺利篤)		김재은	
검정 · 빨강	어머니의 꾸지람, 부재, 사망	검정 · 다른색	애정 욕구, 환경에 대한 불만 표시
검정 · 노랑	아빠의 꾸지람, 사망	고동 · 다른색	부모 훈육방법에 문제
검정 · 고동	극도의 애정 부족, 도벽	노랑 · 빨강	적개, 공포, 부모의 히스테리에 번민, 애정 불만 표시
검정 · 파랑	체념, 심술, 나쁨	노랑 · 주황	승인받고 싶은 욕구
검정 · 초록	학대, 계모, 반목	노랑 · 파란	유아적 퇴행과 성장과의 갈등, 걱정, 근심
검정 · 보라	엄마의 병적 히스테리	초록 · 빨강	열등감 강함, 어머니에 대한 불만
검정 · 흰색	공포심	초록 · 주황	부모 요구 수준이 높다
빨강 · 파랑	질투심 · 부러움	초록 · 파랑	기본 욕구 승화, 회피
빨강 · 초록	성적 관심	초록 · 고동	대소변의 문제
파랑 · 주황	불결 · 우둔	파랑 · 빨강	인간관계 조절, 질투, 선망, 공격과 억제 사이의 갈등
파랑 · 노랑	걱정 및 근심	파랑 · 고동	깨끗이 하려는 욕구와 더럽히고자 하는 욕구와의 갈등, 대소변 가리기의 문제
보라 · 흰색	부상, 실패감, 가해, 죄악감	보라 · 다른색	부모 간의 문제 및 신체 장애 표시
보라 · 빨강	출혈 · 월경		
보라 · 노랑	질병, 고독감		

또한, 이와 같은 혼합색의 사용 외에 색채 선택과 사용방법에 따른 다양한 심리 변인을 가질 수 있다. 색채 선택과 사용방법으로 본 심리 분석(김재은, 1976)을 〈표 7〉을 통해 살펴보면 다음과 같다.

〈표 7〉 색채 선택과 사용방법에 따른 심리분석

색채 선택과 사용방법에 따른 심리분석	
색의 가지 수가 적다	감정적 적응도가 약하다. 창조성이 적다.
불필요한 색이 많음	가난한 색에서 자란 아동의 욕구를 표시하는 경우가 많다. 일반적으로 마음을 개방하지 않으려는 욕구를 표현한다.
배색의 고려 없이 사용	자기 통제력이 부족하다.
윤곽선 강조	검은 색의 윤곽은 부모의 엄격한 훈육을 말한다.
필요이상으로 덧칠	열등감이 강한 것을 말하는데 밑에 칠한 색은 자기감정을 숨기는 것을 말한다.
색칠이 선명하지 않음	부모의 훈육이 불충분하고 무의식적으로 움츠리는 경향이 있다.
부분적으로 색칠하여 지워버림	자신감의 결핍, 열등감
색을 문질러 흐릿하게 함	대상물에 대한 불안을 표시한다.
선의 끝부분에 힘이 빠져 있음	신체 허약, 퇴행적 경향이 나타남
선보다는 색칠에 치중	정서적인 움직임이 강하다.
화면의 일부에 색이 엉킴	자폐적이고, 말이 없고, 행동이 둔한 사람에게서 많이 보게 된다. 때로는 반항의 표시이기도 하다.
밝은 색에 어두운 색을 입히고 있음	억압된 감정을 가지면서 희망을 잃어감
어두운 색에 밝은 색을 입히고 있음	희망을 버리지 않고 있다.
한곳에 여러 가지 색이 몰려 있다.	부모의 훈육이 불충분함을 표시한다.
화면의 둘레를 색으로 칠한다.	환경과의 단절 상태를 표시하는 경우가 있다.
주된 상층의 색	환경을 나타낸다.
주된 하층의 색	내부의 압력 상태를 표시
화면에 명암 색 두 가지가 나타난다.	열등감의 표시
여러 가지 색의 띠로 둘렀다.	소극적이고 도피하려는 경향이 있다.

유아동에게 색채 선택은 개인의 성향에 따라 각각 다르게 나타나며, 감정의 적응도에 따라 색채의 수를 적게 쓰기도 하고 많이 쓰기도 한다. 즉, 아동의 심리 상태가 다르게 표현되어진다. 또한, 색을 선택하여 사용하는 방법에 따라 심리적 특성이 다르게 나타난다. 예를 들어 빨강을 선택해서 둥글둥글한 필법으로 사용

했다면 애정이나 기분이 좋은 상태이다. 그러나 가로 스트로그를 사용한 경우에는 애정의 불만, 적의, 자기 주장적 행위를 나타내는 것이며 세로 스트로그를 사용한 경우에는 건강하고 활동적이며 지능이 높다고 볼 수 있다(오현숙, 2000).

유아동이 색칠을 하는 방법에 있어 덧칠, 따로 칠하기, 섞어 칠하기, 난잡하게 칠하기, 뭉게 칠하기 등이 있는데 먼저 사용하여 칠한 색은 유아동의 마음을 나타내며 나중에 사용한 색은 행동을 의미한다.

그러나 이와 같이 색채에 따른 심리적 변인들으로 유아동을 진단하는 데에는 신중을 기해야 하며 단순한 평가나 해석을 피해야 한다.

Chapter 03 유아미술을 보는 다양한 관점

유아미술을 보는 관점 및 이론은 크게 유아미술을 보는 관점과 심리학적인 관점으로 나누어 볼 수 있다. 〈그림 43〉은 이와 같은 다양한 관점들을 나타낸다.

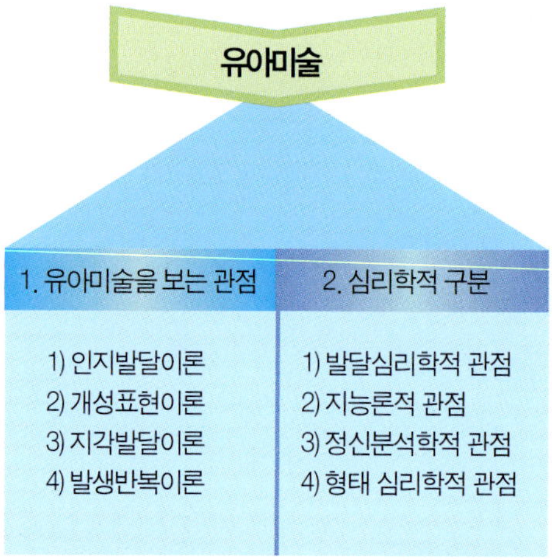

〈그림 43〉 유아 미술 교육의 관점 및 이론

1. 유아미술을 보는 관점에 따른 구분

유아미술을 보는 관점은 첫째, 인지발달이론, 개성표현이론, 지각발달이론, 발생반복이론으로 나누어진다. 둘째, 심리학적 관점으로는 발달심리학적 관점, 지능론적 관점, 정신분석학적 관점, 형태 심리학적 관점으로 나누어진다. 이와 같은 관점들 중에서 인지발달이론과 지능론적 관점은 비슷한 맥락의 관점이고, 지각발달이론과 형태 심리학적 관점도 비슷한 관점이라 할 수 있다. 유아미술에 대한 다양한 관점들을 자세히 살펴보면 다음과 같다.

1) 인지발달이론

인지발달이론은 피아제의 인지발달이론에 근거를 두는 것으로 아는 것을 그린다는 관점이다.

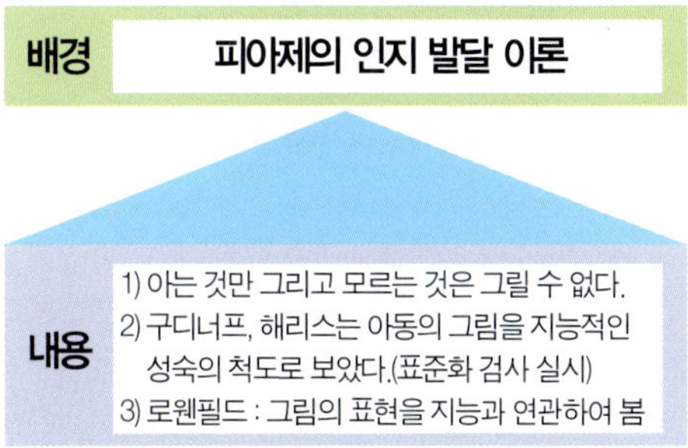

〈그림 44〉 피아제의 인지발달이론

피아제의 인지발달단계인 감각운동기(sens-orimotor stage), 전조작기(preop-era-tional stage), 구체적 조작기(concrete operation stage), 형식적 조작기(formal operation stage)의 발달 단계에 따라 인지가 발달하듯 유아들은 각 인지 발달에 맞게 아는 것을 그리며 모르는 개념이나 지식은 그리거나 표현할 수 없다고 보는 관점이다. 즉, 유아들이 햇님을 그리고 별님을 그리는 것은 낮에는 해가 뜨고 밤에는 별이 뜬다는 사실을 알기 때문에 그림으로 표현하는 것으로 본다. 그러나 해의 개념과 별의 개념을 가지고 있지 않다면 표현할 수 없다는 것이다. 또한, 이와 관련하여 Goodenough(1926)와 Harris(1963)는 유아동의 그림을 통해 지능을 측정할 수 있는 도구를 만들었다.

Goodenough는 아동의 정신연령과 관련된 특정한 그림 수행 측면을 가정하여, 이를 근거로 사람그림 검사(Draw-A -Man: DAM)를 개발하였다. 사람그림 검사를 개발한 것은 집 그림이 문화에 따라 다양하게 그려지는 반면 사람이라는 주제는 아동들에게 아주 보편적이면서도 좋아하는 것이기 때문이다. Goodenough는 그림이 얼마나 상세한지, 신체 부분간의 비율이 적합한지, 운동 협응은 어떤지를 고려하여 지능을 평가하였다(Cathy A. Malchiodi, 김동연 외 역, 2003: 25). 인물화 검사에 의해 측정되는 지능의 개념은 지적 성숙 혹은, 개념적 성숙을 의미한다고 볼 수 있다. 이것은 아동이 인간의 모습에 대해서 갖고 있는 개념을 나타내는 것으로 사람을 어떻게 지각하고 개념화 하였는지를 알 수 있게 한다. 따라서 선천적이고 잠재적인 정신능력이기보다는 학습에 의해 수정되고 시간의 경과에 따라 반응이 풍부해진 지적 성숙을 의미한다고 하겠다(김재은 외, 2006: 15).

〈그림 45〉, 〈그림 46〉은 사람 그림 검사의 예를 나타낸다. 예시한 2개의 인물화는 같은 연령의 유아가 그렸으며 〈그림 45〉는 〈그림 46〉보다 인물을 자세히 표현함으로써 지능이 높은 유아라고 추정할 수 있다.

〈그림 45〉

〈그림 46〉

표준화 검사를 통해 유아동이 개념이나 지식을 얼마나 알고 있는지를 측정하는 것이다. 즉, 인물을 그릴 때 단추나 머리카락, 눈동자를 잘 표현하면 그와 같이 표현하지 못한 유아동보다 지능이 높다고 보는 것이다.

2) 개성표현이론

개성표현이론은 프로이드의 심리학적 이론을 배경으로 하며 느낀 것을 그린다는 관점이다.

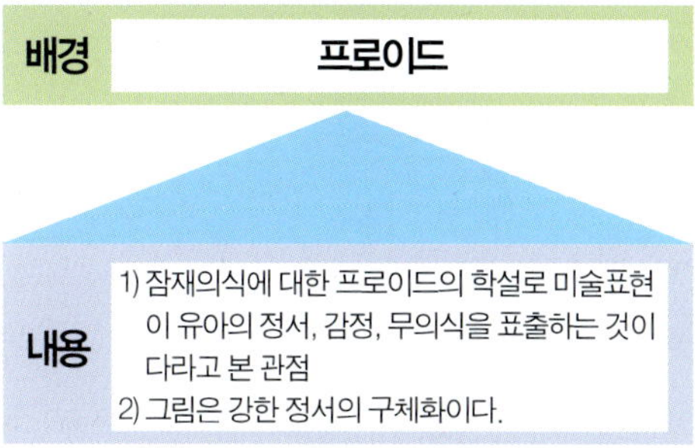

〈그림 47〉 프로이드의 개성표현이론

Freud는 인간의 마음을 몇 가지로 나누어 자세히 살펴보았는데, 그 중 땅에 비유하여 지형학적 이론을 제시하였다. 프로이드가 제시하는 지형학적 이론에서 인간 마음은 무의식, 전의식, 의식으로 나누어진다. 무의식은 인식을 못하는 것으로 땅의 심층과 같다. 따라서 접근이 어렵다. 전의식은 현재는 인식할 수 없으나 인식이 가능한 상태이다. 의식은 현재 인식의 범위를 말한다.

무의식은 우리 마음 속 자료의 85%를 차지한다. 무의식은 우리가 인식하지 못하는 마음의 일부로 모든 경험, 기억, 억압된 재료들이 저장되어 있어서 의식 영역에서 사람들이 어떻게 생각하고, 느끼고, 행동하는지에 영향을 미친다. 무의식은 직접 알 수는 없지만 행동에서 출현될 수 있다(최외선 외, 2007: 73). 인간의 무의식이 표현되는 경우 중 하나가 그림이다.

그림은 자신의 생각, 느낌, 감정을 그대로 나타내 준다. 즉, 그림을 통해 자신의 내면을 투사(projective)하여 나타내는 것이다. 따라서 그림은 강한 정서의 표출구이기도 하다. 이와 같은 관점에서 개성표현이론은 유아동의 그림을 강한 정서의 구체화로 이해한다. 즉, 유아동은 그림에 자신의 느낌과 감정, 생각 등을 색이나 형태로 더욱 강하게 표현하며 나타낸다. 또한, 언어 발달이 미흡한 유아들의 그림은 그 유아의 제2의 언어적 역할까지 담당한다. 따라서 유아동의 그림을 통해 그들의 정서와 감정을 알 수 있게 된다. 다음 〈그림 48〉은 친구들끼리 축구를 하다가 져서 화가 난 자신을 그린 것이다.

〈그림 48〉

〈그림 49〉는 가족들과 함께 있는 것을 그린 유아의 그림이다.

〈그림 49〉

유아동이 그린 가족화를 보면 각자 느끼는 가족의 정서를 간접적으로 알 수 있게 해준다.

이와 같이 유아동은 그림을 통해 강한 정서를 표출할 수 있으며 느낀 것을 그대로 그려 나간다고 보는 관점이 개성표현이론의 관점이다. 이와 같은 관점은 Freud의 정신분석학과 함께 미술치료(art therapy)와 깊은 관련성을 가진다.

3) 지각발달이론

지각발달이론은 유아동이 사물을 자신들이 본대로 그린다고 보며, 그림은 그들의 시각적 세계를 지각하는 방법을 그대로 묘사하므로 그들의 작품에서 유아동이 지각하는 방법을 볼 수 있다고 하는 것이다(이규선외, 1996: 144). 이 관점의 이론적 배경은 게슈탈트의 시각에 대한 지각적 해석을 근거로 둔다.

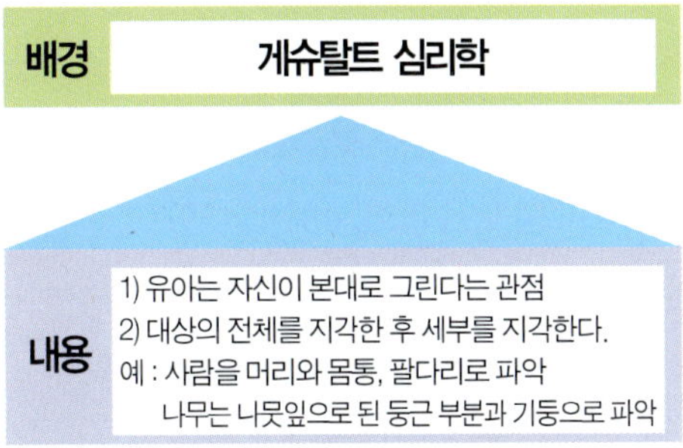

〈그림 50〉 지각발달이론

우선 난화기의 어린 유아는 원을 상징으로 모든 것을 표현한다. 원을 그리고 나서 엄마, 아빠라고 하며 자동차, 혹은 꽃이라고도 한다.

Arnheim은 이와 같은 대상의 상징적인 표현을 '시각적 지각상의 재현'이라고 보았다. 즉, 대상을 개념적으로 상징하는 것이 아닌 지각적으로 재현하기 위해 동그라미로 그려 표현하는 것이다. 한 예로 원을 공이라고 여기거나 삼각형을 집의 지붕이라고 여기며 실제 대상을 표상한 것으로 지각하기도 한다는 것을 들 수 있다. 〈그림 51〉은 난화기 유아가 엄마를 그린 그림이다.

〈그림 51〉

난화기 과정을 지난 유아는 주변 대상을 어느 정도 표현하고자 하는 욕구를 가지며 그려 나간다. 그러나 대상에는 아직 분화되지 않은 미분화의 표현들이 나타난다. 즉, 대상을 전체적으로 뭉뚱그려 그리거나 대상의 특정한 부분만을 그려

놓고 그 대상이라고 보는 것이다. 이와 같이 유아동에 있어서 지각은 전체적인 것이어서 세부적인 것을 고려하지 못한다. 즉, 유아동은 형태의 세부적인 부분들에 대해 지각능력이 결여되어 있다.

Arnheim은 유아동이 대상을 지각하는 것은 대상의 구조를 지각하는 것으로 사람은 머리와 몸통과 팔다리로, 나무는 나뭇잎으로 된 둥근 원형과 나무 둥치로 지각한다는 것이다(한국미술교과교육학회, 1999: 139). 〈그림 52〉는 어린 유아가 그린 사람과 나무의 그림이다.

〈그림 52〉 사람과 나무그림

이와 같이 유아는 시간이 지남에 따라 대상의 세부적인 표현들을 그려 나감으로 미분화에서 분화의 과정을 가지게 된다. 즉, 6~7세 무렵에는 지각활동 능력이 발달하게 되어 아동들은 형태의 부분들을 서로 비교해 보기도 하고 부분들 간의 상호관계를 보다 정확하게 지각함으로써 형태를 더욱 체계적으로 탐색한다(신명희, 2000: 98).

〈그림 53〉는 대상을 표현하는 데 미분화된 표현이고 〈그림 54〉는 분화된 표현을 나타낸다.

〈그림 53〉

〈그림 54〉

4) 발생반복이론

반생반복이론은 미술표현의 발달과정에서 유아동이 인류의 발달에서 나타나는 미술적 표현시대와 비슷한 단계를 거친다고 주장한다. 이 이론은 Carl Jung의 연구에 배경을 두고 있으며 개체 발생(각 개체가 생성되어 완전한 개체가 되기까지의 과정)이 계통발생(어떤 생물이 원시 상태로부터 현재까지 거쳐 온 진화의 과정)을 반복하고 개별적 발달은 종의 발달을 반복한다는 19세기 생물학의 진화이론에 그 근거를 둔다(한국미술교과교육학회, 1999: 140).

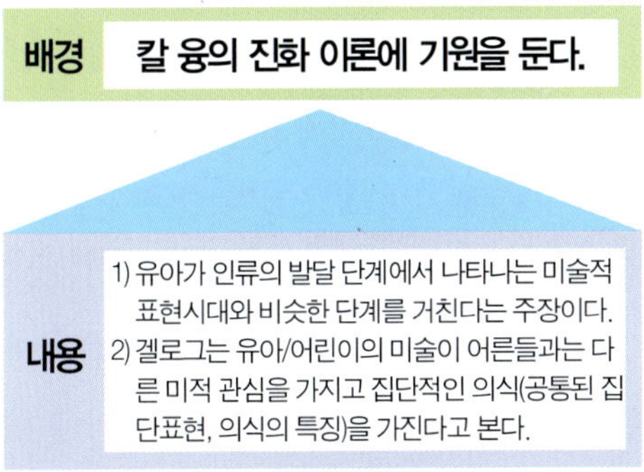

〈그림 55〉 발생반복이론

이와 같은 진화론에 입각하여 유아의 미술적 표현도 인류의 발달단계에서 나타나는 현상과 같은 과정을 가진다고 본다. Kellogg는 유아동의 그림은 성인과는 다른 미적 관점을 가지며 '집단적인 의식의 발로'라고 보았다.

2. 심리학적 관점에 따른 구분

심리학적 관점으로는 발달심리학적 관점, 지능론적 관점, 정신분석학적 관점, 형태 심리학적 관점으로 나누어 살펴볼 수 있다.

1) 발달심리학적 관점

발달심리학적 관점은 유아동이 연령이 높아짐에 따라 그림의 표현능력도 발달한다고 보는 관점이다. 이와 같은 관점은 Lowenfeld(1975), Kellogg(1970), Burt(1921) 등에 의해 연구되었다.

첫째, Lowenfeld는 유아동의 그림 발달의 단계를 난화기(2~4세), 전도식(4~7세), 도식기(7~9세), 또래 집단기(9~11세), 의사실기(11~13세), 결정기(13세 이후)로 나누었다. 난화기는 어린 유아가 단순히 낙서하는 것을 말하며 이것은 대상의 표현이기보다는 소근육의 움직임을 의미한다. 이와 같은 난화기는 크게 '무질서한 난화기', '조절된 난화기', '명명화된 난화기'의 단계를 가진다. 무질서한 난화기 때의 어린 유아는 무의식적으로 끄적거림을 한다. 그러다가 손의 근육에 힘이 생기고 눈와 손의 협응이 가능해지면서 조절된 난화기에 들어선다. 이후 주변 대상을 그려나가며 엄마라고 이름을 붙이는 명명화된 난화기의 단계에 이른다.

또한, 전도식기가 되면 그리고자 하는 주제가 다양해지며 자기중심적 사고를 바탕으로 상징적 표현을 사용하여 그려 나간다. 도식기에 이르면 자기중심적 사고와 공간 관계에 관한 개념이 아직 서툴러 기저선 표현, 공존화 표현, 전개도식 표현 등이 나타난다. 이와 같은 그림 발달은 연령이 증가하면서 같이 나타난다고 보는 것이다.

둘째, Kellogg도 모든 유아들은 기본적으로 난화의 시기가 있으며, 난화는 기본 20개로 추출해 볼 수 있다고 보았다. 유아들은 난화 20개를 중점으로 조합(combine), 결합(agglomerate)하여 원, 불규칙 원, 삼각형 등의 기본 6개의 도형을 만들 수 있으며 이를 바탕으로 대상을 상징하여 그리거나 최초로 사람을 그려 나간다고 보았다.

셋째, Burt도 난화기(2~4세), 선화기(4세), 서술적 상징기(5~6세), 서술적 사실기(7~8세), 시각적 사실기(9~10세), 억제기(11~14세), 예술적 부활기(15세 이후)로 나누어 설명하고 있다. 이와 같은 관점은 유아동의 연령의 증가와 함께 미술적 표현의 발달도 이루어진다고 보는 것이다.

2) 지능론적 관점

지능론적 관점은 유아동의 그림과 지능을 연관하여 생각하는 관점이다. 즉, 미술표현과 지능이 상관관계를 가진다고 보는 것이다. Goodenough와 Harris는 인물화 검사(DMT)를 통해 그림과 지능의 상관을 주장한다. 여기에서의 지능의 개념은 지적 성숙, 개념적 성숙의 의미를 지닌다. 사람은 우리 주변에 흔히 볼 수 있으며 정서적, 인지적, 사회적 교류가 가능한 중요한 대상이다. 따라서 유아동은 인물을 그려 보면서 인물에 대해 가지게 되는 개념을 알아나가는 것이다. 즉, 인물을 그렸을 때, 인물의 얼굴이나 신체 표현, 세부적인 표현 등을 바탕으로 평가, 해석하며 각각의 남아상, 여아상을 그려 각 채점 기준에 따라 채점하여 규준에 비추어 결과를 해석하게 된다. 채점기준은 총 60문항으로 남자 척도, 여자 척도로 나누어져 있으며 평가 방법은 생활연령으로 정신연령을 나누어 IQ를 낸다(김재은, 1997: 22).

〈그림 56〉은 인물화 검사의 예 그림이다.

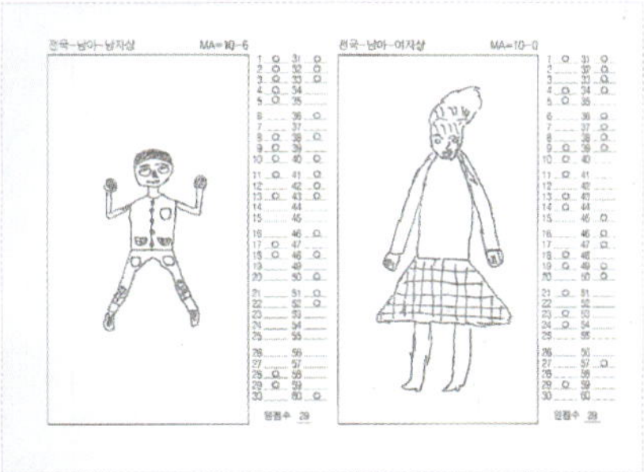

〈그림 56〉

또한, Piaget는 유아동의 그림은 인지발달이론의 사실성을 제시해 주는 중요한 증거라고 보았다. Piaget는 유아의 그림 표현은 감각운동기, 전조작기, 구체적 조작기, 형식적 조작기의 인지발달에 그 표현 양식이 나타난다고 보았다. 따라서 지능과 그림 양식이 관계를 가진다고 보았다. Piaget는 기본적인 인지 구조인 도식(shema)이 유아동의 그림에 해당한다고 보았다. 즉, 유아동은 환경과 적응하면서 생기는 정신적 구조를 그림으로 표현하는 것이기 때문이다. 이와 같이 Goodenough나 Piaget가 제시하는 것은 유아동의 그림이 인지, 혹은 지능과 관계를 가진다고 보는 것이다.

3) 정신분석학적 관점

정신분석학적 관점은 유아동의 그림이 정서, 성격, 감정, 행동등과 깊은 관련이 있다고 보는 관점이다. Freud가 제시하는 정신분석학을 바탕으로 무의식의 중요성을 근거로 하고 있다. 따라서 유아동의 그림은 마음과 무의식의 표출로서 투사적 기능을 가진다고 본다.

그림의 투사적 기능은 언어의 표현이 되기도 한다. 따라서 정신분석학적 관점은 미술치료와 깊은 관련을 가진다. 미술치료에서 사용하는 그림 검사 중 HTP, KFD, KHTP(Kinet-House-Tree-person), 동그라미 가족화 검사들은 유아동의 심리와 정서를 알 수 있게 해준다. 〈그림 57〉은 유아가 그린 HTP, KFD의 4장의 그림이다.

〈그림 57〉

위는 5세 여아가 그린 집-나무-사람과 동작성 가족화의 그림이다. 유아는 집 그림은 자신의 집이며 따뜻하고 행복한 집이라고 하였다. 나무 그림은 사과 나무와 당근을 먹는 토끼를 그렸으며 생각나는 사람은 여자라고 했다. 첫 번째 사람 그림은 노래방에서 춤추는 다섯 살 아이라고 했으며, 두 번째 사람 그림은 놀이터에서 놀고 있는 아이라고 했다. 동작성 가족화의 그림은 눈을 맞으며 슈퍼에 가는 가족을 그린 것이라 하였다.

Alschuler 와 Hattwick, 아사리(篩利)등의 학자들은 유아동의 심리와 색의 관계를 연구하였으며 유아동은 자신의 심리 상태에 따라 색을 선호하고 선택한다고 보았다. 예를 들어 공격성이 강하거나 활동성이 높은 유아들은 빨강색을 선호하며 차분하고 자아 통제가 강한 유아들은 차가운 색을 선호한다. 즉, 자신의 정서와 색은 깊은 관련성을 가진다.

또한, 그림을 그렸을 때 주제의 크기, 위치, 방향에 따라 심리적 해석을 가진다. 우선 그림을 그렸을 때 도화지에 그린 그림의 크기가 적당하다면 문제가 없지만 너무 작으면 우울하고, 자신감이 없으며, 불안한 정서를 나타낸다. 그러나 크기가 너무 크면 공격적이고, 충동 조절의 문제가 있다고 본다. 그리고 그림 주제의 위치나 방향에 따라 왼쪽으로 너무 치우치면 과거 지향적이고 내향적이라고 본다. 반면 너무 오른쪽으로 치우치면 미래 지향적이고 외향적 성향을 가진다고 본다. 그리고 극도로 위에 표현하면 의식이나 정신적 세계와 관련을 가지고 아래에 표현하면 무의식, 물질성과 관계가 있다고 본다.

즉, 유아동이 표현한 형태, 색, 크기, 위치, 방향은 중요한 심리적 변인으로 작용한다.

이와 같이 정신 분석학적 관점에서 유아동의 그림은 제2의 언어이며 정서적 표출구이다.

4) 형태심리학적 관점

형태 심리학은 게슈탈트 심리학(Gestalt psychology)이라고도 한다. Wertheimer의 가현현상(apparent movement, 스트로보스코픽 시각현상)에 관한 연구를 통해서 시작하였으며 자극과 지각에 관련하여 형태 지각을 설명하는 형태주의 관점이다. 형태심리학에서는 전체는 단순한 부분의 합과는 다르다는 신념을 가진다. 우리가 사물의 군집을 어떻게 지각하는지, 또는 사물의 각 부분을 어떻게 지각하여 전체를 형성하는지를 이해하는 데 매우 유용한 것으로 밝혀졌다(Palmar, 2000;

Palmer & Rock, 1994; Prizmetal, 1995).

아래 〈그림 58〉, 〈그림 59〉는 이중그림들이다.

〈그림 58〉

〈그림 59〉

자료 출처: Block, J. R. & Harold E. Yuker(1992). Can you Believe your eyes?. 신재원 역(1995). 시각심리학. 서울: 도서출판 국제.

〈그림 58〉은 에스키모인일까, 인디언일까? 〈그림 59〉는 토끼일까, 오리일까? 에스키모인이 보이면 인디언이 안보이고 인디언이 보이면 에스키모인이 안 보인다. 또한, 토끼가 보이면 오리가 안 보이고 오리가 보이면 토끼가 안 보인다. 우리의 시각은 주제 즉, 형상과 배경을 구분하여 본다. 그리고 이와 같은 주제(형상)는 보기 좋은 쪽으로 혹은, 심리적인 부분과 연관하여 이루어진다. 본다(seeing)는 것은 심리와 깊은 관련을 가진다.

따라서 형태주의 심리학에서는 우리는 단순하고 좋은 형태를 추구하고 지각한다고 본다. 실제로 원, 삼각형, 사각형과 같은 단순한 형이 기하학적 도형이나 복잡한 도형보다 더욱 쉽게 지각된다는 것이다. 즉, 우리는 어떤 시각배열을 보더라도 무질서하고 무의미한 감각 자극의 집합체로 보기보다는 개별 요소들을 안정되고 통합된 하나의 전체 형태로 조직화해 보려는 경향이 있다는 것이다(Solso, 신현정 외 역, 2005: 111−112).

또한, Arnheim도 형태심리학에서의 이론처럼 시각이 대상의 요소들을 기계적으로 기록하는 것이 아니라, 중요한 구조적 패턴들을 파악하는 것이라고 보았다(Arnheim, 1996: 8). 따라서 유아동은 대상을 지각할 때 그 구조를 지각한다. 사람은 머리, 몸통, 팔다리로 지각하고 나무는 나무 기둥과 나뭇잎의 둥근 원형으로 지각한다.

다음의 〈그림 60〉은 유아가 말을 타고 있는 모습을 그린 것이다.

〈그림 60〉

유아가 그린 말을 타는 모습 그림은 실제적으로 말을 타고 있는 것인지 알 수 없는 형태로 보인다. 그러나 유아는 말을 타고 있는 사람의 구조적 특징들을 이해하고 표현해 놓았다. 즉, 기저선(baseline)을 그려 말에 앉은 모습을 표현해 놓음으로 말을 타고 있다는 것을 나름대로 표현했다.

이와 같은 관점에서 유아동은 자신이 지각하여 본 것을 표현하여 그린다고 본다. 그러나 이러한 주장은 아는 것을 그린다고 보는 인지발달이론의 반대적인 입장을 가진다.

〈그림 61〉은 뿌리가 보이는 꽃의 그림이다.

〈그림 61〉

형태심리학자들은 위의 〈그림 61〉에서 유아동은 뿌리를 예전에 보았기 때문에 그림에 그려 넣었다고 주장한다. 그러나 인지발달이론의 학자들은 유아동이 꽃에는 뿌리가 있음을 알기 때문에 꽃의 뿌리를 그린 것이라고 생각한다. 이와 같이 유아동의 그림 표현은 '본 것을 그린다.'라는 견해와 '알기 때문에 그린다.'라는 다양한 견해를 가진다.

그러나 유아동의 그림 표현은 그들만의 세상을 나름대로 그려 표현한 것이다. 즉, 알기 때문에, 보았기 때문에 햇님도, 달님도 그릴 수 있다. 따라서 유아동의 그림 표현에 관한 여러 가지 관점에서 제시하는 이론들은 통합적인 관점으로 이해하여야 한다. 즉, 유아동의 그림은 인지적인 면과도 관련을 가지며 정서와 감정을 표출하기도 하고 지각발달에 맞게 자신의 개성을 표현하기도 하는 것으로 이해하여야 할 것이다.

Chapter 04 유아미술표현의 발달단계

유아미술표현의 발달은 두 가지 관점에서 살펴볼 수 있다. 첫 번째는 '사회문화적 관점'으로 유아의 미술표현 발달이 부모, 교사, 성인, 또래집단 혹은 유아가 속해 있는 사회문화의 영향에 의해 미술의 발달이 이루어진다고 보는 관점이다. 두 번째는 '발달론적' 관점으로 연령이 증가함에 따라 미술의 표현 양상이 발달한다고 보는 관점이다.

〈표 8〉

유아미술표현발달의 관점	
사회문화적 관점	발달론적 관점

1. 사회문화적 관점

사회문화적 관점은 Vygotsky의 사회문화적 인지발달이론의 내용을 배경으로 사회문화적 환경이 발달에 결정적 영향을 준다고 보는 관점이다. 따라서 유아 미술표현의 발달은 부모, 교사, 또래집단 등 중요타인 및 의미 있는 타인과의 상호작용에 영향을 받는다고 본다. 나아가 유아가 속해 있는 사회문화적 환경과 다양한 시각 이미지가 그들의 그림 표현 발달에 영향을 준다고 보는 것이다. 따라서 사회문화적 환경이 유아의 미술표현 발달에 결정적 영향을 준다고 본다. 또한 사회문화적 관점은 1970년대의 비교문화연구(cross-cultural studies)에 배경을 둔다. 비교문화연구는 인간의 발달을 일반적 유사성으로 보기 보다는 서로 다른 문화권의 차이점 등을 바탕으로 문화적 과정의 결과로 설명하고 있다. 따라서 유아의 미술 표현 발달은 유아가 속한 사회문화적 영향에 의해 다양한 시각적 표현을 나타낸다고 본다. wilson(1997)은 유아동의 그림은 자기표현이 아닌 유아동과 교사, 그들이 만나는 시각문화 사이에 이루어지는 공동의 산물, 혹은 협업으로 설명하고 있다. 사회문화적 관점에서는 유아동이 속한 그 사회의 시각문화 이미지의 영향, 사회문화적 가치의 영향, 유아동의 그리기 과정에 미치는 사회문화적 영향을 예시로 설명하고 있다(김미남, 2012). 일예로 유아동의 그림 표현은 그들이 속한 사회문화의 전통문화, 대중문화, 광고 등 지배적인 시각이미지에 영향을 받아 발달한다고 본다. 또한 유아동이 속한 사회문화의 가치나 이념, 특수성 등이 그림에 표현되어지며 그림 표현 발달에 영향을 준다고 본다. 나아가 부모나 교사 등의 성인과 또래집단 등의 상호작용이 미술 표현 발달에 매우 중요한 역할을 지니며 직간접적으로 영향을 미친다고 본다.

그러나 이와 같은 사회문화적 관점은 다양한 문화권의 탐색과 비교가 가능해야 한다는 제한점을 가진다. 따라서 유아의 미술표현발달을 이해하기 위해서는 사회문화적 관점과 발달론적 관점을 함께 고려하여 살펴보아야 할 것이다.

2. 발달론적 관점

발달론적 관점은 Piaget의 생물학적 인지발달이론에 바탕을 두어 유아의 연령이 증가함에 따라 그들의 미술적 표현도 발달한다고 보는 관점이다. 즉 유아동의 연령이 증가함에 따라 그들의 미술표현발달을 단계와 과정으로 나누어 설명하고 있다. 발달론적 관점에서는 유아동의 그림 표현을 이끄는 것은 그들의 내부에 존재하며 잠재적인 창의성이 있다고 본다. 이와 같은 발달단계는 인지 발달, 신체 발달, 시지각 발달과 함께 이루어진다. 첫째, 유아는 피아제의 인지발달상 감각운동기(0~2세), 전조작기(2~7세)에 해당한다. 둘째, 유아동은 손과 손목의 소근육의 발달과 손과 눈의 협응 발달을 통해 그림을 그려 나갈 수 있다. 이와 같은 신체 발달은 유아가 미술활동을 함에 있어 그림을 그려나가거나 가위질하기, 종이접기 등을 가능하게 한다. 셋째, 유아는 시지각 발달을 통해 동그라미, 삼각형, 네모 등의 형태와 여러 가지 색을 구분할 수 있으며 대상을 그려나갈 수도 있게 된다. 따라서 유아의 미술표현발달은 모든 발달단계와 함께 이루어지는 것이다. 유아동의 미술표현 발달단계는 크게 평면표현 발달단계와 입체표현 발달단계로 나누어 살펴볼 수 있다. 또한 각 발달은 발달단계와 과정으로 살펴볼 수 있다. 학자들이 제시하는 '평면표현 발달단계', '평면표현 발달과정', '입체표현 발달단계', '입체표현 발달과정'을 살펴보면 다음과 같다.

1. 평면표현발달단계
2. 평면표현발달과정
3. 입체표현발달단계
4. 입체표현발달과정

〈그림 62〉 유·아동미술의 발달단계

1) 평면표현의 발달단계

유아동의 미술발달 단계에 있어 '평면표현의 발달단계'는 2차원의 도화지에 표현하는 평면적 발달단계를 의미한다. 즉, 그림을 그리는 표현의 단계라고 할 수 있다.

여러 학자들이 제시하는 평면표현의 발달단계를 〈표 9〉로 살펴보면 다음과 같다.

〈표 9〉 평면표현 발달단계

Lowenfeld		Kellogg		Burt	
① 난화기	2~4세	① 낙서기	1~2세	① 난화기	2~5세
② 전도식기	4~7세	② 도형의 출현	2~3세	② 선묘화기	4세
③ 도식기	7~9세	③ 도형의 정교화	3~4세	③ 묘사적 상징기	5~6세
④ 또래집단기	9~11세	④ 초기 회화	4~5세	④ 묘사적 사실기	7~8세

Lowenfeld		Kellogg		Burt	
⑤ 의사실기	11~13세			⑤ 시각적 사실주의	9~10세
⑥ 결정기	13~17세				

Lowenfeld가 제시하는 평면표현 발달단계를 자세히 살펴보면 다음과 같다.

(1) Lowenfeld의 평면표현 발달단계

Lowenfeld은 평면표현 발달단계를 크게 난화기, 전도식기, 도식기, 또래 집단기, 의사실기, 결정기로 나누었다. 유아는 도식기까지 해당하며 아동기는 또래 집단기에서 결정기에까지 이른다. 이와 같은 평면 표현의 발달 단계를 자세히 살펴보면 다음과 같다.

● 난화기(The Scribbling Stage : 2~4세)

난화기는 Piaget가 말하는 인지발달단계 중 감각운동기에 해당하는 시기에 나타나는 표현이다. 이 시기에 유아들은 그림을 그린다는 개념이 아닌 그저 손과 손목을 움직이는 소근육 운동에 의한 표현을 가지는 단계이다. 즉, 감각운동적 사고의 단계이며 손으로 무엇인가를 끄적 거리고 종이 위에 나타나는 흔적들을 보고 기쁨을 느끼는 것이다. 아래 사진은 20개월 된 유아가 무엇인가를 표현하고자 하는 장면이다.

〈사진 2〉

이와 같은 난화기는 크게 무질서한 난화기, 조절된 난화기, 명명하는 난화기로 나누어진다.

난화기 전기에 해당하는 무질서한 난화기는 마치 낙서를 하는 것과 같은 그림의 형태이다. 이 시기에 유아는 근육이 아직 통제되지 않고 미분화된 상태이기 때문에 그림은 낙서처럼 불규칙하게 그려진 선 모양으로 나타나며 특별한 목적 의식이 없다(이정환, 2002: 21). 〈그림 63〉은 유아가 그린 무질서한 난화기의 그림이다.

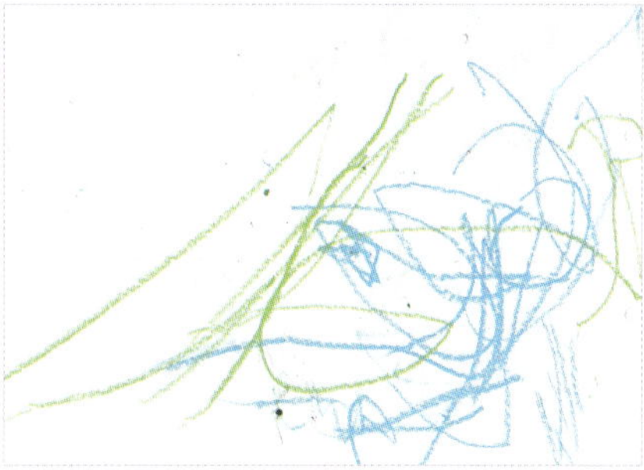

〈그림 63〉

유아는 차츰 눈과 손의 협응력과 소근육의 발달과 함께 무질서한 난화기의 낙서에서 힘이 조절되어 나타나는 조절된 난화기를 표현한다. 무질서한 낙서의 선들은 수직선, 수평선, 혼합선, 회전, 원형 등으로 조절되어 나타난다. 또한, 유아는 손의 근육 발달에 의해 강약이 있는 선, 반복된 선을 표현한다. 〈그림 64〉는 유아가 그린 조절된 난화의 그림이다.

〈그림 64〉

유아는 조절된 난화기를 거치고 무엇인가를 그리고는 '엄마', '붕붕'이라고 말하는 명명하는 난화기 단계에 이른다. 명명하는 난화기 단계는 소근육의 발달과 함께 언어 발달의 모습도 보인다. 즉, 성인의 눈으로는 알 수 없는 것을 그려놓고 엄마, 빵빵, 물 등의 언어적 표현을 함께 한다. 〈그림 65〉는 유아가 그린 명명하는 난화의 그림으로 '꿀꿀'이라고 돼지를 의성어로 표현하였다.

〈그림 65〉

● 전도식기(The pre-schematic stage: 4~7세)

전도식기는 4~7세에 해당하는 유아의 미술 평면 표현의 단계를 나타낸다. 이 시기에 유아는 난화기에서 많이 벗어나 의도성을 가지며 주변의 대상을 그려나간다. 즉, 무의식적인 표현과정에서 점차 의식적인 표현과정으로 옮겨지는 상징적 도식의 기초 단계이다(백중열·오현숙, 2006: 252).

이 시기의 첫 표현의 상징은 사람으로, 사람의 표현을 많이 시도한다. 사람은 동그라미에 두 선만 그리거나, 동그라미에 두 선을 위로, 두 선은 아래로 그려 넣고 엄마를 비롯한 주변 사람이라고 한다. 〈그림 66〉, 〈그림 67〉은 4세 유아가 그린 사람의 그림이다.

〈그림 66〉 올챙이 식 인물 표현

〈그림 67〉 두족인의 표현

이와 같은 사람의 표현을 Lowenfeld는 머리와 다리 표현(head-feet representation) 즉, 두족인이라 하였고, Golom, Gardner, Freeman은 올챙이 인물(tadpole man)이라고 하였다(박은덕, 2000: 18). 이와 같은 사람의 표현은 분화하여 머리, 몸통, 팔, 다리 등으로 사실적으로 그려나가기 시작한다. 유아는 사람의 표현과 더불어 주변 환경과의 관계들을 그림으로 그려나가기 시작한다.

또한, 이 시기는 Piaget의 전조작기에 해당하는 시기로 자기중심적 사고, 물활론적 사고, 직관적 사고, 상징적 사고의 특성을 가지며 그림에서도 사고의 특성을 반영하여 표현한다.

따라서 자신이 중요하다고 여기는 것, 혹은 좋아하는 것을 위주로 그리며 싫어하는 것은 생략하는 자기중심적 표현이 나타난다. 즉, 자신의 기분, 감정 등 정서적 표현이 많이 나타난다. 그리고 물활론적 사고에 입각해서 의인화의 표현들도 나타나고 그밖에 직관적 표현, 상징적 표현들이 나타난다.

또한, 이 시기에는 공간에 관한 관심이 나타나며 자기중심적인 공간 표현을 그림으로 그려나가기 시작한다. 〈그림 68〉은 기초적인 공간 개념의 표현으로 투시적인 표현을 한 유아의 그림이다.

〈그림 68〉

● 도식기(The Schematic stage : 7~9세)

이 시기에 유아들은 원, 세모, 네모의 도형 즉, 도식을 사용하여 그림을 그려나간다. 유아는 계속적으로 도형을 이용해 집, 자동차, 꽃 등을 그려나가는데 이것은 유아가 그 대상에게 가지는 도식이라 할 수 있다. 예를 들어 유아가 그린 집은 삼각형 지붕에 네모를 합친 것이고, 커다란 삼각형은 산이 된다. 또한, 사람을 그릴 때 삼각형을 아래에 그리면 치마를 입은 여자를 의미한다. 〈그림 69〉는 유아가 그린 도식의 표현이다.

〈그림 69〉

유아는 사람의 표현에 있어서도 도식을 이용한다. 즉, 커다란 동그라미로 사람을 의미하다가 동그라미에서 나온 두선은 팔다리가 된다. 이것은 직사각형으로 팔다리를 표현하는 도식을 사용한다. 또한, 이와 같은 표현은 유아마다 개별적인 차이를 보이기도 한다.

유아가 대상을 표현하는 도식은 다양한 경험과 느낌 등을 통해 변화되어 나갈 수 있다. 즉, 촉감적 경험은 유아가 대상에 가지는 고정된 도식에서 이탈할 수 있게 도와준다.

또한, 유아는 이 시기에 전도식기에 가졌던 자기중심적이며 초보적인 공간 개념에서 발달하여 더욱 발전된 공간개념을 가지게 된다. 따라서 그림에서도 공간을 나타내는 표현들을 그려 나간다. 그 대표적인 것이 기저선의 표현이다. 유아들은 종이에 밑 선을 그리고 땅이라고 표현한다. 그리고 기저선 위에 모든 대상을 그려나간다. 또한, 종이 상단에 나열된 구름을 그려 상단 기저선을 표시한다. 즉, 하늘이며 윗부분이라는 공간 표현을 나타내는 것이다.

〈그림 70〉, 〈그림 71〉은 유아가 표현한 상단 기저선, 하단 기저선의 표현이다.

〈그림 70〉

〈그림 71〉

또한, 여아와 남아가 그리는 주제가 다르게 나타나기 시작한다. 여아들은 공주, 왕자, 왕, 여왕, 꽃, 집, 나무, 친구 등을 그려 나간다. 그러나 남아는 괴물, 공룡, 우주, 운동하는 장면, 환상적인 것, 기계류, 자동차와 같은 수송기관 등을 주로 그린다.

〈사진 3〉

- **또래 집단기(The Gang stage : 9~11세)**

또래 집단기는 초등학교 1~3학년 시기이다. 이 시기에는 주로 친구와 같은 또래 집단이 중요하게 인식된다. 따라서 그림에 있어서도 친구가 그린 그림을 보고 따라 그리거나 비슷한 표현을 한다.

- **의사실기(The Pseudo- Naturalistic stage : 11~13세)**

의사실기의 시기에는 그 동안의 '지각적 사실주의'에서 '시각적 사실주의'로 전환하면서 대상에 대해 눈으로 본 것과 똑같이 그리려고 노력하는 시기이다. 따라서 그림을 그릴 주제를 주면 똑같이 그리려고 노력하며 똑같이 그린 그림이 잘 그린 그림이라고 생각한다. 〈그림 72〉는 12세의 아동이 그린 그림이다.

〈그림 72〉

- **결정기(The period of decision : 13~17세)**

결정기는 청소년기에 해당하며 그림을 그릴 때 보다 창의성을 중시하며 예술가처럼 표현하고자 하는 시기이다. 이 시기에는 시각형(visual type)과 촉각형(haptic type)으로 나누어지는데, 시각형은 외관, 비례, 명암, 원근, 배경 등을 중시하여 표현하며 촉각형은 내면 정서와 관련하여 색채와 공간을 주관적으로 표현한다.

(2) Kellogg의 평면표현 발달단계

Kellogg는 평면표현의 발달단계를 난화, 도형의 출현, 도형의 정교화, 초기 회화로 나누었다. 이와 같은 kellogg의 평면표현 발달단계를 자세히 살펴보면 다음과 같다.

● 낙서기(1~2세)

Kellogg는 2세에서 4세 유아가 그리는 난화를 연구하였으며 이를 통해 모든 유아에게 공통적으로 나타나는 20개의 난화를 발견하였다. 20개의 난화는 점에서부터 직선, 곡선, 사선, 불완전한 원 등으로, 모든 유아가 그림을 그릴 수 있게 만드는 기초적인 요소가 된다.

〈그림 73〉은 20개의 난화이다.

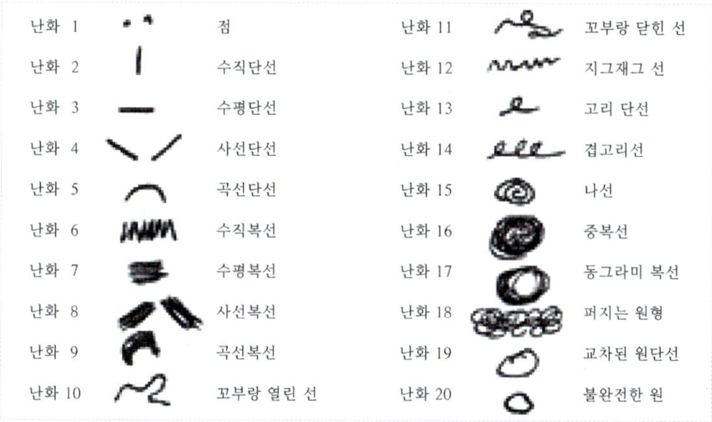

〈그림 73〉

자료 출처: 한국미술교과교육학회(1999).
유아미술교육학. 서울: 학문사. 204

● 도형의 출현(2~3세)

유아들은 20개의 기본 난화로 표현을 시작한다. 이와 같은 난화들은 반복적인 선과 함께 섞이면서 초기 도형의 형태를 만들어 나간다. 즉, 선이 교차되면서 십자가 모양의 도형이 나오거나, 불완전한 타원형이나 원형, 삼각형들이 표현되어진다.

유아가 표현하는 기본 도형은 동그라미, 세모, 네모, 십자형, 대각선, 불완전한 동그라미이다. 유아는 6개의 도형들을 난화와 섞어서 표현한다.

● 도형의 정교화(3~4세)

유아들은 난화의 20개와 도형 6개를 섞어서 엄마, 아빠, 자동차, 꽃을 그려 나간다.

기본 난화와 도형의 혼합은 크게 나누어져 발달한다. 첫째는 두개 도형이 합쳐진 결합(combine)의 형태이며, 둘째는 세 개 이상의 도형이 합쳐진 조합(aggregate)의 형태로 나타난다. 〈그림 74〉는 결합과 조합의 유형을 나타낸다.

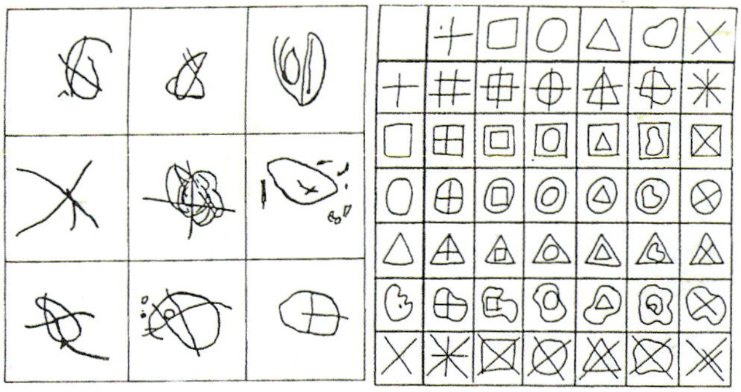

결합(conbine)의 유형(3세)　　36개의 가능한 결합

〈그림 74〉

또한, 유아는 원이나 사각형의 도형과 십자가나 대각선을 결합 조합하는 과정에서 만다라(mandalas)형을 그려나간다. 만다라는 원에 대한 산스크리트어로서 동심원을 뜻하는 말이다. Kellogg는 만다라 형태를 도식기의 추상적인 형태로 가는 과정에 있는 중요한 단계로 보았다(이정환, 2002: 29). 〈그림 75〉는 영아가 그린 만다라의 형태이다.

〈그림 75〉

유아는 만다라 형태뿐만 아니라 태양형을 그려 나간다. 태양형은 원과 직선이 합쳐져 나타나는 형태로 복잡한 결합과 조합의 표현 후에 나타나는 구조이다.

유아는 태양형을 그려 나가면서 사람의 얼굴을 표현해 넣는다. 〈그림 76〉은 39개월 된 유아가 그린 태양형의 인물이다.

〈그림 76〉

유아는 만다라와 태양형을 통해 사람의 구조를 표현하기 시작한다. 또한, 방사선의 형태도 사용한다. 방사선의 형태는 선이 반복적으로 반사하듯 그려진 형태이다. 〈그림 77〉은 방사선의 형태를 나타낸다.

〈그림 77〉

유아들은 만다라, 태양형의 형태, 방사선의 형태를 이용하여 사람을 그려 나간다. 유아의 사람 표현은 큰 머리에 방사선으로 나온 팔과 발등으로 표현되어진다. 그러나 차츰 몸통과 얼굴 표현, 단추와 같은 옷의 표현 등 사실적인 표현이 나타난다. 〈그림 78〉은 4세 유아가 그린 사람의 표현이다.

〈그림 78〉

● 초기 회화(4~5세)

유아는 사람을 비롯해 자동차와 같은 수송기관, 집과 건물, 나무와 꽃의 식물 등 다양한 주제를 그려나간다. 또한 모든 동물의 그림은 사람의 형태에 귀를 더 크게 그려 토끼라고 하기도 하며 때론 곰이라고도 하기도 한다. 즉, 사람을 그린 그림과 큰 차이를 가지지 않으나 사람은 수직으로 서있는 모습으로 그리고 동물들은 수평으로 그려 넣는다는 차이를 가진다.

또한, 건물 그림도 도형을 결합한 형태의 그림으로 나타나며 나무의 그림은 팔 없이 서 있는 사람의 모습과 유사하게 나타난다. 〈그림 79〉, 〈그림 80〉은 5세 유아가 그린 건물과 나무의 그림이다.

〈그림 79〉

〈그림 80〉

(3) Burt의 평면표현 발달단계

Burt는 평면표현 발달 단계를 난화기, 선묘화기, 묘사적 상징기, 묘사적 사실기, 시각적 사실주의로 나누었다. 이와 같은 평면표현 발달단계를 자세히 살펴보면 다음과 같다.

- **난화기(2~5세)**

Burt는 난화기를 크게 4가지로 나누었다. 목적 없는 난화기, 목적 있는 난화기, 모방하는 난화기, 제한된 난화기가 그것이다. 목적 없는 난화기는 유아가 아무 목적 없이 그냥 낙서를 하는 시기이다. 그러나 목적 있는 난화기는 무엇인가를 그리고자 하는 목적을 가지고 그리는 시기이며 모방하는 난화기는 또래 친구나, 형제, 부모, 선생님의 그림을 모방하여 난화하는 시기이다. 마지막으로 제한된 난화기는 아직 난화의 단계이지만 부분적으로 자세히 그려 강조하고자 하는 표현의 시기이다.

- **선묘화기(4세)**

선묘화기 시기에는 사람을 주로 많이 그리며 큰 원에 점을 찍고 사람의 눈이라고 한다. 또한 큰 원에 직선을 그려 팔과 다리를 표현하는 시기이다.

- **묘사적 상징기(5~6세)**

유아들은 상징적 도식을 사용하여 사람, 집, 꽃, 건물 등을 그려 나간다. 이와 같은 상징적 도식은 계속적으로 그림에 나타나며 모든 주제에 반복적으로 표현된다.

- **묘사적 사실기(7~8세)**

이 시기에 유아들은 자신이 가장 좋하하는 것, 기억에 남는 것, 좋은 경험 등을 그리기 좋아한다. 따라서 유아는 자신의 흥미와 욕구, 정서에 따라 선별적으로 선택하여 그림에 표현한다.

● 시각적 사실주의(9~10세)

이 시기에는 생각과 상상의 그림을 그리기보다는 사실적인 눈으로 본 것을 똑같이 그리려고 노력한다. 즉, 보이는 것을 똑같이 그리려고 한다. 그리고 2차원의 평면적 그림에서 3차원의 입체적 그림을 그리려고 원근법, 중첩, 명암을 사용한다.

지금까지 살펴본 미술의 평면표현 발달단계를 Lowenfeld의 발달 단계를 중점으로 정리하면 다음과 같다.

	단계	특징
1	난화기 (2~4세)	• 무질서한 난화기/ • 조절된 난화기/ • 명명하는 난화기
2	전도식기 (4-7세)	• 표현한 것과 대상과의 관계 표현 • 사람, 나무, 집, 해 등을 주로 그린다. • 랜디스의 집-나무-해-하늘-잔디의 습관 • 자기 중심적 표현
3	도식기 (7-9세)	• 도식화하여 그린다. - 스테레오 타입 • 다양한 표현을 쓴다. - 기저선 표현 - 시 · 공간 공존화 표현 - 전개도식 표현 - 중앙 원근법적 표현 - 정면성 · 동시성 - 표현투시화 표현 - 직각성의 실수
4	또래집단기 (9-11세)	• 또래 집단의 의사를 존중 • 도식에서 벗어나 세부 표현이 나타난다. • 공간에 대한 인식. 위에서 본 모습을 표현한다.
5	의사실기 (11-13세)	• 사실적으로 표현하고자 한다. • 배경, 원근법, 비례 등을 표현한다.
6	결정기 (13-17세)	• 환경을 창의적으로 받아들인다. • 시각형 - 외관, 비례, 명암, 원근, 배경 등을 중시한다. • 촉각형 - 내면 정서의 표현. 색채와 공간표현이 주관적으로 표현된다.

〈그림 81〉 평면표현 발달단계

2) 평면표현 발달과정

평면표현의 발달단계와 달리 평면표현의 발달과정은 유희적 난화기, 탐색적 상징기, 분화적 상징기, 형태적 사실기, 공간적 사실기로 나누어진다. 〈그림 82〉는 다음의 평면표현 발달과정을 정리한 것이다.

1	유희적난화기	(4세이하)/유치원이전: 표현을 놀이로 즐기며 마구 끄적거림
2	탐색적상징기	(4-6세)/어린이집, 유치원: 자기 주위의 제한된 사물을 상징적으로 표현
3	분화적상징기	(6-9세)/초등학교 1, 2학년: 환경의 모든 대상과 공간에 대해 상징적으로 표현
4	형태적사실기	(9-12세)/초등학교 2-5학년: 대상의 형태를 사실적으로 묘사하려고 노력하는 단계
5	공간적사실기	(12세 이상)/5학년-청소년기: 대상과 공간의 입체성을 사실적으로 표현하려는 단계

〈그림 82〉 평면발달과정

(1) 유희적 난화기

〈표 10〉 평면표현의 유희적 난화기

유희적 난화기	• 난화– 끄적거림을 말함 • 유희적 난화 – 마구 그리는 난화. 조절된 난화. 명명하는 난화 • 난화기는 근육의 움직임으로 해석 • 난화는 2세	* 3세 정도에 기본 난화와 조합/ 결합이 일어난다. * 3세 경 기본 도형(●▲■●,+,×) – 총 6개의 도형이 나오며 결합과 조합이 된다. * 만다라가 나타나고 최초의 인물 표현을 한다. – 태양형 인간, 올챙이식 표현, 두족류

유희적 난화기는 2세의 난화의 시기를 지난 3세에 난화와 도형을 결합, 조합하여 표현한다. 이와 같은 난화와 도형의 혼합에 의해 사람을 그려나가기 시작한다.

사람의 표현은 Kellogg가 말한 태양형의 인물 표현과 동그라미에 두 선을 길게 그린 두족류의 표현, 동그라미에 하나의 선만 그린 올챙이식 인물 표현을 한다.

(2) 탐색적 상징기

〈표 11〉 평면표현의 탐색적 상징기

구분	내용
탐색적 상징기	• 대상에 대한 표현을 처음 시도한다. • 기본 난화와 도형으로 다양한 표현을 한다. • 정면성과 동시성의 표현 • 스테레오 타입을 볼 수 있다. • 랜디스의 집-나무-하늘-해-잔디 습관을 볼 수 있다. • 자기 중심적 표현을 한다. • 수송기관, 동물, 식물을 표현한다.

탐색적 상징기는 4~6세에 해당하며 다양한 주변 환경을 탐색하여 그리기 시작한다. 따라서 그림의 주제도 다양해져 동물, 식물, 자동차를 비롯한 수송기관, 상상화 등을 그려나간다. 유아는 그림을 그릴 때 나름의 상징과 도식을 반복적으로 사용하여 그리며 이와 같은 도식은 같은 주제를 반복적으로 표현하기도 한다. 따라서 랜디스의 집-나무-하늘-해-잔디의 습관처럼 모든 그림에 집, 나무, 해, 잔디가 그려지는 그림을 그린다.

또한 자아 중심적 표현과 직관적 표현에 의해 동물이나 사물을 그릴 때 정면과 옆면을 혼합하여 표현하는 정면성 혹은, 동시성 표현을 한다.

(3) 분화적 상징기

〈표 12〉 평면표현의 분화적 상징기

구분	내용
분화적 상징기	• 남자와 여자를 구별 • 기저선의 표현 • 전개도식 표현/ 직각성의 실수 • 공존화의 표현(시/공간) • 투시적 표현(X-ray표현) • 중앙 원근법적 표현

분화적 상징기는 Lowenfeld가 제시하는 평면표현 발달단계상 도식기에 해당하며 다양한 여러 가지 표현들을 볼 수 있다. 즉, 이 시기는 상징적으로 그리던 표현에서 조금씩 벗어나 자기 나름대로 주제를 표현한다. 또한, 세모 치마나 머리에 꽃 등을 그려 남자와 여자의 성별을 구별하여 그린다. 〈그림 83〉은 4세 유아가 그린 그림이다.

〈그림 83〉

이 시기에는 공간에 대한 표현도 나타난다. 즉, 기저선을 그리고 땅이라 표현하며 그 위에 사람과 건물을 그린다. 또한, 투시적 표현(X-ray)으로 어느 공간 안에 있다는 상징으로 그리기도 한다. 그 밖에 전개도식 표현, 직각성의 실수, 중앙 원근법의 표현 등이 나타난다.

(4) 형태적 사실기

〈표 13〉 평면표현의 형태적 사실기

형태적 사실기	• 사실적 표현에 관한 관심 • 세부 묘사를 한다. • 공간 표현의 발달-기저선이 사라지고 중첩(overlapping)의 표현이 나타난다. • 자기중심적 표현에서 벗어남 • 원근의 표현이 나타남 • 상징적 표현-사실적 표현으로 전환 • 교사의 미술 표현에 대한 지도가 필요한 시기

형태적 사실기는 Lowenfeld의 평면표현 발달단계상 또래 집단기에 해당하며 Piaget의 인지발달 단계상 구체적 조작기에 해당한다. 따라서 탈중심화(decentration)에서 벗어나 시각적 사실주의(visual realism)에 입각하여 표현한다. 즉, 사실적인 그림, 세부적인 그림 등을 선호하며 그려 나간다. 공간 표현도 개념적인 공간에서 벗어나 사실적인 원근, 비례 등을 중시하여 표현하려고 노력한다.

(5) 공간적 사실기

〈표 14〉 평면표현의 공간적 사실기

공간적 사실기	• 형태에 대한 사실적 표현뿐만 아니라 공간에 대한 사실적 표현도 가능 (입체적 공간 표현) • 완성 작품과 기능적인 면에 집착 • 다양한 시도를 좋아한다. • 시각형(visual type)–시각적으로 보이는 대상을 사실적으로 표현. • 촉각형(haptic type)–주관적인 표현. 크기와 공간, 색채도 자신의 정서 반영

공간적 사실기는 청소년기에 해당하는 과정으로 창의적으로 표현하기를 좋아하며 다양한 주제와 재료에 접근하길 좋아한다. 또한, Lowenfeld의 의하면 시각형은 시각적으로 보이는 대상을 사실적으로 표현하고자 하며 전체를 보고 세부로 묘사하여 그리려고 한다. 그러나 반면 촉각형은 대상의 크기, 공간, 색채를 자신의 정서를 반영하여 주관적으로 표현하고자 한다.

3) 입체표현 발달단계

입체표현은 2차원 평면표현이 아닌 3차원의 입체적인 표현을 말한다. 유아가 할 수 있는 입체 표현은 찰흙으로 만들기, 블록 쌓아 만들기, 직조, 구슬 꿰기, 목공 놀이 등이 있다. 유아는 입체 표현활동을 통해 평면에서는 할 수 없었던 촉감놀이나 공간, 양감과 같은 개념을 알아나갈 수 있다.

유아의 입체표현 발달단계는 주로 찰흙을 가지고 표현하는 과정을 통해 살펴본다. 찰흙은 만지는대로 형태가 변하는 가소성(可塑性), 대상을 재현할 수 있는 재현성(再現性), 촉감을 전달하는 촉감성(觸感性), 떼었다 붙였다가 가능한 점착성(粘着性) 등의 재료의 특성을 가진다. 다음은 유아들이 찰흙을 통해 미술활동을 하는 장면이다.

〈사진 4〉 찰흙 활동을 하는 유아들의 모습

또한, 입체표현 발달단계는 평면표현 발달단계와 많은 연관성을 가지고 있다. 이와 같은 입체표현의 발달단계를 여러 학자들의 견해를 통해 살펴보면 다음과 같다.

(1) Lowenfeld의 견해

1. 난화기(2-4세)
2. 전도식기(4-7세)
3. 도식기(7-9세)/초등학교1-2
4. 또래집단기(9-11세)/초등학교2-4
5. 의사실기(11-13세)/초등학교4-6
6. 결정기(13-17세)/초등학교6학년이상
7. 청소년기(17세-)/청소년기

〈그림 84〉 Lowenfeld의 입체표현발달단계

Lowenfeld는 입체표현 발달단계에 있어서도 평면표현 발달단계와 같이 난화기, 전도식기, 도식기, 또래 집단기, 의사실기, 결정기로 나누었다.

● 난화기

난화기는 무질서한 난화기, 조절하는 난화기, 명명하는 난화기로 나누어진다.

첫째, 무질서한 난화기의 유아에게 찰흙을 주면 입에 넣거나, 떼어보거나, 만져보는, 놀이와 혼합된 탐색을 시도한다. 따라서 이 시기에는 밀가루를 이용한 찰흙이나 땅콩버터 찰흙을 만들어 주어야 한다.

둘째, 조절된 난화기의 유아는 손에 힘이 생겨 찰흙을 떼었다 붙여 보며 힘을 조절해 공모양이나 긴 막대기 모양 같은 형태를 빚는다. 즉, 유아의 소근육이 발달되어 보다 적극적인 활동이 보이는 시기이다.

셋째, 명명하는 난화기에 이르면 유아는 무엇인가를 만들어 놓고 '붕붕' 하며 말로써 표현한다. 이와 같은 변화는 그전에 만지고 촉감을 느끼며 사고하던 운동 지각적 사고(Kinesthetic thinking)에서 찰흙 덩어리에 이름을 붙여 상징을 시작하는 상징적 사고(imaginative thinking)로의 전환을 의미한다. 따라서 유아는 혼자만의 가작화 놀이 혹은, 상상 놀이를 할 수 있게 된다.

2세의 어린 유아들은 실물 표시자(signifier)의 속성을 그대로 지닌 자동차 장난감이 주어져야 자동차라고 생각하여 놀 수 있지만 4세 정도의 유아들은 자동차 표시자의 속성을 그대로 지니지 않아도 유사한 모양의 물체라면 자동차로 표상하여 놀이가 가능해진다.

이와 같이 놀이에서 실물사실주의(object realism effect)는 유아의 연령에 따라 민감하게 작용한다(이영자 외 2인, 2004: 24).

● 전도식기

전도식기가 되면 유아들은 평면표현 발달단계에서 보여 주었듯이 유아 주변의 다양한 대상과 환경을 만들어 나가고자 노력한다. 또한, 유아는 찰흙을 빚어 동그란 모양을 만든 후 손으로 찍어 눈과 입을 만들고 엄마라고 말한다. 그리고 찰흙 덩어리는 대강 세워 놓고는 손으로 윗부분을 눌러 눈을 만들고 사람이라고 한다. 이와 같이 최초의 인물을 만들고 이후 인물의 표현은 점점 세분화된 표현으로 발전해 나간다.

● 도식기

도식기에 유아들은 전도식기의 표현보다 더 세분화된 표현을 해 나간다. 인물 표현에 있어서도 커다란 찰흙 덩어리에 손으로 눌러 표현했던 표현 방법이 아닌 머리, 몸통, 팔, 다리를 따로 만들어 전체적인 인물을 만들어 나간다. 또한, 지금까지는 눕혀진, 마치 평면적인 표현 방법으로 나타났다면 이제는 직립할 수 있게 세우는 입체적인 방법을 모색하기도 한다.

Lowenfeld에 의하면 유아가 사람이나 동물을 만들 때 두 가지 방법을 사용하여 만든다고 보았다.

첫번째 방법은 전체에서 세부로의 표현을 시도하는 분석적 방법(analytic method)이다. 즉, 유아에게 찰흙 덩어리를 주면 찰흙의 전체를 손으로 눌러 세부적인 부분으로 들어가 모양을 만드는 방법이다. 이것은 마치 조각을 하는 방법과 유사하다. 분석적 방법은 평면 표현발달 단계에서 시각형에 속하는 유형의 유아들이 취하는 방법이다. 시각형의 유아들은 눈으로 본 것에 중요성을 두어 비례, 형태, 균형, 양감 등 대상의 시각특성을 똑같이 나타내려고 하며 이점을 중시하여 표현한다. 따라서 분석적 방법을 취하는 유아는 시각적인 요소를 중시하여 표현한다.

두번째 방법은 세부들을 전체적으로 구성·조합하는 종합적인 방법(synthetic method)이다. 즉, 유아에게 찰흙 덩어리를 주면 머리를 따로, 팔, 다리를 따로, 몸통을 따로 만들어 나중에 조합하여 붙이는 방법이다. 이것은 하나하나의 재현적인 상징들로 전체를 구성하는 것이다. 종합적인 방법은 평면표현 발달단계상 촉각형에 속하는 유형으로 비시각적인 방법을 모색한다. 즉, 눈으로 본 것을 표현하는 것이 아니라 자신의 정서와 욕구를 중시하여 표현하는 방법을 취한다. 이와 같은 방법의 차이는 바로 사고의 차이를 나타낸다. 분석적 방법을 취하는 유아는 시각적인 즉, 객관적인 형태를 추구하는 사고의 유형이라면 종합적인 방법을 취하는 유아는 비시각적이며 주관적인 사고의 의해 대상을 표현하는 유형이라고 할 수 있다.

● 또래 집단기

또래 집단기에는 표현 대상이 도식기보다 더욱 넓어져 다양한 주제를 표현하고자 한다. 이 시기에는 찰흙에 무늬를 찍거나 구멍을 내는 등 공간의 개념이 도입되어진다. 또한, 인물 표현에 있어서도 평면적인 표현에서 입체적인 표현으로 더욱 발전한다. 그리고 사람을 만들 때 비례를 생각하여 만들려고 노력하며 목을 만드는 등 신체 표현이 더욱 발달한다.

● 의사실기

의사실기에는 평면표현 발달단계와 같이 눈으로 본 것을 중시하여 사실적으로 표현하고자 노력한다. 사람의 표현에서도 사실적인 비례를 고려하고 세부적인 것을 첨가하여 만들고자 한다. 이 때, 평면표현의 시각형은 분석적 방법으로 만들기를 한다. 즉, 눈으로 본 주제를 정확하게 만들고자 노력한다. 반면, 촉각형은 종합적 방법으로 만들기를 하는데, 자신의 감정과 정서에 의해 만드는 순서 및 방법의 차이를 가지며 주관적으로 표현한다.

● 결정기

유아기 때의 지각성은 상징성으로, 상징성은 아동기 때의 사실성으로 변화한다. 결정기 때는 이 사실성이 다시 추상성으로 변화하는 시기이다. 따라서 작품을 추상적이며 창의적으로 만들고자 한다.

(2) Golomb의 견해

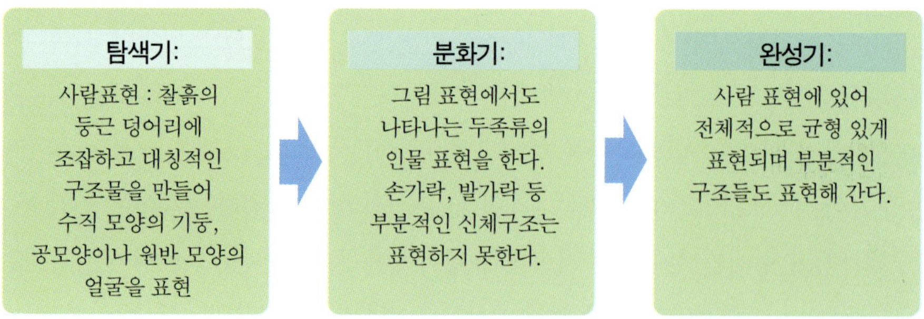

〈그림 85〉 Golomb의 입체 표현발달 단계

Golomb은 유아입체발달 단계를 탐색기, 분화기, 완성기로 나누어 설명하고 있다. 〈그림 85〉는 Golomb이 제시하는 입체발달단계를 나타낸다.

유아는 탐색기에 공모양이나 막대 모양, 납작한 떡 모양을 만든다. 이것은 소근육의 발달을 의미한다. 또한, 원반 모양의 단순한 인물 표현에서 찰흙을 길게 잡아 늘려 팔, 다리를 붙이는 인물을 만들기 시작한다. 분화기에는 평면 표현에서 보이는 두족류, 올챙이식 인물을 만들며 아직 평면적인 인물을 만들어 나간다. 사람의 세부적인 신체 표현은 아직 나타나지 못하며 비례도 무시된 인물을 만들어 나간다. 완성기에는 사람표현이 전체적으로 균형 있게 표현되며 세부적인 신체 표현도 나타난다. 또한, 사람의 전체적인 비례도 고려하여 만들기 시작한다.

(3) Brittain의 견해

- ☑ 2세 입체표현 발달단계 : 찰흙을 두드리고 잡아떼고 다시 붙이는 활동을 한다.
- ☑ 3세 입체표현 발달단계 : 찰흙을 굴려 공 모양, 뱀 모양 등을 만든다.
- ☑ 4세 입체표현 발달단계 : 여러 개의 공 모양을 붙여 좀 더 복잡한 형태를 만들고 이름을 붙인다.
- ☑ 5세 입체표현 발달단계 : 무엇을 만들겠다고 이야기한 후에 만들기를 한다.

〈그림 86〉 Brittain의 입체 표현발달단계

Brittain은 연령별로 나누어 살펴보았으며 2세는 찰흙을 탐색하며 노는 단계이고 3세는 소근육의 발달로 일정한 공이나 뱀 모양을 만들기 시작하며 4세는 만든 것에 이름을 붙인다. 5세는 사람을 만들며 그림을 그리듯 평면적인 표현을 하고 신체 각 부분을 따로 만들어 배열해 놓기도 한다.

(4) 이길종의 견해

이길종은 입체 표현발달 단계를 맹목적 조형기, 경단기, 상징기로 나누었다. 맹목적 조형기는 유아가 어떤 것을 만들겠다고 계획하기보다는 찰흙을 만지면서 오는 촉감과 함께 소근육 운동으로 무엇인가를 만들고 그 만들어진 것을 보고 기쁨을 느끼는 단계이다. 경단기에는 손으로 찰흙을 굴려 경단 모양처럼 만들거나 쌓는 과정이 시작된다. 또한, 여자와 남자의 표현에 차이가 나기 시작한다. 상징기에는 인물이나 대상의 특성을 알고 그 상징성을 알며 표현은 미흡하나 표현하고자 시도한다. 한 예로 얼굴에 눈, 코, 입 등이 있음을 알고 나름대로 표현을 시도한다.

맹목적조형기:
유아가 찰흙의 촉감을 즐기는 시기이다. 손의 움직임에 따라 예상하지 못한 형태를 만들어 내고, 이름을 붙이거나 설명한다.

→

경단기:
찰흙을 손으로 빚어 경단모양을 만들고 이름을 붙이며 만족감을 가진다.

→

상징기:
주변 환경이나 대상을 표현하며 특징을 파악하여 표현하고자 한다.

〈그림 87〉이길종의 입체 표현발달단계

(5) 염태진의 견해

- ☑ 무의미한 단계 : 어떤 목적이나 의도 없이 재미로 즐기면서 노는 단계이다. 유아의 무의식적인 만들기 활동을 이해해주며, 유아의 활동을 칭찬하고 격려함으로써 만들고 싶은 욕구를 갖도록 돕는다.
- ☑ 상징의 단계 : 만들어 놓은 것에 이름을 붙이는 '명명의 단계' 이다. 유아의 창작품은 성인의 눈으로는 이해할 수 없으나 무의미한 단계의 만들기 행동과는 다른, 의식적인 만들기로 발전되었음을 보여준다.
- ☑ 창조의 단계 : 유아는 자신의 주변 환경이나 대상 등 다양한 주제를 만들어 나간다. 자신의 창작품에 주관성을 가미해 자신이 좋아하는 것은 과장하는 경향이 있다.

〈그림 88〉 염태진의 입체 표현발달단계

염태진은 입체 발달 단계를 무의미한 단계(만 2~3세), 상징의 단계(만 3~4세), 창조의 단계(만 4~5세)로 나누었다. 첫째, 무의미한 단계는 무의식적으로 재료의 촉감을 느끼며 노는 근육 운동 단계이다. 이 단계에서 유아는 종이를 구기거나 찢거나 구멍을 뚫는 활동, 점토를 주무르거나 떼어냈다 붙였다 하는 활동, 빈 상자나 나무토막을 쌓아 올리거나 무너뜨리는 활동을 많이 한다. 즉, 창작품을 만드는 것이 목적이 아닌 촉감을 즐기고 즐거움을 느끼는 정도의 단계이다(이현아, 2005: 29). 이 단계는 유아의 성장 발달에 꼭 필요한 단계이다. 이와 같은 과정을 통해 유아들은 재료의 특성을 알게 되고 흥미를 느끼며 차후 창작품을 만들 수 있게 된다. 따라서 부모나 교사는 의미 없이 만드는 과정을 인정하고 격려해 주어야 한다. 상징의 단계에서는 무엇인가를 만든 후 이름을 붙이기 시작한다. 또한, 블록을 쌓거나 의자 등 물건을 쌓아올리는 장난을 좋아하며 종이를 접거나 꺾거나 포개는 등의 조형 능력이 나타난다. 이와 같은 활동은 후에 물건을 조립하거나 구성할 수 있는 능력으로 발전한다. 창조의 단계에서는 평면표현 발달단계상 전도식기에 해당하는 단계로 주변 대상이나 환경을 많이 만들고자 노력한다. 또한 자신의 창작품에 주관성이 가미되어 스스로의 감정과 정서가 포함된 것들을 만든다. 즉, 좋아하는 것은 크게 만들고 싫어하는 것은 작게 만든다. 그리고 상상력과 공상력이 활발한 시기로 창작물에도 상상력을 가미하여 만들고자 한다. 또한, 재료와 용구의 사용방법을 알고자 하며 시도하고자 노력한다. 따라서 교사는 유아에게 적당한 재료와 용구의 사용법을 가르쳐 주고 사용할 수 있도록 지도해야 한다.

4)입체표현 발달과정

유아의 입체표현 발달과정은 크게 탐색적 유희기, 분화적 상징기로 나누어 살펴 볼 수 있다.

〈표 15〉 유아의 입체 표현 발달 과정

구 분		표 현
탐색적 유희기 (4세 이하)	무의도적인 유희기	찰흙을 두들기거나 때리거나 하는 작업으로 촉감을 느낀다.
	규칙적인 유희기	찰흙으로 일정한 모양을 만든다. (긴 뱀 모양, 공 모양)
	이름 붙이는 유희기	찰흙에 주변 대상이나 관심 대상의 이름을 붙여 가지고 논다.
평면적 상징기 (4~8세)		입체 자료를 평면적으로 표현하면서 모든 대상을 상징적으로 나타내는 단계이다(평면적 표현을 한다).

(1) 탐색적 유희기(4세 이하)

탐색적 유희기는 크게 유희기와 초기인물 탐색기로 나누어진다. 유희기는 유아가 찰흙의 촉감을 즐기고 놀면서 탐색하는 시기이다. 이 과정이 지나면 유아는 소근육의 발달과 함께 일정한 모양을 만들고 이름을 붙인다. 그리고 이름을 붙인 창작물을 가지고 놀기 시작한다.

초기인물 탐색기에 유아는 사람을 만들기 시작하며 평면 표현에서와 같이 머리와 팔다리가 붙어있는 형태로 만들어나간다. 또는 공모양의 인물, 올챙이식의 인물 표현으로 평면표현에서 보여주였던 인물을 만들어 나간다. 또한, 모든 인물의 표현은 평면적인 표현으로 마치 그림을 그린 듯 표현한다. 초기 인물을 만드는 과정에서 유아가 보여주는 특성은 표현의 미흡한 면을 언어로 보충하고자 한다는 것이다. 따라서 표현보다 많은 말을 한다.

(2) 평면적 상징기(4~8세)

평면적 상징기에 유아들은 입체 재료를 가지고 평면적으로 표현하며 대상을 상징적, 도식적으로 표현하고자 한다. 평면적으로 표현한다는 것은 입체 재료를 마치 그림을 그리듯이 표현하는 것으로 모든 창작물이 바닥에 눕혀 있는 형태를 취한다. 유아는 자신이 만든 사람이 누워있는 사람이 아닌 서있는 사람이라고 생각한다. 또한, 유아는 동물도 다 누워있는 형상으로 만들지만 서있는 동물이라고 생각한다.

인물 표현에 있어서도 두족류, 공모양의 인물, 평면적 인물의 형태에서 조금 더 발달하여 신체의 각 부분을 자세히 만들려고 노력한다. 즉, 세부적인 옷 표현, 움직임 표현 등을 시도하고자 한다. 즉, 세부적으로 손가락이나 목, 머리카락 등을 표현하고자 하는 유아도 있다. 이와 같이 사람의 신체는 얼굴→ 팔, 다리 → 몸통 → 목의 순으로 만들어 나간다.

Chapter 05 유아미술의 발달단계에 따른 특성

유아는 미술의 발달 단계에 따라 여러 가지 재미있는 특성을 보여준다. 이와 같은 특성은 인지적 발달과 표현의 미흡에 따른 것으로 유아기 때에만 나타나는 독특한 표현 특성들이다.

1. 공간 표현에 따른 특성

공간 표현에 따른 특성으로는 투시적 표현, 전개도식 표현, 직각성의 실수, 중앙 원근법 등의 표현 특성을 보여준다. 이와 같은 특성은 유아에게 공간에 대한 개념이 생기면서 전도식기에서 도식기에 나타나는 표현 특성들이다.

● 투시적 표현

투시적 표현은 X-ray 표현이라고도 한다. 투시적 표현은 건물의 안이 다 보이게 그리거나 물고기의 뱃속을 다 그리는 표현이다. 즉, 한 공간 안에 사람이나 다른 것이 존재함을 알고 그려 넣는 것이다. 다음 〈그림 89〉, 〈그림 90〉은 투시적 표현의 예들이다.

〈그림 89〉

〈그림 90〉

3. 직관적 사고에 의한 표현 특성

유아는 직관적 사고에 의해 사물의 단면을 보고 그 사물을 이해한다. 또한, 사물의 독특한 특성을 파악하여 사물의 전체 모습으로 이해한다. 이와 같은 직관적 사고의 특성은 유아의 그림에서 표현되어진다. 즉, 동물의 얼굴은 정면으로 몸통은 옆면을 그려 표현한다. 이것은 유아가 직관적 사고에 의해 동물의 얼굴은 정면을 몸통은 옆면을 강하게 지각하여 혼합하여 그려 넣는 것이다. 이와 같은 표현을 정면성, 동시성의 표현이라고 하며 신크로나이즘(synchronism)의 그림이라고 한다. 〈그림 95〉는 직관적 사고에 의한 정면성의 표현들이다.

〈그림 95〉

4. 자아중심적 사고에 의한 표현 특성

유아는 자기중심적 사고에 의해 그림 표현에 있어서도 자기중심적인 그림을 그린다.

자신이 좋아하는 사람은 크게 그리거나 아름답게 표현하고 자신이 싫어하는 사람은 작게 그리거나 안 그려버리는 표현 형식을 가진다. 또한, 자신이 좋아하는 색만 사용하여 그리기도 한다. 〈그림 96〉은 자기중심적 사고에 의한 표현 특성을 나타낸다.

〈그림 96〉

5. 물활론적 사고에 입각한 의인화 표현

유아는 물활론적 사고에 의해 무생물도 생명이 있다고 여긴다. 이와 같은 사고에 입각하여 그림에서도 태양이나 꽃등에 사람의 얼굴 표정을 그려 넣는 의인화의 표현을 한다. 〈그림 97〉은 의인화의 표현을 나타낸다.

〈그림 97〉

6. 상징과 도식에 의한 정형화된 표현-스테레오 타입의 그림 표현 특성

유아는 전도식기에서 도식기에 걸쳐 상징적 표현을 한다. 상징적 표현은 유아가 대상에게 가지는 구조를 이해하는 것으로 볼 수 있다. 즉, 집의 지붕은 삼각형과 네모로 자동차는 네모와 동그라미로 그 기초적인 구조를 이해하는 것이다. 그러나 이와 같은 상징적·도식적 표현은 모든 유아의 그림을 정형화된 그림으로 만들어 버린다. 유아는 늘 같은 모양으로 집을 그리고 사람을 그리며, 꽃과 자동차를 그려 표현한다. 또한, 늘 같은 주제로 반복하여 같은 내용을 그린다. 이와 같은 정형화된 그림을 스테레오 타입(stereo type)이라고 한다. 다음의 〈그림 98〉은 스테레오 타입을 나타내는 그림이다.

〈그림 98〉

Chapter 06 유아미술교육과 교육과정

1. 교육과정

1) 「2019 개정 누리과정」

현재 「2019 개정 누리과정」은 '국가수준의 공통교육과정'으로 '유아가 중심이 되는 놀이 위주의 교육과정'이다. 개정 누리 과정은 '유아가 경험하는 총체'임을 강조하며 교사와 유아가 함께 만들어 가는 교육과정의 중요성을 강조한다. 개정 누리 과정은 교육내용을 간략화하고 유아가 주도하는 놀이를 통해 배움을 구현할 수 있도록 유아·놀이 중심 교육과정이다. 따라서 개정 누리과정에서는 '놀이'를 중요시 여긴다. 유아는 일상에서 놀이를 통해 다양한 사물과 관계 등을 탐색하며 알아 나간다. 즉 놀이는 유아의 일상에서 자연스럽게 나타나며, 유아가 세상을 경험하고 배워가는 방식이다. 유아는 온몸의 감각과 기억으로 자연과 세상을 만난다. 유아가 놀이하며 보여주는 독특한 움직임, 표정, 재미있는 말과 이야기, 그림이나 노래 등은 모두 놀이의 과정이자 배움의 결과이다(2019 개정 누리과정 해설서, 2019). 이와 같이 유아가 주체가 되어 놀이를 통해 체험하는 다양한 경험은 일상의 생활과 관련되며 직접적인 체험이라는 점에서 추상적 지식이 아닌 '실제적인 지식'을 담는 교육의 내용을 가질 수 있다. 따라서 교사는 자율성을 바탕으로 유아가 다양한 놀이를 할 수 있도록 지원하여야 한다.

2) 놀이의 특성과 의미

개정 누리과정에서 제시하는 놀이의 주요 특성을 〈표 16〉을 통해 살펴보면 다음과 같다.

〈표 16〉 놀이의 특성

놀이의 특성	
놀이는 자유롭다	* 목적으로부터의 자유 * 규칙으로부터의 자유 * 사실로부터의 자유 * 시간과 공간의 경계로부터의 자유
놀이는 주도적이다	* 자발적 참여 * 능동성 * 내재적 동기
놀이는 즐겁다	* 재미 * 몰입 * 감정의 해소 * 상상과 호기심 * 유머

출처: 「2019 개정 누리과정」 (2019). '놀이 이해 자료' (발간등록 번호 11-1342000-000523-01) 서울: 교육과학기술부·보건 복지부.

개정 누리과정에서는 '자유로움', '주도성', '즐거움'을 놀이의 주요 특성으로 명시하고 있다. 놀이는 목적을 가지고 계획된 활동으로부터의 자유, 정해진 규칙으로 부터의 자유, 반드시 현실적으로 사실이 아니라는 자유, 과거, 현재, 미래의 시간과 교실, 복도의 공간을 넘어 자유롭다는 특성을 가진다. 이와 같은 자유로운 놀이 경험은 새로운 변형과 창조적인 특성을 가지게 된다. 또한 놀이는 주도적이며 유아의 자발성, 능동성, 내재적 동기, 즉흥적 전개와 같은 특성을 가진다. 나아가 놀이는 재미, 몰입, 기쁨, 감정의 해소, 유머 등의 정서적 즐거움을 가져다준다.

개정 누리과정에서 놀이의 '의미와 특성'을 〈그림 99〉와 같이 제시하고 있다.

〈그림 99〉 놀이의 의미와 특성

출처: 「2019 개정 누리과정」 (2019). '놀이 이해 자료' (발간등록 번호 11-1342000-000523-01) 서울: 교육과학기술부·보건 복지부.

놀이의 '의미와 특성'은 유아가 놀이를 통해 다양한 경험을 하며 배움으로써 그 의미와 가치를 발견할 수 있다. 유아는 놀이를 통해 탐색, 몰입, 주도, 상상, 표현, 다양성, 즐거움, 협력, 실험, 호기심, 자유로움 등의 경험을 체험할 수 있다, 나아가 '놀이 경험'은 유아가 살아가는 데 필요한 지식, 기술, 태도, 가치가 되기도 한다.

3) 놀이와 5개 영역

놀이를 경험하는 유능한 유아는 '몸을 움직이고 하고 싶은 것을 스스로 선택하며 상상하고 재미와 기쁨을 느끼며 주변과 관계를 맺는 유능한 유아의 특성을 가진다. 이와 같은 유능한 유아의 특성은 '건강한 사람', '자주적인 사람', '창의적인 사람', '감성이 풍부한 사람', '더불어 사는 사람'의 개정 누리과정에서 추구하는 인간상과 연계되어진다. 개정 누리과정은 '추구하는 인간상'을 바탕으로 5개의 영역으로 구성되어 있다. 개정 누리과정의 5개의 영역은 다음 〈표 17〉과 같다.

〈표 17〉 개정 누리과정의 5개의 영역

개정 누리과정의 5개의 영역				
신체운동 · 건강	의사소통	사회관계	예술경험	자연탐구

개정 누리과정은 '신체운동·건강', '의사소통', '사회관계', '예술경험', '자연탐구'의 5개의 영역으로 구성되어졌다(2019 개정 누리과정 해설서, 2019). 다음으로 유아미술교육과 관련이 있는 '예술경험'의 영역을 중심으로 살펴보고자 한다.

2. 유아미술교육과 예술경험 영역

1) 예술경험 영역

개정 누리과정에서 제시하는 5개의 영역중에서 유아미술교육은 '예술영역'과 관련성이 있다. 이와 같은 예술경험 영역의 목표를 살펴보면 다음의 〈표 18〉과 같다.

〈표 18〉 예술경험 영역의 목표

아름다움과 예술에 관심을 가지고 창의적 표현을 즐긴다. 1) 자연과 생활 및 예술에서 아름다움을 느낀다. 2) 예술을 통해 창의적으로 표현하는 과정을 즐긴다. 3) 다양한 예술 표현을 존중한다.

출처: 「2019 개정 누리과정」 (2019) 유치원 교육과정 고시문 (교육부 고시 제2019-189호)
서울: 교육과학 기술부·보건 복지부.

예술경험 영역의 목표는 유아가 아름다움과 자연, 생활, 예술에서 아름다움을 느끼고 음악, 움직임, 춤, 미술, 극놀이 등의 예술에서 자신의 느낌과 생각을 창의적으로 표현하는 과정을 즐기고 다양한 예술작품을 감상하며 다른 사람의 예술 표현을 존중하는 내용으로 구성되어 있다. 나아가 예술경험 영역의 내용범주를 살펴보면 다음의 〈표 18〉와 같다.

〈표 19〉 예술경험 영역의 내용범주

내용범주	내용
아름다움 찾아보기	자연과 생활에서 아름다움을 느끼고 즐긴다.
	예술적 요소에 관심을 갖고 찾아본다.
창의적으로 표현하기	노래를 즐겨 부른다.
	신체, 사물, 악기로 간단한 소리와 리듬을 만들어 본다.
	신체나 도구를 활용하여 움직임과 춤으로 자유롭게 표현한다.
	다양한 미술 재료와 도구로 자신의 생각과 느낌을 표현한다.
	극놀이로 경험이나 이야기를 표현한다.
예술 감상하기	다양한 예술을 감상하며 상상하기를 즐긴다.
	서로 다른 예술 표현을 존중한다.
	우리나라 전통 예술에 관심을 갖고 친숙해진다.

출처: 「2019 개정 누리과정」 (2019) 유치원 교육과정 고시문 (교육부 고시 제2019-189호)
서울: 교육과학 기술부·보건 복지부.

예술경험 영역의 내용범주는 첫째, '아름다움 찾아보기', '창의적으로 표현하기', '예술 감상하기'의 세 가지 범주로 이루어져 있으며 각 하위 내용은 '아름다움 찾아보기' 2개의 하위내용, '창의적으로 표현하기' 5개의 하위내용 '예술 감상하기'는 3개의 하위내용으로 총 10개의 하위내용으로 구성되어 있다. 이와 같은 내용은 「2019 개정 누리과정」에서 제시하는 5개 영역의 통합과 예술경험 영역 안에서 내용범주와의 통합으로 유아가 통합적인 경험을 가지도록 구성하였다. 예술경험의 내용범주가 담고 있는 내용의 이해는 다음의 〈표 20〉과 같다.

〈표 20〉 예술경험의 내용범주와 내용 이해

내용범주	내용	내용 이해
아름다움 찾아보기	자연과 생활에서 아름다움을 느끼고 즐긴다.	유아가 자신의 주변에서 만나는 자연, 공간, 사물 등의 아름다움을 풍부하게 느끼며 즐기는 내용
	예술적 요소에 관심을 갖고 찾아본다.	유아가 주변의 자연과 생활에서 다양한 소리나 리듬 등의 음악적 요소, 색이나 형태 등과 같은 미술적 요소를 발견하고, 사물이나 동식물의 움직임에서 아름다움을 경험하는 내용

내용범주	내용	내용 이해
창의적으로 표현하기	노래를 즐겨 부른다.	유아가 흥얼거리거나 친구들과 함께 소리와 박자 등을 느끼고 노랫말을 바꾸어 불러 보며 노래 부르기를 즐기는 내용
	신체, 사물, 악기로 간단한 소리와 리듬을 만들어 본다.	유아가 자신의 신체, 주변의 사물, 리듬, 악기 등을 사용하여 소리와 리듬을 창의적으로 만들어 보는 내용
	신체나 도구를 활용하여 움직임과 춤으로 자유롭게 표현한다.	유아가 자연과 생활에서 발견한 다양한 움직임을 자유롭게 표현하고 나아가 자신의 생각과 느낌을 자신의 신체나 다양한 도구를 활용하여 움직임과 춤으로 표현하는 내용
	다양한 미술 재료와 도구로 자신의 생각과 느낌을 표현한다.	유아가 자연과 생활에서 발견한 다양한 재료와 도구를 활용하여 여러 가지 방법으로 표현하는 내용이다. 자신의 경험, 느낌, 생각 등을 창의적으로 표현하는 과정을 즐기는 내용
	극놀이로 경험이나 이야기를 표현한다.	유아가 자신의 경험, 다양한 상황, 이야기를 자유롭게 상상하며 극놀이로 표현하는 과정을 즐기는 내용
예술 감상하기	다양한 예술을 감상하며 상상하기를 즐긴다.	유아가 자신과 또래의 작품이나 음악, 춤, 미술작품, 극 등 다양한 예술을 감상하고 자유롭게 상상하기를 즐기는 내용
	서로 다른 예술 표현을 존중한다.	유아가 자신과 또래의 작품, 음악, 춤, 미술작품, 극 등에 포함된 다양한 표현을 존중하는 내용
	우리나라 전통 예술에 관심을 갖고 친숙해진다.	유아가 우리나라 고유의 전통 음악, 춤, 미술, 건축물, 극 등에 관심을 가지고 전통 예술을 감상하며 우리나라 문화에 친숙해지는 내용

2) 유아미술교육과 예술경험 영역

「2019 개정 누리과정」에서는 유아 중심, 놀이 중심을 강조하며 5개 영역의 내용이 통합적으로 유아의 경험과 연계되도록 구성하였다. 개정 누리과정에서 5개의 영역의 내용은 연령 구분 없이 3~5세 유아가 모두 경험할 수 있는 내용으로 제시하고 있다. 개정 누리 교육과정은 유아는 '놀이', '일상생활', '활동'으로 구성된 교육과정 편성에 의해 놀이는 일과 구성의 단위로서 실내에서 이루어지는 놀이와 바깥 놀이를 할 수 있다. 개정 누리과정은 교사가 미리 계획하고 실행하는 것을 지양한다. 즉 기존의 '선형적' 과정을 지양하며 '실행된 교육과정', '만들어진 교육과정'을 강조한다. 예술경험 영역은 영유아가 경험하는 조형놀이 활동과 관련성이 깊으며 영유아가 자율성을 가지고 행하는 미술활동, 미술교육과 관련성을 가진다.

「2019 개정 누리과정」에서 제시하는 '예술경험' 영역의 내용범주인 '아름다움 찾아보기', '창의적으로 표현하기', '예술 감상하기'를 바탕으로 유아미술교육을 살펴보면 다음과 같다.

(1) '아름다움 찾아보기'와 유아미술교육

'아름다움 찾아보기'는 유아가 자연과 생활에서 아름다움을 느끼며 예술적 요소에 관심을 가지고 찾아보는 내용으로 '자연과 생활에서 아름다움을 느끼고 즐긴다.', '예술적 요소에 관심을 갖고 찾아본다.' 의 2개의 하위 내용으로 구성되어 있다.

유아는 자신의 주변인 자연, 대상, 사물 등에 관심을 가지고 경험하면서 각각의 '시각적 특징'을 발견할 수 있다. 유아가 접하는 모든 것은 각기 다양한 시각적 특징으로 되어져 있다. 일예로 나뭇잎은 초록색, 부드러움, 둥근 모양 등의 시각적 특징을 찾아볼 수 있다. 즉 유아가 경험하는 일상의 모든 대상에는 점, 선, 면, 형, 색, 질감 등의 '시각적 요소'와 비례, 균형, 율동, 리듬, 점증·점이, 반복 등의 '시각적 원리'를 접하게 된다. 유아는 자연과 일상의 삶에서 다양한 미술적 요소가 되는 시각적 요소와 미술적 원리가 되는 시각적 원리를 접하고 경험한다. 이와 같이 오감각을 통한 직접적 경험은 대상의 아름다움을 느끼고 체험하며 심미감을 가질 수 있게 한다. 또한 다양한 환경, 대상과의 경험속에서 대상의 개념과 관계 등을 알아나갈 수 있다. 유아미술교육은 유아에게 자연, 대상, 사물, 환경 등 시지각을 통해 잘 보고 이해시키므로 자신 주변의 아름다움을 느끼고 즐기게 한다. 나아가 예술적 요소에 관심을 가지게 하며 다양한 자료나 매체를 가지고 표현할 수 있는 조형 놀이를 가능하게 한다.

〈사진 5〉 자연물을 이용한 미술놀이활동

(2) '창의적으로 표현하기'와 유아미술교육

'창의적으로 표현하기'는 유아가 노래를 즐겨 부르고, 간단한 소리와 리듬을 만들어보며, 자유롭게 움직이며 춤추고, 다양한 미술재료와 도구를 활용하여 표현하며, 경험과 이야기를 극놀이로 표현하는 내용이다. '창의적으로 표현하기'는 '노래를 즐겨 부른다.', '신체, 사물, 악기로 간단한 소리와 리듬을 만들어 본다.', '신체나 도구를 활용하여 움직임과 춤으로 자유롭게 표현한다.', '다양한 미술 재료와 도구로 자신의 생각과 느낌을 표현한다.', '극놀이로 경험이나 이야기를 표현한다.'의 5개 하위 내용으로 구성되어 있다. 유아는 놀이의 과정속에서 시각적, 청각적, 촉각적 경험을 가지게 되며 경험을 바탕으로 다양한 재료와 매체로 창의적인 표현을 할 수 있다. 일예로 바람 혹은 비와 같은 자연의 소리, 일상의 삶속에서 듣는 소리, 매체의 소리, 음악소리, 동요 등을 듣고 다른 매체로 소리를 표현할 수 있다. 나아가 미술활동과 연계하여 마라카스나 작은 북, 나팔 등 다양한 악기를 만들어 표현할 수 있다. 또한 바람의 소리를 듣고 혹은 바람의 움직임을 보고 미술 매체를 활용하여 선으로 표현할 수 있으며 음악을 듣고 춤과 연계하여 조형 활동으로 표현할 수 있다. 즉 자신이 지각한 대상을 미술 매체 혹은 일상의 매체로 만들어 표상 놀이를 하면서 대상을 표현하고 이해할 수 있으며 통합적인 활동으로 전개할 수 있다. 나아가 오감각적 경험을 바탕으로 놀이의 과정속에서 간단한 인형을 만들어 극놀이로 자신의 이야기를 창의적으로 표현할 수 있다. 따라서 유아는 미술활동을 통해 자신의 느낌과 생각을 다양한 미술재료와 매체를 활용하여 창의적으로 표현할 수 있으며 음악이나 극놀이 등과 연계, 확장된 창의적인 조형 놀이가 가능하다.

〈사진 6〉 음악과 극놀이의 창의적 표현활동

(3) '예술 감상하기'와 유아미술교육

'예술 감상하기'는 유아가 자신과 또래의 작품뿐만 아니라 다양한 예술을 감상하며 상상하기를 즐기고, 서로 다른 예술 표현을 존중하며, 우리 고유의 전통 예술에 친숙해지는 내용으로 구성되어 있다. '예술 감상하기'는 '다양한 예술을 감상하며 상상하기를 즐긴다.', '서로 다른 예술 표현을 존중한다.', '우리나라 전통 예술에 관심을 갖고 친숙해진다.'의 3개 하위 내용으로 구성되어 있다. 유아는 음악, 미술, 뮤지컬, 연극 등 다양한 예술작품을 감상하며 미적 지각과 미적 경험을 바탕으로 상상하며 즐길 수 있다. 또한 미술작품 감상에서도 그림에 해당하는 회화, 입체 작품에 해당하는 조각 작품, 소조 작품, 다양한 재료로 만드는 공예 작품, 건축물 등 다양한 미술표현의 영역, 방법, 내용, 재료에 따른 작품을 감상할 수 있으며 그 차이를 통해 작품의 함의하는 내용들을 알아나갈 수 있다. 이를 바탕으로 서로 다른 예술 작품을 존중하는 태도를 가질 수 있다. 나아가 전통 예술과 동시대 현대 예술 등을 감상하고 체험하며 미술활동으로 표현할 수 있다. 일예로 한지 공예를 통해 전통 미술의 공예 작품을 이해하며 실질적으로 한지 공예 작품을 만들어 볼 수 있으며 전통의 재료와 현대의 재료의 차이를 인식할 수 있다. 또한 전통 악기와 서양 악기를 감상하고 나만의 악기를 만드는 미술놀이활동으로 전개할 수 있다.

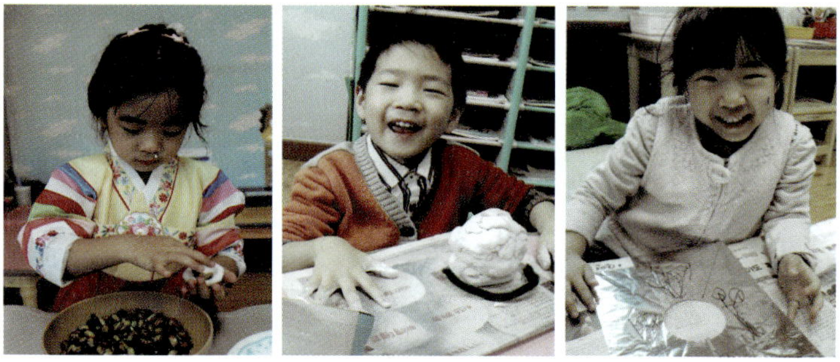

〈사진 7〉 전통과 관련된 다양한 미술놀이활동

Chapter 07 유아미술교육을 위한 교사론

교사는 유아교육을 위해 갖추어야할 다양한 자질과 역할이 필요하다. 우선 유아교사의 자질은 교사로서 갖추어야 할 개인적 특성 및 교직 태도를 의미한다. 유아교사가 갖추어야 할 인간적 자질은 인내심, 따뜻한 성품, 사랑, 양육, 참을성 등의 자질을 갖추어야 한다. 유아교사가 갖추어야 할 전문가 자질은 전문적 지식, 유아와의 상호작용 기술, 직업윤리, 올바른 교육관 등의 자질을 갖추어야 한다. 또한 유아교사의 역할은 유아교육현장에서 교사가 담당해야할 역할 행동을 말하며 양육자, 관찰자, 안내자, 정서적 지원자, 자료와 환경지원자로서의 역할이 필요하다.

「2019 개정 누리과정」은 유아·놀이 중심 교육과정으로 교사의 '자율성'을 강조한다. '자율성'이란 학급의 고유한 특성이 드러나도록 유아의 놀이를 중심으로 교육과정을 운영하는 것을 의미한다. 이와 같은 자율성은 교사의 책무성이 따라올 때 가능하다. '책무성'이란 유아·놀이 중심 교육과정에서 놀이, 일상생활, 활동이 잘 이루어질 수 있도록 고민하고 지원하는 교사의 역할 인식 및 실천을 의미한다(놀이실행자료, 2019). 이와 같이 변화된 개정 누리과정에서 요구되어지는 교사의 역할은 첫째, 유아·놀이 중심 교육과정을 이해하고 실천하는 역할, 둘째, 놀이를 통한 유아의 배움을 지원하는 역할, 셋째. 놀이와 배움을 기록하고 평가하는 역할, 넷째, 함께 배우며 성장하는 역할을 제시하고 있다. 개정 누리과정에서 요구하는 교사의 역할을 바탕으로 유아미술교육을 위한 교사의 역할을 살펴보면 다음과 같다.

1. 촉진자 및 동기유발자의 역할

유아는 미술활동을 통해 자유롭게 자신의 정서와 생각을 다양한 자료와 매체로 표현해 나간다. 따라서 교사는 유아가 자신의 정서와 생각을 자유롭고 편안하게 표현할 수 있도록 내적·외적 환경을 조성해 주어야 한다. 유아미술교육을 위한 교사의 촉진자의 역할은 크게 '정서적 환경의 촉진자', '상호작용의 촉진자', '다양한 자료와 매체를 제공하는 물리적 환경의 촉진자'로서의 역할이 필요한다. 첫째, 유아가 하는 미술활동은 개방적이고 자유가 허용되는 가운데 유아 스스로 자유로운 표현 놀이활동을 할 수 있는 분위기가 이루어져야 한다. 따라서 교사는 유아가 자유로운 분위기에서 자신의 감정과 정서를 마음껏 표현할 수 있도록 허용하는 '정서적 환경을 촉진'하는 역할이 필요하다. 둘째, 교사는 '교사와 유아', '유아와 유아 간'의 상호작용을 촉진시켜 미술활동을 하는 데 적합한 환경을 조성하고 흥미와 동기가 생기도록 촉진하여야 하는 '상호작용을 촉진' 하는 역할이 필요하다. 셋째, 교사는 유아에게 안전하며 변화와 변경이 가능한 확장된 공간을 제공하고 나아가 자연물, 일상의 물건, 사물, 미술적 재료 등 '다양한 재료와 매체를 제공해 주는 물리적 환경을 촉진'하는 역할이 필요하다.

또한 교사는 유아가 다양한 놀이 활동을 통해 미술활동을 할 수 있도록 동기를 유발시켜야 한다. 유아는 자연물이나 인공물, 대상, 현상 등을 통해 스스로 놀이를 찾으며 미술활동과 연결하여 진행해 나갈 수 있다. 이때 교사는 유아에게 다양한 동기를 부여하여 유아가 스스로 내적동기에 의해 창작 의욕을 가질 수 있도록 돕는 '동기유발자'의 역할이 필요하다.

2. 관찰자 및 반응자의 역할

교사는 유아의 일과 중 놀이, 일상생활, 활동속에서 그들을 자세히 관찰하여 그들이 놀이활동 경험을 바탕으로 미술활동으로 연계 혹은 확대된 경험을 가질 수 있도록 살펴보아야 한다. 또한 유아가 놀이와 연계된 유아활동을 진행할 때 필요한 재료와 도구 등을 관찰하여 지원할 수 있도록 해야 한다. 즉 교사는 민감성을 가지고 유아가 놀이와 미술활동을 할 때 어떻게 놀이활동이 미술활동 혹은 조형활동으로 연계되는 지, 혹은 확대되는 지, 유아들 간에 어떤 상호작용을 하는 지, 어떤 재료와 도구를 사용하는 지, 유아가 미술활동 시 흥미나 관심의 정도가 어떤지, 유아가 관심을 가지고 사용하는 재료는 무엇인지, 미술활동 시 소근육의 능력 등을 유심히 살펴보는 '관찰자'의 역할이 필요하다. 즉 교사는 유아의 '놀이의 의미'를 읽어나가며 유아의 놀이와 미술활동에 시선을 주고 주목하며 그 의미를 기록하여야 한다. 교사는 유아를 자세히 관찰하고 그 내용을 기록함으로써 나중에 평가하는 자료를 만들어야 한다. 나아가 교사는 유아의 활동 안에서 언어적, 비언어적 상호작용을 하며 반응하는 '반응자'로서의 역할이 필요하다. 교사의 '언어적 반응'은 유아가 놀이와 미술활동을 진행 할 때 칭찬, 격려와 같은 긍정적인 반응을 해주는 것이다. 또한 유아의 미술활동 시 동기를 유발시키는 언어적 반응이나 미적 대상의 시각적 특징 등을 찾을 수 있도록 언어적 촉진 등의 반응을 해주어야 한다. 교사의 '비언어적 반응'은 유아가 놀이와 미술활동을 진행할 때 표정, 몸짓, 적극적 경청을 통해 반응해주는 것이다. 교사의 비언어적 반응을 통해 유아는 미술활동속에서 흥미, 욕구, 자기주도, 정서적 지원 및 자신감을 가지게 된다.

3. 창의성과 독창성을 증진시키는 역할

교사는 유아에게 다양한 활동속에서 창의성과 독창성을 향상 시킬 수 있도록 촉진적 환경을 제공해 주어야 한다. 교사가 주도가 되어 활동을 이끌기 보다는 유아가 스스로 원하는 활동으로 이끌 수 있도록 하며 다양한 놀이활동과 미술활동 속에서 창의성과 독창성이 발휘되도록 허용적인 환경을 제공해 주어야 한다. 즉 교사는 유아에게 '창의성과 독창성을 증진시키는 자'로서의 역할이 필요하다. 우선 유아의 창의성을 증진시키기 위해서 교사는 다음과 같은 역할이 필요하다. 첫째, 교사는 스스로 창의적이며 감수성을 풍부하게 지녀야 한다. 둘째, 교사는 감정이입 능력을 가져야 한다. 셋째, 교사는 진취적이고 미래지향적 사고를 지녀야 한다. 넷째, 교사는 늘 열린 마음으로 융통적이며 유연한 사고를 지녀야 한다. 다섯째, 교사는 주변의 환경, 사물, 대상, 관계에 대하여 관심을 가져야 한다. 이를 통해 교사는 유아에게 미술활동 시 유아가 환경이나 대상, 관계에 대해 적극적 관심을 가지고 관찰할 수 있도록 권해야 한다. 또한 교사나 유아, 유아와 유아간의 상호작용 시 확산적 질문을 통해 유아가 다양한 표현을 할 수 있도록 촉진시켜야 한다. 나아가 유아에게 다양한 재료와 매체를 제공함으로써 창작 의욕과 창의적인 표현을 가질 수 있도록 지원해주어야 한다.

4. 미술적 심미감과 감각을 길러줄 수 있는 역할

유아들은 감각을 통하여 대상이나 환경, 사물 등을 지각하며 이를 바탕으로 대상의 개념을 알고 인식하게 된다. 따라서 유아가 하는 모든 놀이활동이나 미술활동은 다양한 감각이 동원되는 '감각적인 활동'이어야 한다. 유아들은 감각을 통해 사고하는 단계에 있으므로 미술활동은 다감각적 경험과 촉각, 시각을 통합할 수 있는 많은 기회를 제공하여야 한다. 따라서 다양한 감각적 미술활동을 통해 유아가 감성을 길러 나갈 수 있게 도와주어야 한다. 나아가 유아 주변의 자연, 일상의 환경, 대상, 사물 등의 시각적 특징을 발견할 수 있도록 도와주므로 유아가 환경과 대상이 가지는 아름다움을 인식할 수 있도록 하여야 한다. 이를 바탕으로 유아는 미술활동에서도 미술적 요소를 접하고 미술적 요소를 하나의 창작품으로 완성해 나가는 과정을 통해 부분과 전체를 이해하며 통합할 수 있다. 이와 같은 과정을 통해 유아는 자연물이나 실생활에서 아름다움을 발견하는 기초적인 심미감을 발달시킬 수 있다. 그러므로 교사는 유아의 미술활동을 통해 '심미감과 감각을 길러주는 자'의 역할이 필요하다.

5. 자유로운 미술활동 공간과 다양한 자료를 지원하는 역할

교사는 유아가 놀이활동과 미술활동을 할 수 있도록 공간과 다양한 자료 및 도구를 제공하는 환경적 지원이 필요하다. 교사가 유아에게 다양한 자료와 매체 등을 제시해주므로 유아의 호기심, 몰입, 상상, 실험, 주도, 자유로움 등의 놀이의 의미와 특성이 미술활동에 발현되도록 하여야 한다. 유아에게 자료는 세상을 만나고 자신의 감정과 생각을 표상하는 매개이다. 유아는 다양한 놀이 자료를 풍부하게 사용하고 자신만의 방식으로 재창조하는 과정을 통해서 사물을 탐색, 심미적인 경험, 또래와의 상호작용, 성취감 등을 얻을 수 있다(놀이실행자료, 2019). 그러므로 교사는 유아의 놀이활동 중 확장된 미술활동 시 연관된 자료 제공, 자연물이나 자연 현상, 일상의 다양한 사물 등 새로운 자료 등을 지원해 주어야 한다. 교사는 유아의 '자료를 제공하는 자'로서의 역할을 위해 다음과 같은 점을 참고하여야 한다. 첫째, 유아에게 위험하거나 유해하지 않는 한 모든 자료를 지원한다. 둘째, 유아가 결정한 자료 활용을 격려한다. 셋째, 자연물이나 자연현상도 자료가 된다. 넷째, 다양한 일상의 사물을 놀이자료 및 미술활동자료로 활용한다. 다섯째, 기존의 자료를 새롭게 활용한다. 이와 같이 유아는 자연물, 자연 현상, 일상의 자료 등 다양한 자료를 접하고 활동함으로써 심미성, 창의성, 주도성, 감수성, 개별성, 신체조절, 문제 해결 등을 키울 수 있다. 또한 교사는 유아에게 '자유로운 미술놀이 공간을 지원하는 자'로서의 역할이 필요하다. 유아에게 지원되는 환경적 공간은 실내, 실외 공간, 유아 기관 밖 지역사회 공간까지 고려하여야 한다. 또한 교사는 유아가 스스로 미술활동 공간을 찾아내고 만들 수 있도록 하며 공간을 새롭게 만들어 확장할 수 있도록 지지해 주어야 한다. 나아가 교사는 유아의 연령, 흥미, 기관의 교육철학, 물리적 구조 등을 고려하여 자율성을 가지고 공간을 구성하며 유아가 다양한 활동으로 전개할 수 있도록 융통성 있는 공간을 구성해야 한다(이현아, 2022). 그러므로 교사는 유아의 놀이 활동 중 확장된 미술활동 시 연관된 자료 제공, 자연물이나 자연 현상, 일상의 다양한 사물 등 새로운 자료 등을 지원해 주며 나아가 자유로운 미술활동 공간을 제공해 주어야 한다.

Chapter 08 감상과 전시

1. 유아 미술 감상의 개념 및 필요성

1) 감상의 개념

「2019 개정 누리과정」에서는 교사의 선계획하여 '계획-실행-평가-계획'으로 이어지던 기존의 선형적 과정을 지양하며 교사는 유아의 놀이, 일상생활, 활동을 잘 관찰하고 기록하다가 유아의 배움을 지원하기 위한 계획을 수립하는 것을 제시한다(놀이실행자료, 2019). 유아미술활동에 있어서도 유아가 놀이를 하며 할 수 있는 조형 놀이나 놀이의 연장, 확대된 미술활동으로 살펴볼 수 있다. 유아미술활동 중에서 표현활동도 중요하지만 '예술을 감상'하는 감상활동도 중요하다. 유아는 감상활동을 통해 자연을 비롯한 일상의 생활이나 환경, 대상속에서 미적 요소를 발견할 수 있으며 나아가 예술작품뿐만 아니라 주변 대상의 아름다움을 느끼는 심미감을 가질 수 있다. 따라서 '감상'의 중요성을 바탕으로 감상의 개념 및 감상교육의 내용에 대해 자세히 살펴보면 다음과 같다.

감상은 단순히 무엇인가를 보는 활동이 아닌 미적 대상이나 작품이 지닌 질적 가치를 발견해내는 일이다. 미술 감상활동은 감상자와 미술작품의 상호작용에 의해 작품이 지닌 아름다움을 느끼며 공유하는 것이다. 이와 같은 미술 감상은 크게 세 가지 유형으로 살펴볼 수 있다.

첫째, 미적 대상을 보고 아름다움을 느끼는 정서적 반응으로 심미작용에 의해 미를 향수하는 것이다.

둘째, 미적 대상의 미적 가치를 느끼고 이해하는 지적 반응으로 이해와 인식에 의해 미적 가치를 얻는 것이다.

셋째, 미적 대상의 정서적 반응과 지적 반응의 상호작용에 의해 이루어지는 종합적인 활동이다.

따라서 미술 감상이란 감각과 지각을 통해 아름다움을 느끼고, 작품의 미적·문화적·역사적 가치를 느끼고 판단하고 이해하는 내면화 과정이라고 할 수 있다(한국 미술교과교육학회, 1999: 383). 이와 같은 감상활동을 통해 우리는 아름다움을 느끼고 즐김으로써 미적 가치를 이해하는 능력과 우리의 삶과 주변을 아름답게 가꿀 수 있는 심미감을 가질 수 있다.

또한, 유아들은 미술 감상 활동을 통해 심미감을 발달시킬 수 있으며 미적 대상의 정서적 측면과 지적인 측면의 통합으로 전인적 인격형성에 도움을 줄 수 있다. 이와 같은 감상의 개념을 그림으로 정리하면 다음과 같다.

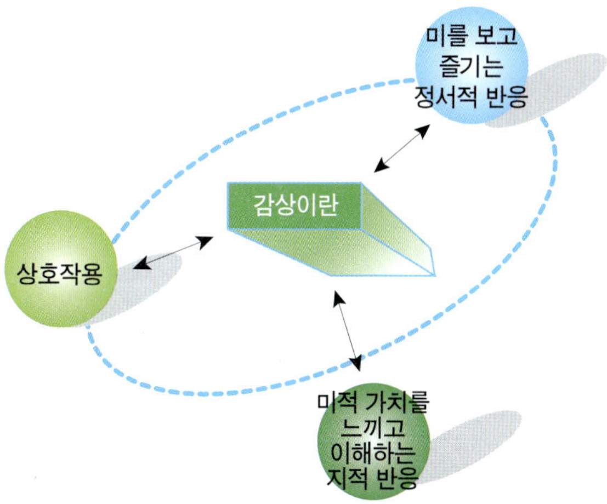

〈그림 100〉 감상의 개념

2) 유아 감상 교육의 필요성

유아에게 감상 교육이 필요한 이유는 다음과 같이 살펴볼 수 있다.

첫째, 감상 교육은 유아에게 보는 눈의 힘을 길러 준다. 감상 활동은 미적 대상을 '보는 활동'이다. 이와 같은 '보는 활동'은 단순히 미적 대상의 외관을 보는 것이 아닌 대상의 본질을 보는 것으로, 대상에서 오는 느낌과 정서를 공유하는 활동이 된다. 따라서 유아는 감상 교육을 통해 미적 대상이 가지는 미술적 요소와 정서적 느낌을 알아나갈 수 있는 시지각의 능력을 가질 수 있다. 미술활동은 손으로 그리는 수동적 활동이 아니며 눈과 시각뇌가 함께 이루어가는 능동적인 활동이다. 따라서 다양한 미적 대상의 감상활동은 유아의 시지각 능력을 향상시킬 수 있다.

둘째, 감상 교육은 유아에게 전인적 성장을 촉진시킨다. 유아들은 감상을 통해 미적 대상이 가지는 선, 색, 형태, 질감 등의 미술요소와 조화, 율동, 비례와 같은 조형원리를 접하게 된다. 이와 같은 미술의 지적인 측면은 유아에게 미술활동을 하는 데 기초적인 참고 자료가 되어준다. 즉, 부분과 전체의 관계, 조화, 균형의 감각 등을 길러줄 수 있다. 또한, 미적대상이 가지는 아름다움이나 심미감은 유아의 정서적 측면을 자극한다. 따라서 유아는 다양한 미적 체험을 통해 미적 대상이 가지는 아름다움이나 추함을 느낄 수 있는 기초적인 심미감을 발전시킬 수 있다. 그러므로 유아는 감상 활동을 통해 지적인 측면과 정서적 측면을 통합함으로써 전인적인 성장을 가질 수 있다.

셋째, 감상 교육은 유아에게 미적 안목을 제공해 준다. 우선 유아들은 자연이나 주변 환경의 아름다움을 통해 심미감이 형성되고 나아가 자신의 삶에서 미적 대상을 찾으며 그 대상의 미적가치를 발견하게 된다. 따라서 교사는 유아가 자연, 유아가 만든 창작품, 작가의 작품 등을 통해 미적 가치를 찾아나가며 미적인 안목을 길러 나갈 수 있도록 도와주어야 한다. 이와 같은 미적 안목은 유아가 생활 속에서 아름다움을 즐기고 애호할 수 있는 기초적인 감상자, 혹은 문화인으로 발전할 수 있게 도와주며 자신의 삶을 아름답게 꾸밀 수 있도록 해준다. 즉, 미적안목을 통해 유아는 자신이 생활에서 쓸 수 있는 것을 아름답게 꾸며서 만들고 싶은 욕구를 가지게 되며 나아가 미적 가치가 있는 것을 선별 할 수 있는 기초적인 안목을 가지게 된다.

넷째, 감상 교육은 유아에게 미술 표현 능력을 길러 줄 수 있다. 유아는 다양한 감상 활동을 통해 심미감과 미적 경험을 가지게 된다. 이와 같은 미적 경험은 유아가 미술활동을 하는 데 커다란 도움을 줄 수 있다. 우선 미적 대상을 통해 아름다움을 표현하고자 하는 욕구를 가지게 된다. 또한, 작품을 통해 선, 면, 형태, 색과 같은 조형 요소를 이해하게 되고 미술적 원리를 알아나감으로 조형 감각을 신장시킬 수 있다. 나아가 다양한 미술적 재료나 방법의 시각 경험은 곧 유아의 미술표현 능력을 길러 줄 수 있는 계기를 만들어 준다.

다섯째, 감상 교육은 유아에게 미술문화를 선택하는 능력을 함양시킬 수 있다. 앞으로 유아들은 다양한 문화가 공존하는 세상 속에서 살아야 한다. 이와 같은 문화 시대를 살아가면서 수많은 문화 중에서 자신의 문화를 존중하고 선택하는 것은 중요한 일이 될 것이다. 즉, 자신의 작품과 친구들의 작품 또는 작가의 작품을 관찰, 비교, 판단, 평가하는 감상 활동은 문화인으로 살아갈 유아들에게 자신의 마음에 드는 것을 찾고 존중할 수 있는 능력을 길러 줄 수 있다. 나아가 앞으로 문화의 소비자로서 생활 속에서 좋은 물건을 선택할 수 있는 능력을 가질 수 있게 해준다.

여섯째, 감상 교육은 유아에게 전통문화와 인류문화를 이해하도록 돕는다. 유아는 미술작품의 감상 활동을 통해 우리 조상들의 생활과 역사를 알고 이해할 수 있는 계기를 가지게 된다. 또한, 다른 나라의 문화역시 알고 이해할 수 있는 기회를 제공해준다. 따라서 감상 활동은 유아에게 전통 문화와 다른 나라의 문화를 인식하는 경험을 제공하며 문화의 독특한 차이를 인식할 수 있게 한다. 이를 통해 유아는 전통 문화의 우수성을 존중할 수 있는 마음을 가질 수 있다.

이와 같이 감상 교육은 유아의 미적 경험을 통해 심미감과 미적 안목을 가지게 하며 나아가 전인적인 인격형성에 도움을 준다. 또한, 미술적 표현과 창의성에도 도움을 준다. 감상 활동의 의의를 정리하면 다음의 〈그림 101〉과 같다.

〈그림 101〉 유아 감상교육의 필요성

3) 감상 능력의 발달 단계

우리가 자연을 감상하거나 작가의 명작을 감상하는 것은 그저 눈으로만 보는 활동은 아니다. 우리는 시지각의 작용에 의해 미적 대상을 눈으로 보면서 그 가치를 즐기고 느끼는 것이다. 시지각의 작용은 단순히 보는 작용이 아닌, 눈으로 보고 뇌로 연결된 신경 회로에 의해 그 미적 대상의 구조와 가치를 느끼고 이해하는 복잡한 과정으로 이루어져 있다. 이와 같은 시지각에 의한 감상 능력은 저절로 이루어지는 것은 아니다. Eisner(1972)도 미술 감상 능력이란 세상을 미적으로 바라볼 수 있는 능력인데 이 능력은 자동적으로 얻어지는 것이 아니라 학습에 의해서 길러진다고 보았다. 즉, 미적인식이나 감상능력도 미술표현의 발달과 마찬가지로 일정한 과정을 거친다는 것이다. 따라서 감상능력의 발달과정을 살펴보면 다음과 같다.

(1) Rochins의 감상 능력 발달 과정

Rochins는 감상능력의 발달 과정을 제1기(4~5세), 제2기(6~10세), 제3기(11~15세), 제4기(16세 이후)로 나누어 4단계로 제시하고 있다.

첫째, 4~5세 유아 때는 보는 것에 흥미가 있으므로 다양한 그림책을 제시하여 기초적인 감상을 가지도록 지시한다. 둘째, 6~10세는 상상력이 풍부해져 다양한 상상적 표현을 즐기는 시기이다. 셋째, 11~15세는 자신의 표현능력을 자각하며 나름의 평가 능력이 생기며 극작(劇作)할 수 있는 능력도 발달한다. 따라서 작품을 감상하며 평가할 수 있는 능력을 지님으로써 효과적인 감상 교육을 할 수 있는 시기이다. 넷째, 16세 이후는 정신 능력이 발달함에 따라 미적 평가능력도 발달하여 작품을 감상할 수 있는 최적의 시기이다. 다음은 롯친스가 제시하는 감상 능력 발달 과정에 관한 그림이다.

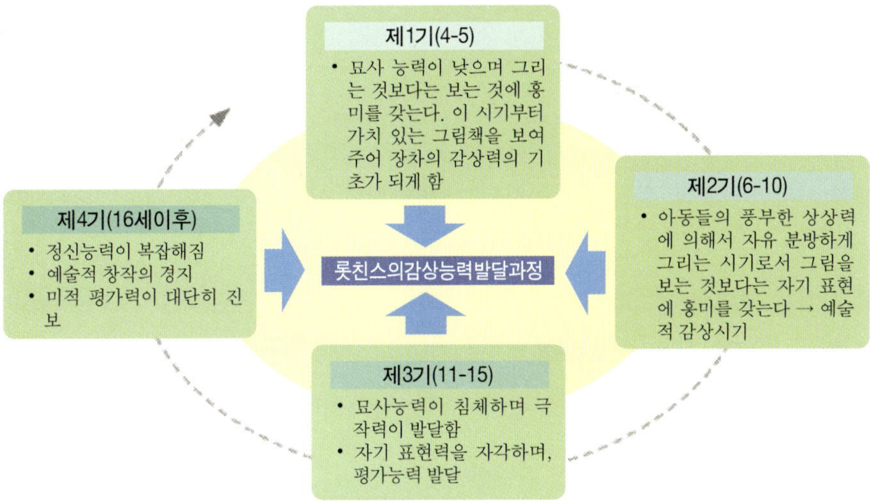

〈그림 102〉 Rochins의 감상 능력 발달과정

(2) Gardner의 감상능력 발달 과정

Gardner는 감상능력의 발달과정을 지각의 단계(0~2세), 상징인식의 단계(2~7세), 사실적 단계(7~9세), 탈 사실적 단계(9~13세), 예술적 위기의 단계(청소년기)등 5단계로 구분·제시하고 있다.

첫째, 0~2세의 지각의 단계는 사물을 직접 지각하는 단계로 사물의 공간적 형태만을 구별하는 시기이다. 둘째, 2~7세의 상징인식의 단계는 현존의 사물과 기호·상징화된 사물과의 관계를 인식하는 단계로 대상을 개념적으로 감상하는 시기이다. 이 단계에서는 유아의 발달단계에 의해 사물에 대한 인식이 감정적이고 심리적인 충동에 따르게 되는 경향이 크기 때문에 표현된 상징의 공식적, 즉각적인 지시성에만 얽매이기 쉽다. 셋째, 7~9세의 사실적인 단계는 미적 대상을 받아들이고 표현 하는 데 사실적인 표현만을 중시하는 단계로서 사실적이지 않거나 상징적, 상상적인 표현은 선호하지 않는다. 따라서 교사는 사실적인 고정화된 표현 등에 고착되지 않도록 지도해야 한다. 넷째, 9~13세의 탈 사실적 단계에서는 감수성이 예민해지며 다양한 미적 특성에 관심을 가지고 색다른 특성들을 지각한다. 또한, 표현 주제에 관한 관심이 표현 재료와 기법에 관한 관심으로 기울어진다. 나아가 다른 사람의 개성과 특성을 이해하며 예술작품에서도 각기 다른 표현 등에 관심을 가진다.

마지막으로 청소년기에 해당하는 예술적 위기 단계는 미술에 대한 관심이 전보다 떨어지면서 다른 활동으로 분산되고, 비판적인 인식과 환경에 대한 지각능력이 높아짐에 따라 자신의 표현에 자신이 없어지고 다른 친구의 작품을 비판하려 한다. 이 시기는 개인의 성격유형이 분화되는 시기로 감성적 특성보다 논리적인 특성이 우세한 시각형의 학생은 과학에 관심을 보이며, 감성적 특성이 두드러지는 촉각형인 학생은 개성적인 예술에 몰입하기도 하는 단계이다(이규선 외, 1994: 312).

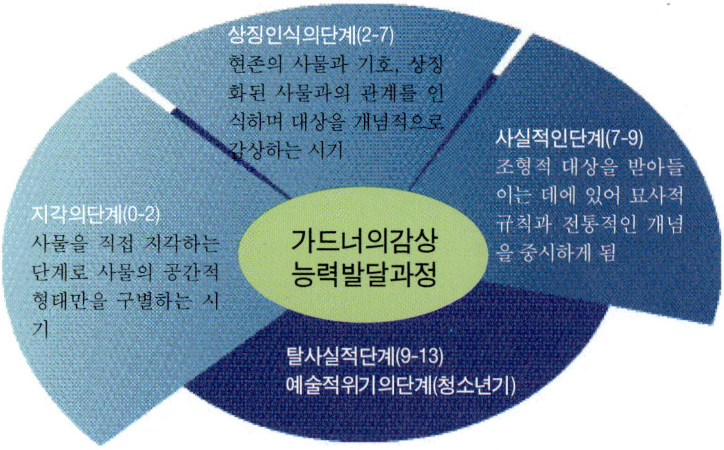

〈그림 103〉 Gardner의 감상능력 발달과정

2. 감상 활동의 방법

1) 감상 활동의 과정

미술 감상 활동 방법에는 특별한 방법이나 규칙이 있는 것은 아니다. 유아 스스로가 미적 대상이 지닌 미적 가치를 이해하고 느끼는 것이다. 그러나 감상을 효과적으로 하기 위해 교사는 유아에게 미적 대상이 가지는 미적 구성 요소들을 이해시키고 그 가치를 알 수 있도록 방법을 제시해 주어야 한다. 또한, 미적 대상의 가치를 느끼고 판단하는 것은 유아 각 개인의 감상능력에 따라 차이를 가질 수 있다. 따라서 교사는 유아의 발달 단계를 이해하고 유아가 미적 대상의 가치를 느낄 수 있도록 도와주는 교수 방법을 선택하여야 할 것이며, 작품이나 미적 대상을 보고 자신의 의견을 적절하게 표현할 수 있도록 도와주어야 한다. 이와 같은 감상 지도는 유아에게 미적 대상을 알고 이해하며 나아가 표현 능력을 신장시킬 수 있도록 도와준다. 실제로 Sharp(1976)는 유아가 교사와 그림을 보며 이야기를 나누고나서 미술 표현을 할 때 유아의 그림에 미적으로 민감한 반응을 보이게 된다고 하였다. 또한, Mittler(1980)도 그림 표현 활동에 있어서 작품에 대한 평가를 나누는 것이 표현능력 신장을 위한 효과적인 교수법이라고 하였다. 이와 같은 감상 활동의 과정을 그림으로 나타내면 다음과 같다.

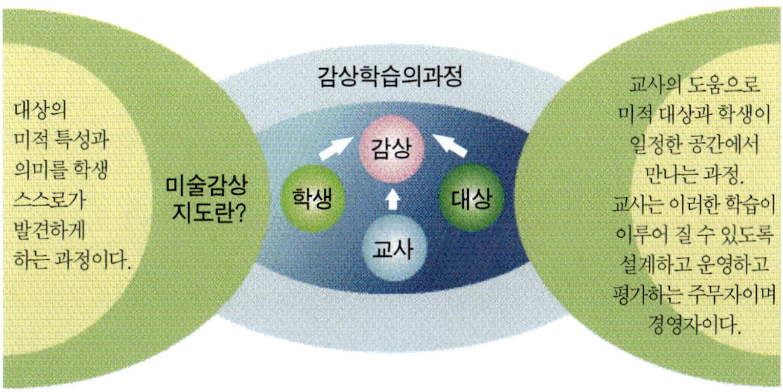

〈그림 104〉 감상 활동의 과정

감상 활동의 과정에는 전달자(작가), 매개물(미술작품), 감상자의 세 가지 요소가 있어야 하며 감상활동을 지도하기 위해서는 학생, 작품, 교사가 있어야 한다. 감상자가 되는 학생은 스스로 미적 대상의 특성을 알아나가며 또한, 교사의 계획된 지도하에 구체적인 감상의 활동을 할 수 있다.

이와 같은 감상 활동의 과정은 학자마다 다양한 의견을 제시한다. 그 중 몇 개를 살펴보면 다음과 같다.

Eisner(1982)는 경험적 차원(experimental dimension), 형식적 차원(formal dimension), 상징적 차원(symbolic dimension), 주제적 차원(thematic dimension), 재료 차원(material dimension), 맥락적 차원(contextual dimension)으로 나누어 감상의 순서를 제시하고 있다. 우선 작품에 대한 느낌과 경험을 이야기하고(경험적 차원) 작품의 구성요소(형식적 차원)에 대해 알아보며 작품의 상징성(상징적 차원)을 알아본다. 그리고 작품의 의도, 주제, 의미(주체적 차원)를 찾아보게 하고 재료(재료 차원)가 무엇인지 알아보며 사회, 문화, 역사적(맥락적 차원)인 측면을 살펴본다.

Madeja는 Arnheim의 시지각 이론을 바탕으로 감상지도 과정을 관찰, 진술, 선택, 일반화의 4단계로 제시하고 있다.

첫째, 미적 대상을 시지각의 과정을 통해 구체적이고 체계적으로 관찰한다. 둘째, 미적 대상이 지닌 조형요소와 원리를 시각적, 언어적으로 기술하고 전달할 수 있도록 진술한다. 셋째, 미적대상을 선택하는 것으로 시각형상의 단순화와 정리, 대상의 인식작용을 포함한다. 즉, 시지각에 의해 중요한 부분이 떠올라 형태가 되며 다른 부분은 전경이 되는 것으로 형태가 되는 부분의 의미를 부여하여 선택한다. 넷째, 미적대상을 보고 그 대상이 지닌 미적 특성을 말이나 글로 진술하여 일반화 한다. 이와 같은 일반화는 시각현상에 대한 분석력을 가지는 것을 의미한다. 이와 같은 Madeja의 감상 활동 과정을 그림으로 정리하면 다음과 같다.

	매디저(Madeja)
관찰	• 구체적인학습된관찰을하는것이다.
진술	• 사물의형태를보고질감, 색, 형, 선같은 미적요소를시각적, 언어적으로기술하고 토의, 일반화하는것이다.
선택	• 선택과정은카메라의파인더로대상을포 착하고초점을맞추는것과같다. 특정대상 에의미를부여하는것이다.
일반화	• 자신이발견한미적대상의어떤특성을설 명하고정당화하는단계이다.

〈그림 105〉 Madeja의 감상 활동 과정

또한, Feldman(1970)은 미술 감상 활동 과정을 서술(Description), 형식적 분석(Formal Analysis), 해석(Interpretation), 판단(Judgement)의 4가지 단계로 나누었다. 그는 '미술이라는 시각형태에 어떻게 반응할 것인가'에 대한 비평 활동을 강조하였으며 그림 비판 능력은 단계적 학습을 통해서 습득됨을 강조했다.

첫째, 서술(Description)단계에서는 작품에 대한 객관적 기술을 강조한다. 목록을 작성하거나 작품에서 감상자에게 직접적으로 표현된 것을 인식하는 과정이다.

둘째, 형식적 분석(Formal Analysis)단계에서는 서술단계에서 이루어진 목록을 자세히 보며 미적 대상이 가지는 선, 색, 형태 등의 조형요소와 원리 등의 관계를 분석한다.

셋째, 해석(Interpretation)단계에서는 형식적 분석을 바탕으로 작가가 작품에 담고 있는 생각이나 의미를 찾음으로써 작품을 해석하는 단계이다.

넷째, 판단(Judgement)단계에서는 역사적 모델과의 비교(comparisons with historical models), 창의성의 문제(the problem of originality), 기술적인 것과의 관련(the relevance of technique)이라는 세가지 미술적 미학 관점을 통해 작품의 장점을 결정하여 판단하는 것이다. 이와 같은 Feldman의 미술 감상 4단계를 〈표 21〉로 정리하면 다음과 같다.

〈표 21〉 Feldman의 미술 감상 4단계

단계	분류	정의	활동 (교사와의 언어적 상호작용)
I 단계	서술 (Description)	작품의 주제	작품을 자세히 살펴보고 무엇이 보이는가를 객관적으로 이야기하거나 목록을 만든다. * 그림 속에서 본 것을 모두 이야기해 보자, 처음에는 잘 안보이지만 자세히 보니 어떤 것들이 보이니? * 그림을 1분정도 보고 나서 눈을 감고 무엇이 있었는지 기억해 보자
II 단계	형식적 분석 (Formal Analysis)	작품의 구성요소 (선, 색, 형태, 공간, 질감, 균형, 조화 등)	작품 속의 대상들이 어떻게 구성되어 있는가? * 눈으로 이 선을 따라가보자 * 선과 선이 만나 무엇이 되었니? * 서로 반대로 느껴지는 색은 무엇이니?
III 단계	해석 (Interpretation)	작가의 의도 및 작품에 대한 배경	작품에 대한 느낌, 분위기, 작가의 의도, 작품 제작의 배경 등을 알아봄으로써 작품이 전달 하고자 하는 의미를 알아본다. * 작품의 전체적인 분위기 혹은, 느낌은 어떠니? * 작품 속의 사람은 어떤 사람일까? * 이 그림 바로 전에 무슨 일들이 일어났을까?
IV 단계	판단 (Judgement)	작품의 가치와 중요성 평가	작품에 대한 호감도를 넘어서 작품을 판단 혹은 평가한다. * 이 작품을 어떻게 생각하니? * 이 그림을 집에 걸어두고 싶니? * 이 그림의 어떤 점이 좋아 보이니?

Feldman의 감상 수업 모델 과정은 Anderson(1986), Cole와 Schaefer(1990) 및 Herberholz와 Hanson(1995)의 많은 연구들을 통해 유아들이 작품에 대해 비평적으로 이야기하고 검증하는 것이 가능하다는 결과를 가지고 왔다.

2) 감상 활동의 방법

유아 감상 수업에 적용할 수 있는 감상 활동 방법으로는 토론법, 관찰법, 모의미술관법, 제작법, 작문법이 있다.

(1) 토론법

토론법은 미술 작품의 조형 요소와 원리 및 미적 가치를 살피며 토론하는 감상 방법이다. 토론법은 지도내용이나 감상의 주제에 따라 일제 감상법과 분단 감상법, 대담법 등으로 나눌 수 있다.

첫째, 일제 감상법은 교사가 사회를 보며 유아들이 함께 미술작품을 보고 토론하는 방식이다. 둘째, 분단 감상법은 분단별로 나눈 후 분단마다 사회자를 뽑아서 사회자의 안내에 따라 작품을 감상하고 토의하는 방식이다. 셋째, 대담법은 유아들이 두 명씩이 짝을 지어 미술작품을 보고 서로 묻고 대답하는 방식으로 감상하는 방법이다.

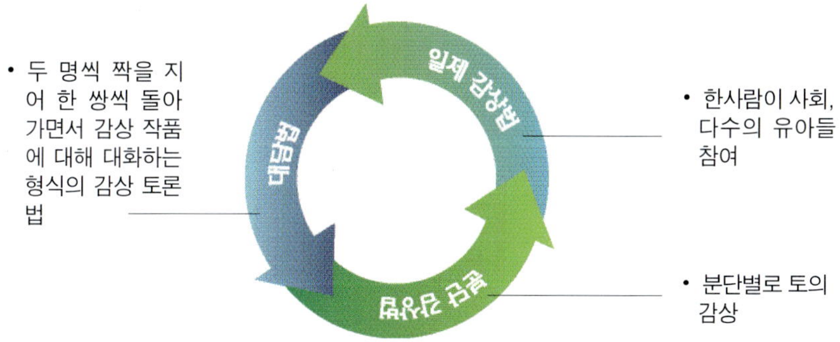

〈그림 106〉 토론법

(2) 관찰법

관찰법은 유아들에게 미술작품에 내재한 조형요소와 원리를 가르치며 미적 요소에 관해 알 수 있도록 하는 방법으로 구체적인 관찰을 위해 분석법, 비교법, 분류법이 있다.

첫째, 분석법은 입체나 평면 작품을 보고 작품에 담겨 있는 선, 형태, 색, 조화, 율동, 비례 등의 조형요소와 원리를 찾아 분석하는 감상 방법이다.

둘째, 비교법은 작품들 속에서 표현된 주제나 표현 방법에서 비슷한 점이나 다른점 등을 찾아 비교하며 감상하는 방법이다.

셋째, 분류법은 장르가 다른 동양화, 서양화, 판화, 공예, 디자인 등의 작품을 보고 공통되는 점을 찾거나 유사한 작품끼리 묶어 보는 감상 방법이다.

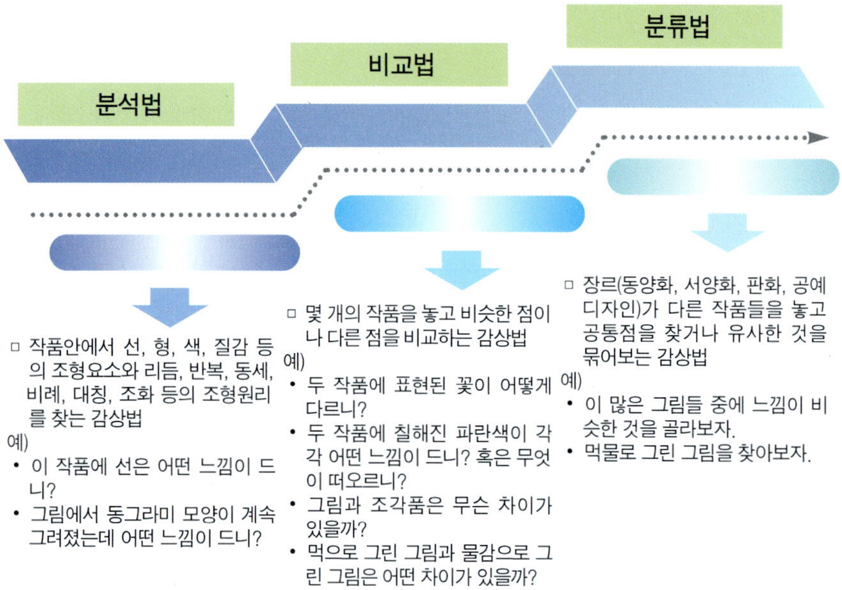

〈그림 107〉 관찰법

(3) 모의 미술관법

모의 미술관법은 실제로 유아들이 교사와 함께 미술관을 꾸며 감상하는 방법이다. 모의미술관법은 미술관에서 어떻게 작품을 감상하며 어떻게 작품이 구매되는지를 실행함으로써 관념적이지 않은 구체적인 행동으로 체험하는 감상 방법이다. 따라서 감상 태도와 미술 소비자의 입장을 공부할 수 있다. 예를 들어 교사는 유아의 작품 중 마음에 드는 작품을 선별하도록 권한 후 교실을 미술관으로 꾸며볼 수 있다. 교사는 실제로 작품을 미술관 벽에 붙일 때 그림의 주제나 색, 형태와의 관련성 및, 전시관의 벽과 높이에 따라 그림이나 작품을 조화롭게 전시한다는 것을 가르쳐 주며 유아와 함께 작품을 조화롭게 꾸며 본다. 유아의 작품 전시가 다 되었으면 발자국 소리를 내거나 친구들과 떠들지 않도록 주의시키며 감상 태도에 관해 이야기 해준다. 작품을 감상한 후 마음에 드는 친구의 작품에 포스트 잇이나 표시할 수 있는 스티커를 붙이게 한다. 그 다음 마음에 드는 친구의 작품을 자신의 물건과 바꾸거나 하여 실제 작품을 구매하는 모의행동을 실행해 본다.

모의미술관법

■ 유아가 실제 작품 전시를 해보며 감상태도와 미술 소비자의 역할을 알아본다.

■ 예
- •교사와 유아가 전시작품 선택하기
- •선택한 작품 전시하기
- •전시한 작품 감상하기
- •마음에 드는 친구작품 선택하기
- •친구작품 구매하기

〈그림 108〉 모의 미술관법

(4) 제작법

제작법은 작품의 주제, 재료, 표현 방법을 따라해 보는 적극적인 감상 방법이다. 유아들은 기존 작가가 창작한 다양한 장르의 작품을 보고 따라함으로써 같은 주제라도 다양한 재료 즉, 수채화 물감, 아크릴 물감, 먹물, 찰흙, 지점토 등을 사용할 수 있다는 것을 알게 되며 다양한 미술 작품의 표현 방법을 알 수 있다. 또한, 그대로 묘사하는 방법을 통해 표현 방법을 익힐 수도 있다.

제작법

■ 작품의 주제, 재료, 표현방법을 따라하는 감상법이다.

■ 예
- 피카소 아저씨처럼 단추와 천 조각을 붙여보아요.
- 우리 조상님처럼 먹물로 포도를 그려 보아요.
- 앞에 있는 작품처럼 찰흙으로 말을 만들어보아요.

〈그림 109〉 제작법

(5) 작문법

작문법은 작품을 보고 감상문을 쓰는 방식의 감상 방법이다. 아직 글쓰기가 서투른 유아들에게는 작문법을 적용하기 어렵다. 따라서 작품을 보고 느낌 점을 그림으로 그려보거나 색을 선택하여 칠해 보는 방법, 얼굴 표정으로 나타내 보는 방법으로 적용해 볼 수 있다.

작문법

■ 미술 작품을 보고 감상문을 쓰는 감상법이다.

■ 예
- 미술 작품을 보고 느껴지는 점을 색으로 표현하기
- 미술 작품을 보고 기분이 어떤지 얼굴표정으로 표현하기

〈그림 110〉 작문법

3) 감상 활동의 유의점

유아 감상 활동에 관한 몇 가지 유의점을 살펴보면 다음과 같다.

첫째, 교사는 유아에게 작품을 감상하기에 앞서 유아가 주변의 자연이나 사물을 관심 있게 볼 수 있도록 한다.

둘째, 교사는 유아가 자연이나 일상의 사물을 볼 때 시각적 특징을 살펴볼 수 있도록 한다.

셋째, 교사는 유아에게 미술작품 이외에 다양한 예술 작품 등을 폭넓게 감상할 수 있도록 한다.

넷째, 교사는 유아에게 미술작품을 보고 음악이나 극놀이, 혹은 놀이 활동 등을 연계하여 활동할 수 있도록 한다.

다섯째, 교사는 유아에게 예술작품을 보고 다양한 상상을 바탕으로 놀이가 가능할 수 있도록 허용된 환경을 제공해 준다.

여섯째, 교사는 유아에게 우리나라 전통 예술과 다른나라의 예술 작품을 보여주며 자연스럽게 유아가 문화의 차이와 표현의 차이를 인식할 수 있도록 돕는다.

일곱째, 교사는 감상 활동을 통해 감상의 태도, 실제 미술현장에서 이루어지는 용어 등을 가르쳐줌으로써 유아가 미술문화에 친근감을 가질 수 있도록 도와주어야 한다.

3. 전시

유아가 만든 창작품을 전시함으로써 유아는 자신의 창작품을 보고 성취감과 자신감을 느끼며 창작의욕을 가지게 된다. 따라서 교사는 유아의 그림이나 창작품을 다양한 방법으로 전시해 주어 교육적 효과를 가질 수 있게 해야 한다. 전시를 통한 교육적 효과를 살펴보면 다음과 같다.

첫째, 유아는 자신의 전시된 작품을 보고 성취감과 자신감을 가질 수 있다.

둘째, 유아는 자신의 전시 작품을 보고 소속감을 느낄 수 있다.

셋째, 유아는 전시된 작품을 보고 차후 미술 활동의 동기유발에 도움을 받는다.

넷째, 자신과 친구들의 표현의 차이를 통해 다른 친구들의 생각과 마음을 이해할 수 있는 기회를 준다.

다섯째, 기초적인 감상 수업이 된다.

여섯째, 유아는 전시 작품을 보고 창작 의욕을 가질 수 있다.

일곱째, 전시된 작품을 보고 미술관 수업을 할 수 있다.

여덟째, 유아는 사물이나 대상을 표현한 전시 작품을 보고 지속적인 놀이로 연장할 수 있다.

이와 같이 전시를 통한 교육적 이점을 가지기 위해서는 교사에게 전시를 하는 중에 가져야 할 몇 가지 주의점들이 있다.

첫째, 교사는 유아의 창작품을 소중히 다루어야 한다.

둘째, 교사는 전체 유아의 창작품을 골고루 전시할 수 있게 하여야 한다.

셋째, 교사는 전시된 작품을 가지고 감상 수업과 연계하여 보다 많은 교육적 효과를 가질 수 있도록 한다.

넷째, 교사는 유아 창작품을 전시할 때 위치나 방향을 다르게 하여 골고루 전시해 주어야 한다.

실제로 유아들의 창작품은 교실, 복도, 현관, 마당 등의 공간을 활용하여 전시할 수 있다. 교사는 다양한 공간에 유아들의 창작품을 더욱 아름답게 보여주기 위해 전시 방법을 연구해야 한다. 공간을 활용한 전시 방법을 살펴보면 다음과 같다.

첫째, 벽을 이용하여 걸기.

둘째, 천장에 모빌 형태로 매달기.

셋째, 탁자, 선반, 진열대, 교구장 위에 세우기.

넷째, 연관된 작품들끼리 그루핑(grouping)하여 전시하기.

다섯째, 계단 손잡이에 전시하기.

여섯째, 실외의 자연환경 속에 전시하기.

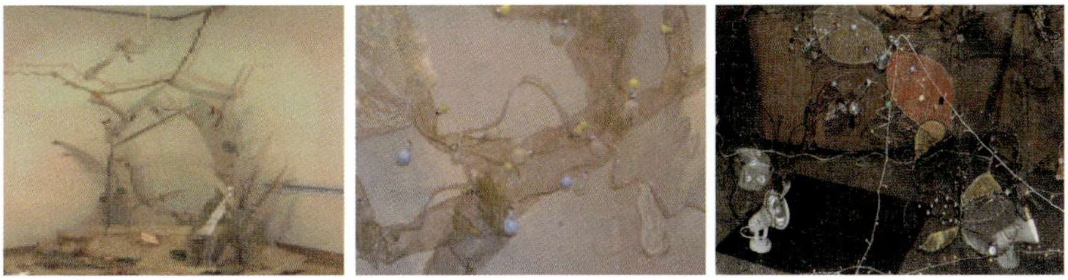

〈사진 8〉 다양한 매체를 통한 미술 전시 작품

Chapter 09 유아미술을 위한 환경 및 자료

1. 유아미술을 위한 환경

1) 유아를 위한 교육적 환경

유아교육을 위한 환경은 크게 '인적 환경'과 '물리적 환경'으로 나누어 살펴볼 수 있다. '인적 환경'은 부모, 교사, 또래 유아들간의 상호작용이 이루어지는 인적 환경을 말하며, '물리적 환경'은 건물의 외곽 시설과 내부 시설을 의미한다. 우선 물리적 환경은 안전적이고 위생적이며 편안함을 주어야 한다. 이와 같은 안전하고 편안한 물리적 환경은 유아에게 다양한 상호작용 및 활동을 촉진시킨다.

개정 누리과정에서 제시하는 교육환경은 유아의 하루 일과 '놀이', '일상생활', '활동'이 이루어지는 '실내 공간', '실외 공간', '기관 밖 지역사회 공간'을 포함한다. 개정 누리과정에서 제시하는 유아의 환경적 공간은 유아의 흥미와 놀이 흐름에 따라 조정된 환경을 중요시 여긴다(이현아, 2022). 따라서 유아가 자율성에 의해 놀이의 흐름에 따라 새로운 공간을 찾고 만들며 확장할 수 있는 개념으로 본다. 개정 누리과정에서 제시하는 놀이 환경에 대해 살펴보면 다음과 같다. 첫째, 교육기관의 철학, 교실의 물리적 구조, 유아의 연령, 원아의 수, 흥미, 관심도, 놀이 성향 등을 고려하여 자율성을 가지며 융통성 있게 공간을 구성하여야 한다. 둘째, 충분한 놀이 공간을 제공함으로써 유아들이 자유롭게 활동할 수 있도록 한다. 셋째, 유아가 스스로 활동 속에서 놀이 공간을 배치하거나 변경하도록 지원한다. 넷째, 유아가 스스로 찾아낸 공간, 우연히 발견한 공간 등을 허용해 준다. 개정 누리과정에서 제시하는 환경을 바탕으로 유아 미술활동을 하고자 할 때 살펴볼 환경과 자료는 다음과 같다.

2) 유아 미술활동을 위한 환경

유아는 놀이를 하며 연장된 혹은 확장된 미술활동을 하거나 놀이와 통합된 미술활동, 혹은 조형활동 등을 할 수 있다. 유아가 미술활동은 하는 공간은 크게 실내 공간, 실외 공간, 지역사회 공간에서 할 수 있다. 이와 같은 공간은 우선 심리적이나 물리적으로 안전하고 위생적인 공간이어야 한다. 또한 개정 누리과정을 바탕으로 유아 스스로 미술활동 공간을 탐색하고 새로운 공간 혹은 전환한 공간에서 자유롭게 미술활동을 할 수 있다. 유아는 다양한 놀이를 하다 조형활동 혹은 미술활동으로 전개하여 놀이를 연장할 수 있다. 따라서 다양한 공간에서 다양한 자료는 유아의 상상력을 가미하며 창의적이고 독창적인 미술활동으로 전개될 수 있다. 미술활동을 위한 환경은 유아에게 놀이와 연계된 미술활동을 통해 자신의 주변 환경을 탐색하고 이해하며 다양한 자료와 매체를 이용해 자신의 생각과 감정, 정서를 표현하고 감상할 수 있는 환경이여야 한다. 유아는 다양한 자연물이나 일상의 물건, 사물, 구조화된 미술 재료 등을 탐색하고 실험하면서 자신과 주변세계를 이해하고 대상의 전체와 부분을 알며 대상이 가지는 특징과 개념을 알아나 갈 수 있다 나아가 유아는 미술활동을 통해 자신의 감정과 느낌을 표현함으로써 정서적인 안정감을 가질 수 있다. 따라서 미술활동을 위한 공간은 유아의 흥미, 상상력, 탐색, 관찰, 실험, 몰입, 다양성, 표현, 협력 등 놀이의 의미와 특성이 잘 발현되는 공간이기도 하다. 나아가 미술적 자료와 매체의 사용은 유아의 신체 조절에 도움을 주며 미술적 사고를 통한 문제해결력과 심리적 갈등 및 긴장감을 해소 시켜줄 수 있는 교육적 환경이 된다(이현아 2022). 유아의 미술활동을 위한 기본 설비는 작업용 책상, 재료 정리장, 게시판 및 전시대, 작품 건조대, 작업복 및 토시, 작품 보관장, 청소도구 등이 필요하다.

(1) 작업용 책상

작업용 책상은 다양한 미술자료를 탐색하거나 그리기, 칠하기, 만들기 등의 표현활동을 할 수 있도록 제작되어야 한다(이현아, 2005;71). 책상의 크기 및 개수는 유아의 신체적 조건이나 인원수, 놀이실의 공간 등을 고려하여 결정해야 한다. 책상의 크기는 보통 길이는 150cm, 폭은 75cm일 때 적당하다. 책상의 개수는 유아 4~8명이 함께 활동할 수 있도록 2~3개의 책상을 붙여서 사용할 수 있게 한다.

작업용 책상은 작업을 할 때 유아의 안전과 위생을 고려하여 모서리가 둥글게 처리되어야 하며 표면은 쉽게 닦을 수 있는 재질로 만들어진 것이 적절하다. 책상에 비닐을 덮어 사용하면 책상의 손상을 막을 수 있다.

(2) 재료 정리장

유아의 미술활동을 위해서는 그리기 재료, 입체 재료, 조형놀이 재료 등 다양한 재료가 구비되어져야 한다. 이와 같은 재료들은 유아가 사용하기 편안하고 찾기 좋게 조직화되고 정리되어 있어야 한다. 따라서 종이류, 채색류, 점토류, 폐품류, 자연물류, 자르기 도구, 붙이기 도구 등을 한 눈에 볼 수 있도록 재료 정리장에 구비해 둔다.

재료 정리장은 유아들이 재료와 도구를 쉽게 활용할 수 있도록 낮은 개방식 선반의 형태가 적합하며 유아들의 요구에 따라 공간조성을 할 수 있도록 바퀴가 부착되어 이동이 가능하고, 이동 후에는 재료 정리장이 밀리지 않도록 바퀴잠금장치가 되어 있어야 한다.

재료 정리장은 유아가 자료를 효율적으로 사용할 수 있도록 설계되어야 하며 높이는 유아의 눈높이에 알맞게 되어야 한다. 따라서 유아의 앉은 눈높이에 맞춰서 제작하며 다양한 크기의 재료를 보관할 수 있도록 선반의 높이를 조정하는 형태로 준비되어져야 한다.

(3) 게시판 및 전시대

게시판은 유아가 볼 수 있도록 다양한 작품이나 사진들을 준비해 둠으로써 유아의 미술활동에 동기를 유발할 수 있다. 또한, 전시대는 유아의 작품을 전시해 주어 유아가 자신의 미술활동에 긍정적인 피드백을 받을 수 있도록 해준다. 게시판과 전시대는 유아의 눈높이를 맞추며 작품의 주제나 특성, 교실 공간을 고려하여 다양한 방법으로 제시해 준다. 즉, 평면 작품은 벽면을 이용하거나 이젤이나 선반을 이용하고 입체작품은 모빌의 형태로 이용할 수 있다. 또는, 병풍 모양으로 만들어 전시하거나, 빨래 줄과 도르래를 이용하여 전시하는 등 다양한 방법들을 적용할 수 있다.

(4) 작품 건조대

유아가 그린 작품을 잘 말려 전시해 줄 수 있도록 작품 건조대가 필요하다. 교사가 유아의 작품을 작품 건조대에 말려 둠으로써 유아 스스로 자신의 작품을 소중히 여기는 마음과 태도가 생기게 된다. 따라서 작품을 건조할 수 있는 공간을 만들어 두어야 한다. 작품 건조대는 교실안의 공간 등을 고려하여 유아의 통행이 많지 않은 곳에 준비해 둔다. 또한, 기존의 설비를 이용하거나 빨래 건조대나 옷걸이 등을 이용하여 사용할 수 있다.

(5) 작업복 및 토시

미술활동을 하는 중에 유아의 옷이 더러워질 수 있으므로 작업복이나 토시 등을 준비해 두어야 한다. 작업복이나 토시는 미술활동 영역의 한 곳에 각자가 알아서 착용할 수 있도록 정리해 두며 유아 스스로 미술활동 전에 착용할 수 있도록 지도해 준다.

(6) 작품 보관장

유아의 작품이 완성되면 작품을 보관하는 보관장에 넣어 두어 유아가 하원할 시 가져 갈 수 있도록 해준다. 일반적으로 작품 보관장은 유아의 개인장을 활용하며, 평면 작품은 서랍에 넣어 두었다가 나중에 파일로 정리하여 준다.

(7) 청소 도구장

유아들이 미술활동이 끝나면 스스로 정리할 수 있도록 빗자루, 쓰레받기, 쓰레기통, 스펀지, 걸레 등을 미술활동 영역에 준비해 둔다.

2. 유아 미술을 위한 자료 및 매체

1) 종이류

〈사진 9〉 각종 종이류

종이는 유아들이 기본적으로 사용하는 주된 재료이다. 사용할 수 있는 종이의 종류는 색종이, 도화지, 색상지, 신문지, 골판지, A4 용지, 주름지, 한지, 화선지, 하드보드지, 셀로판지, 포장지, 화장지, 습자지, 검은 도화지, 두꺼운 도화지, 펠트지, 시트지, 은박지, 펄지, 트레이싱지 등 그 종류가 다양하다.

교사는 유아에게 늘 하얀 도화지만을 주지 말고 다양한 종이를 탐색할 수 있도록 제시해 준다. 즉, 그리기 위해 종이를 사용하지만 종이만을 탐색할 수 있는 시간을 주어 화선지, 도화지, 신문지 등에 그리기, 찢기, 구기기, 긁기, 뚫기, 자르기, 붙이기, 접기 등을 시도해 보아 종이의 종류에 따라 그 특성이 다름을 인지시켜 준다. 또한, 다양한 색의 종이나 다양한 모양의 종이를 제시해 주어 유아의 창의적인 표현을 유도해 준다. 나아가 완성이 힘든 유아에게는 다른 유아보다 종이 크기를 작게 하여 완성할 수 있도록 도와준다. 또한, 종이의 종류에 따라 재료 정리장에 정리해 두어 유아 스스로가 다양한 종이에 표현할 수 있도록 준비해 두며 크기도 유아의 손에 맞게 작게 잘라놓아 둔다. 예를 들어 색종이는 색상별로 준비해 두고 크기는 1/4 크기로 작게 잘라 유아가 사용하기 편리하게 준비해 둔다.

2) 채색류

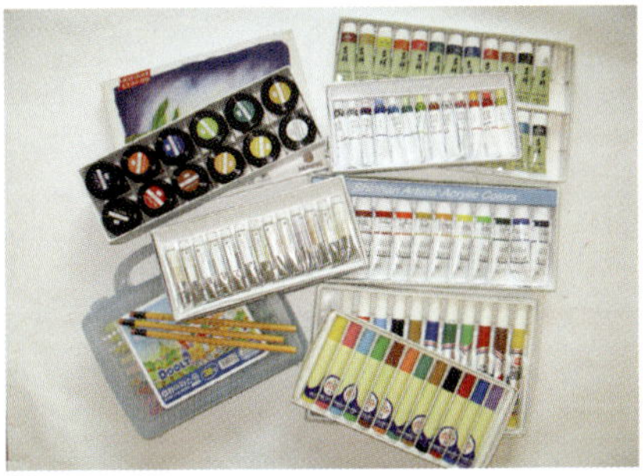

〈사진 10〉 채색류

채색류에는 크레파스, 크레용, 색연필, 파스넷, 수채화 물감, 파스텔, 아크릴 물감, 유화 물감, 스테인드 클라스 물감, 지점토 물감, 포스터 물감, 수성·유성 사인펜, 매직펜, 먹물, 목판 등이 있다. 유아가 주로 사용하는 채색류는 크레파스, 색연필, 사인펜, 수채화 물감 등이다.

(1) 크레파스

〈사진 11〉 크레파스

유아들이 그리기 재료 중 가장 많이 사용하는 것이 크레파스이다. 크레파스는 그레용(crayon)과 파스텔(Pastel)의 합성어로 정식 명칭은 오일 파스텔(oil pastel)이다. 크레파스는 부드럽고, 색상이 다양하며, 혼색이 가능하고, 배수성이 높아서 수채화 물감과 같이 사용할 수 있는 장점이 있다. 또한, 난화기 유아들에게는 큰 힘을 주지 않아도 자연스럽게 색칠이 되어 효율적으로 그릴 수 있는 그리기 재료이다. 크레파스는 색칠하기, 덧칠하기, 색 빼기, 고치기, 배수성 보기 등 다양한 사용방법이 가능하다.

나아가 크레파스와 같은 용도로 사용할 수 있는 것은 크레용(crayon)과 파스넷이 있다. 크레용(crayon)은 안료에 파라핀이나 목랍(木蠟)을 섞어 녹여 만든 것으로 손에 묻지 않고 부드럽게 그릴 수 있는 효과가 있으며 파스넷은 힘을 주지 않아도 자연스럽게 그려져 난화기 어린 유아에게 적합한 재료이다. 이와 같은 재료들은 질이 좋고 색상이 좋은 것을 선택하여 준비해 두어야 한다.

(2) 색연필

〈사진 12〉 색연필

색연필은 크레파스보다 얇고 가늘어 섬세한 표현을 할 수 있다. 또한, 선이 부드럽고 색상이 다양하여 유아들이 선호하는 재료이다.

(3) 파스텔

〈사진 13〉 파스텔

파스텔은 색채가 화려하고 부드러워서 포근한 느낌을 주며 종이 위에 그리는 순간에 즉시 나타나는 효과를 가지는 반면 혼색이 안 된다. 또한, 파스텔은 작은 입자 가루로 종이에 문질러야 하므로 유아들에게 손가락으로 문지르는 감각을 길러 줄 수 있으나 가루가 날려 정착액을 준비해 두어야 한다는 단점도 있다. 그리고 파스텔은 색조가 흐려 손에 힘이 약한 유아에게는 적당하지 못하나 재료 특성상 표현을 부각시키는 특성이 있어 미술적 표현력이 떨어지는 유아에게는 좋은 재료가 된다.

(4) 연필

〈사진 14〉 연필

연필은 점토와 흑연을 이용해 만든 것으로 보편적인 필기도구이며 그리기 재료가 된다. 연필의 종류는 흑연과 점토의 배합 비율에 따라 굳기와 농도가 결정된다. 즉, H(hard)는 심의 단단하기의 정도를 나타내며 B(black)은 심의 진하기를 나타낸다. 유아는 소근육이 약하므로 진하기와 단단하기가 적당한 4B를 이용하는 것이 좋다. 유아에게 연필은 단색으로 여러 가지 표현을 할 수 있게 하며 크레파스와는 달리 사람의 얼굴 표정과 같은 섬세한 표현을 유도할 수 있다. 나아가 쓰기 학습과 연장할 수 있는 장점을 가진다.

(5) 사인펜

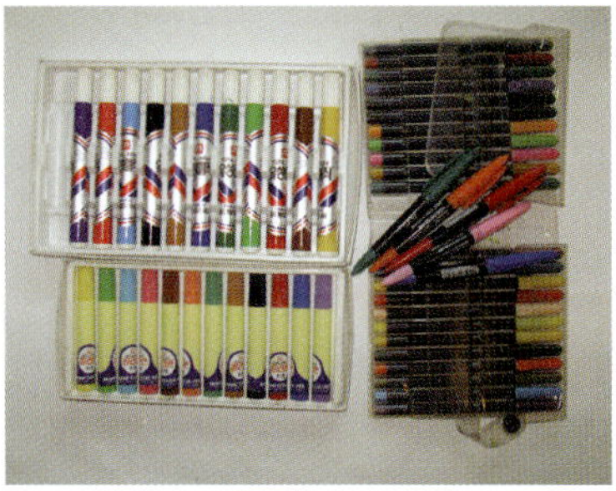

〈사진 15〉 사인펜

사인펜은 물로 지워지는 수성과 물로 안 지워지는 유성으로 나눌 수 있다. 유아에게는 물로 지워지는 수성 사인펜이 필요하며 어느 정도 익숙해지면 유성 사인펜을 제공한다. 사인펜은 색이 선명하고 플라스틱이나 나무, 옷감 등 다양한 재료에 채색이 가능하다는 장점이 있다. 교사는 페트병과 같은 투명 용기에 사인펜을 넣어 두어 유아가 쉽게 찾아서 표현할 수 있게 준비해 둔다.

(6) 목탄

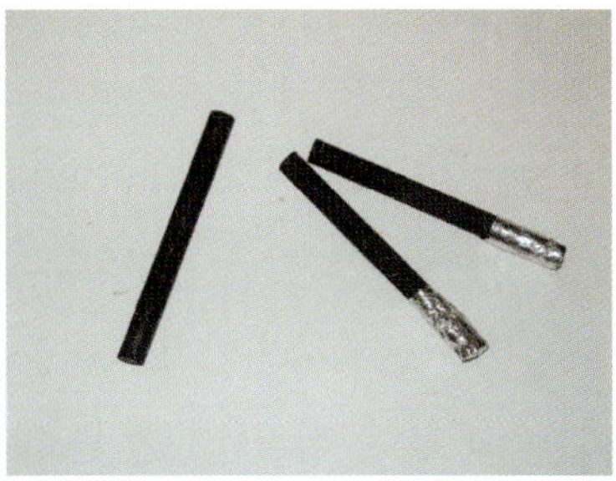

〈사진 16〉 목탄

목탄은 참나무, 포도나무, 버드나무 가지를 태워서 만든 숯으로 주로 소묘를 할 때 이용하는 재료이다. 목탄은 매우 자유로운 재료로서 손가락의 연장인 것처럼 사용이 용이하고 직접적이다. 목탄은 6세 이상의 유아에게 사용이 가능하며 힘차고 강렬한 선의 표현이나 명암 표현을 하는 데 좋은 재료이다. 목탄은 건조한 재료의 특성 때문에 갱지나 목탄지를 사용해야 하며 지울 때는 식빵이나 거즈 손수건, 지우개 등을 이용하여 지우며 완성 된 후에는 정착액을 뿌려 두어야 한다.

(7) 물감 재료

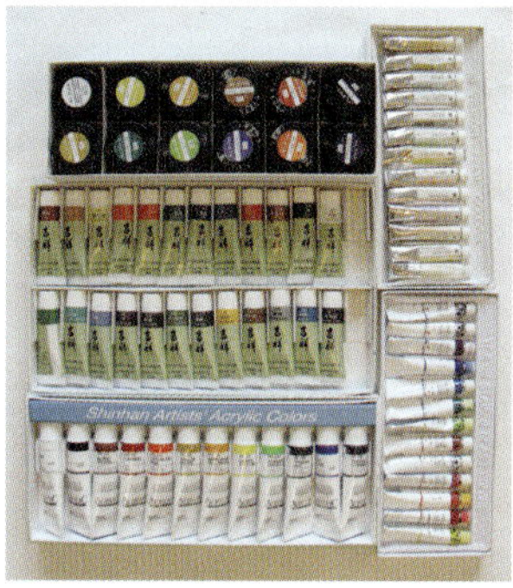

〈사진 17〉 물감

물감 재료에는 수채화 물감, 포스터 물감, 아크릴 물감, 동양화 물감, 지점토 물감, 스테인드 글라스 물감 등이 있다. 수채화 물감은 붓이나 파레트, 물 조절 등의 도구 사용에 관한 법을 알아야 하며 붓 자국 그림, 배수그림, 데칼코마니, 번지기 그림, 찍기 등의 다양한 기법을 사용할 수 있다. 포스터 물감은 불투명 그림 물감으로 수채화 물감보다는 물 조절이 쉽다. 아크릴 물감은 접착력이 강하며 건조가 빠르며 내구성이 있다. 더욱이 발색과 혼색이 좋고 사용이 간편하다(이윤구, 1988: 446). 또한, 플라스틱이나 점토 등 다양한 입체 활동에 사용하면 편리하다. 전통 미술에 사용되는 먹물은 하나의 검은색으로 다양한 느낌의 표현이 가능하며 유아들에게 전통 미술을 접할 수 있는 기회를 준다.

3) 채색 도구

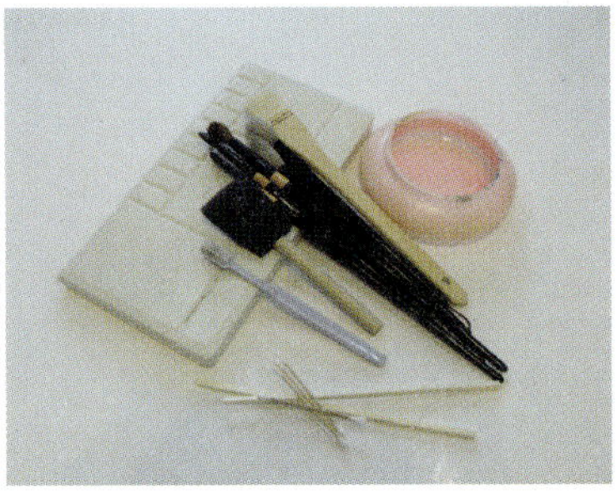

〈사진 18〉 채색 도구

채색 도구는 물감을 칠할 때 사용하는 붓이나 물통, 파레트와 같은 것을 말하며 물 조절이 어려운 유아에게는 붓 대신, 손가락, 나무젓가락, 면봉, 스펀지, 칫솔, 빗, 스포이드 등을 사용한다. 유아가 사용하는 붓은 길이가 짧고 두께는 12호에서 18호 정도로 큰 붓을 사용한다. 붓을 사용할 때는 색깔별로 놓아주며 붓 끝 부분에 같은 색을 표시하여 유아가 쉽고 편안하게 사용할 수 있게 해준다. 또한, 유아의 발달 수준을 고려하여 가는 붓, 납작한 붓, 동근 붓 등을 사용하며 붓 대신, 면봉, 칫솔, 스펀지등을 이용하여 그려 봄으로써 표현 기법의 다양성을 알아본다.

4) 점토와 소조 도구 및 용구

(1) 점토 재료

〈사진 19〉 점토 재료

유아가 사용할 수 있는 점토 종류로는 찰흙, 밀가루 점토, 지점토, 고무 찰흙, 컬러믹스나 매직 클레이 등을 들 수 있다.

첫째, 찰흙은 가공을 걸쳐 나온 깨끗한 흙으로 촉감성이 있고 형태를 만들어 재현할 수 있는 장점을 가진다. 또한, 소근육이 약한 유아에게 소근육의 발달을 도와주며 촉감을 통한 접촉으로 촉감각을 발달시키며 심리적인 안정감을 제공한다. 유아는 찰흙을 통해 주변의 대상을 여러 가지 모양으로 만들어 나갈 수 있다. 유아가 만든 찰흙은 그늘에 말린 후에 수채화 물감이나 아크릴 물감으로 채색하여 완성할 수 있다.

둘째, 밀가루 점토는 어린 유아들이 찰흙을 입에 넣을 것을 고려하여 밀가루로 만든 점토이다. 밀가루 점토는 〈표 22〉에 제시한 준비물과 순서에 따라 만들 수 있다.

〈표 22〉 밀가루 점토 만들기

준비물	만드는 방법
밀가루 4컵 물1+1/2컵 소금 1컵 식용유 1큰숟가락 식용 색소 2봉지 정도	① 밀가루, 소금, 물을 손으로 섞는다. ② 부드러워질 때 까지 반죽한다. ③ 식용색소를 넣어 밀가루 반죽을 만든다. ④ 식용유를 섞어 반죽하여 마무리한다.

밀가루에 소금을 넣는 것은 유아가 입에 넣었을 때 짜서 먹지 못하게 하기 위해서이며 식용유를 넣는 것은 손에 잘 붙지 않게 하기 위해서이다. 밀가루 점토는 장기 보존이 어려우므로 많은 양을 만들기보다는 사용할 양만 만든다. 또한 교사는 유아도 함께 밀가루 점토를 만드는 경험의 기회를 제공해 준다.

셋째, 지점토는 종이나 신문지, 화장지를 묽은 밀가루 풀에 섞어 만든 것이다. 종이 점토는 풀과 섞어져서 마르면 아주 단단해지는 성질을 가진다. 〈표 23〉은 지점토를 만드는 과정이다.

〈표 23〉 지점토 만들기

준비물	만드는 방법
신문지나 화장지, 종이 등, 밀가루 풀	① 종이를 잘게 많이 자른다. ② 자른 종이를 1~2일 정도 물에 담아둔다. ③ 물에 담아두어 부드러워진 종이를 밀가루 풀과 섞는다. ④ 손으로 주물러서 풀과 종이가 잘 혼합되도록 만든다.

넷째, 고무 찰흙은 유토라고 하는데 문방구에서 쉽게 구입할 수 있다. 고무 찰흙은 색이 있는 찰흙으로 점토나 종이 찰흙에서 표현할 수 없는 색을 가지고 있어 표현이 다양해지며 용이해진다. 또한, 쉽게 굳지 않아 여러 번 반복해서 사용할 수 있다.

다섯째, 컬러믹스와 매직클레이는 pvc를 재료로 하여 만든 것으로 색 혼합을 통해 여러 가지 다양한 색을 만들 수 있는 장점이 있으며 유아의 주변 대상을 섬세하게 표현할 수 있다.

(2) 점토 용구류

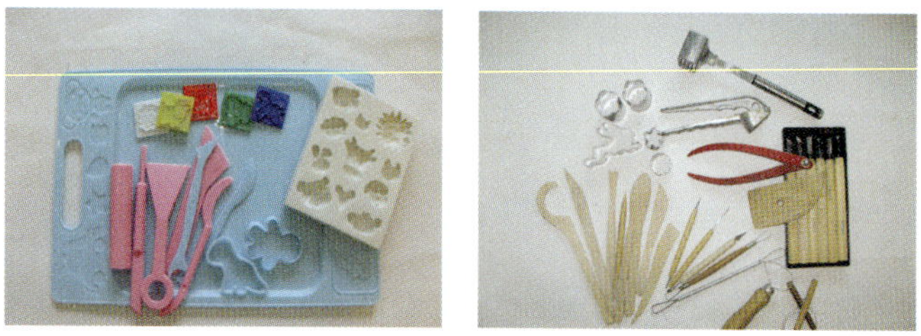

〈사진 20〉 점토 용구류

점토 용구류는 점토판, 밀대, 나무 조각도(송곳 주걱, 긁어내기 주걱, 빗 주걱, 칼 주걱, 쇠 조각도), 철사나 낚시줄 등이 있다. 점토판은 찰흙을 놓고 작업하는 판이며 밀대는 찰흙을 평평하게 만들 때 사용한다. 나무 조각도 중 송곳 주걱은 그림을 그리거나 글씨를 쓸 때 사용하고 긁어내기 조각도는 찰흙을 도려내거나 긁어낼 때 사용한다. 또한, 빗 주걱은 흙물을 묻힐 때 사용하고 칼 주걱은 찰흙을 자르거나 다듬을 때 사용한다. 마지막으로 쇠 조각도는 흙 판을 오리거나 잘라낼 때 사용한다(김선현, 2003: 33). 그 밖에 철사나 낚시줄은 찰흙 덩어리를 자를 때 사용한다. 또한, 주방에서 사용하는 마늘 다지기, 고기 다지기, 빵틀도 응용하여 사용할 수 있다. 마늘 다지기에 찰흙 덩어리를 넣고 누르면 찰흙이 마늘 다지기의 구멍 사이로 길게 나오는데, 이와 같은 방법으로 머리카락이나 긴 끈과 같은 모양을 만들 수 있다. 고기 다지기 용구는 찰흙을 두들기거나 찍을 수 있다. 빵틀은 찰흙에 눌러 모양을 낼 수 있다(이현아, 2005: 86).

5) 붙이는 도구

〈사진 21〉 채색 도구

물풀, 딱풀, 밀가루 풀, 오공본드, 셀로판 테이프, 양면 테이프, 종이 테이프, 마스킹 테이프, 스테이플러, 목공본드, 스프레이 접착제, 글루건, 순간접착제 등이 있다. 이와 같은 접착제는 재료의 종류에 따라 달라진다. 재료와 사용 접착제를 표로 정리하면 다음과 같다.

〈표 24〉 재료에 따른 접착제

재료	접착제
종이류(색상지, 색종이, 신문지 등)	딱풀이나 오공본드
화선지나 한지	물풀
하드보드지나 곡식류	오공본드
수수깡과 스티로폼	스티로폼 용 본드
플라스틱류	오공본드, 순간접착제, 셀로판테이프
찰흙 점토	찰흙 풀
헝겊류	스테이플러

교사는 유아가 미술활동을 할 때 재료의 특성에 맞는 접착제를 준비해 두며 접착제를 소량으로 짜서 병뚜껑이나 종이 위에 각자 쓸 만큼만 짜 놓아준다. 또한, 면봉이나 나무젓가락, 붓 등을 준비해서 사용하게 한다. 작업용 책상에도 물수건이나 걸레 등을 준비해 두어 유아 스스로 손이나 책상에 묻은 풀을 닦아서 사용하게 하거나 풀판을 사용하여 작업하게 한다.

오공 본드를 사용할 때는 사용할 만큼만 짜서 물에 개어 병에 담아주며 붓을 주어 사용할 수 있게 한다. 또한, 찰흙을 이용할 때는 찰흙에 물과 오공본드를 섞어 그릇에 담아 붓과 함께 제공한다. 찰흙 풀은 찰흙 작업 중 점토 덩어리를 붙이고 싶을 때 이용하며 작품이 다 말라도 붙인 부분이 떨어져 나가지 않는다는 이점이 있다.

셀로판테이프를 사용할 때는 자르는 날이 위험하므로 교사가 미리 알맞은 크기로 잘라 유아에게 제공한다. 어린 유아는 소근육이 약해 스테이플러를 사용하기 힘드므로 교사가 도와주고 사용이 가능한 유아에게는 안전한 사용법을 익힌 후 사용할 수 있게 지도한다.

6) 자르는 도구

〈사진 22〉 자르는 도구

자르는 도구로는 안전가위, 펀치, 칼 등이 있다. 자르는 도구 중 가장 많이 사용하는 것은 가위이다. 유아는 가위질을 통해 소근육을 발달시키고 눈과 손의 협응력을 길러나갈 수 있다. 그러나 가위질은 위험하므로 사용 방법과 안전에 관해 충분히 지도해 준 후 사용해야 한다.

따라서 교사는 자르기 활동에서 부드러운 점토, 식빵, 풀잎 등을 먼저 연습시킨 후, 종이 위의 직선, 곡선 등의 선을 자르는 단계로 발전시켜야 한다. 유아가 사용하는 가위는 안전 가위로 약 13㎝ 정도의 길이로 끝이 날카롭지 않고 뭉툭해야 한다. 또한, 펀치는 유아가 사용할 수 있는 자르는 도구 중 하나이다. 유아는 펀치를 사용함으로 소근육의 힘을 기를 수 있다. 그러나 펀치도 교사의 사용방법과 안전지도에 따라 사용되어져야 한다.

7) 꾸밀 수 있는 재료들

〈사진 23〉

유아가 입체 활동을 할 때 꾸미거나 장식할 수 있는 재료로는 비즈, 단추, 구슬, 실, 스팽글, 리본, 장식용 끈, 빵 끈, 꽃심 등 다양하다. 꾸밀 수 있는 재료는 유아에게 창작의 의욕을 복돋아 주어 자발적으로 미술활동에 참여하게 해준다. 또한, 다양한 재료의 탐색을 통해 촉시를 자극하며 창의성을 발달시킬 수 있다. 따라서 교사는 미술적 재료가 아니더라도 우리 주변에서 볼 수 있는 다양한 재료들을 준비해 주어야 한다.

8) 자연물

〈사진 24〉

유아가 미술활동에 사용할 수 있는 자연물은 낙엽, 솔방울, 도토리, 마른 꽃, 씨, 조개 껍데기, 소라, 조롱박, 나뭇가지 등을 들 수 있다. 자연물은 유아에게 감각적 재료로서 좋은 미술 재료이며 우리 주변에서 쉽게 찾을 수 있는 이점이 있다. 그러나 계절감이 있는 낙엽이나 솔방울, 열매 등은 미리 준비해야 한다. 유아들은 자연물을 통해 다양한 입체활동이나 콜라주를 할 수 있다.

9) 직물류

〈사진 25〉

미술활동에서 사용되는 직물류로는 펠트 천, 헌 장갑, 헌 양말, 레이스, 가죽, 면, 아세테이프, 끈 등이 있다. 유아는 직물류를 가지고 다양한 미술활동을 할 수 있다.

10) 재활용품

〈사진 26〉

미술활동에서 사용되는 재활용품은 종이컵, 필림 통, 비닐 봉투, 쿠킹 호일, 계란판, 아이스크림 막대기, 일회용 숟가락, 종이 접시, 종이 봉투, 옷걸이, 화장지 속심, 상자 등이 있다. 유아는 재활용품을 사용하여 미술활동을 함으로써 미술 재료의 다양성과 폐품 활용에 대해 배울 수 있다.

11) 기타

〈사진 27〉 색솜공와 모루

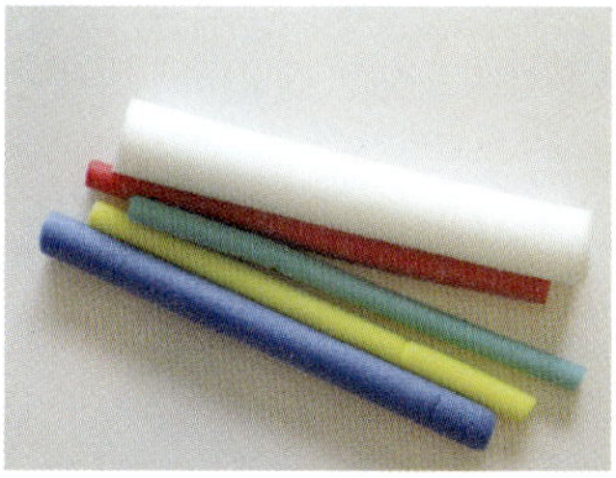

〈그림 28〉 백업

〈사진 29〉 스티로폼

〈사진 30〉 수수깡과 빨대

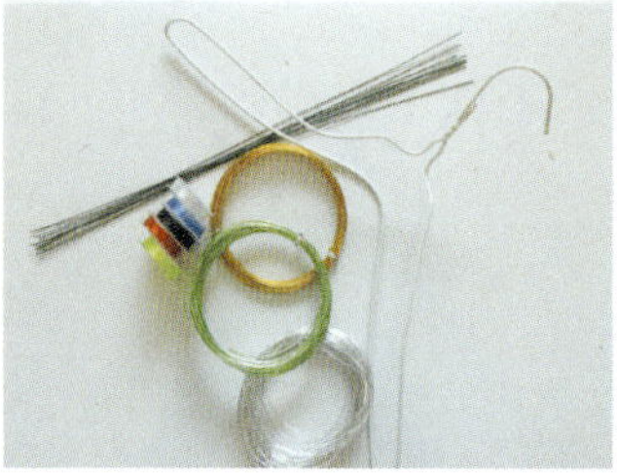

〈사진 31〉 철사류

〈사진 32〉 철실과 지끈

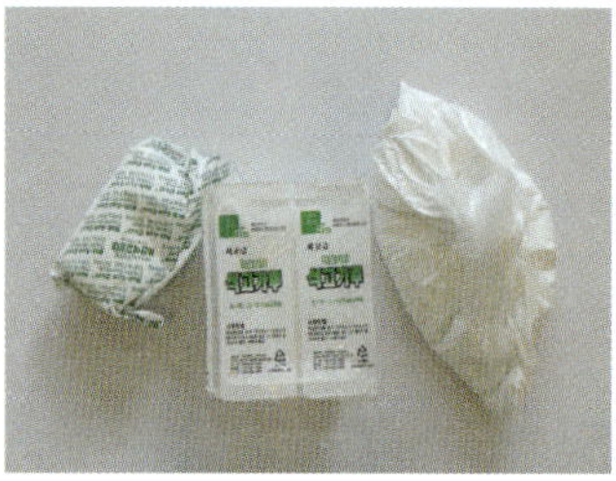

〈사진 33〉 석고

〈사진 34〉 래커

그밖에 백업, 스티로폼, 색솜공, 모루, 래커, 꽃철사, 마카로니, 클립, 스펀지, 털실, 수수깡, 철사, 노끈 등을 이용할 수 있다. 교사는 유아가 미술 활동 중에 다양한 미술 매체의 경험을 가질 수 있도록 한다.

Chapter 10 유아 그림을 통해 살펴본 유아 미술

〈그림 111〉 물 미끄럼틀을 타요

〈그림 112〉 비가 와요

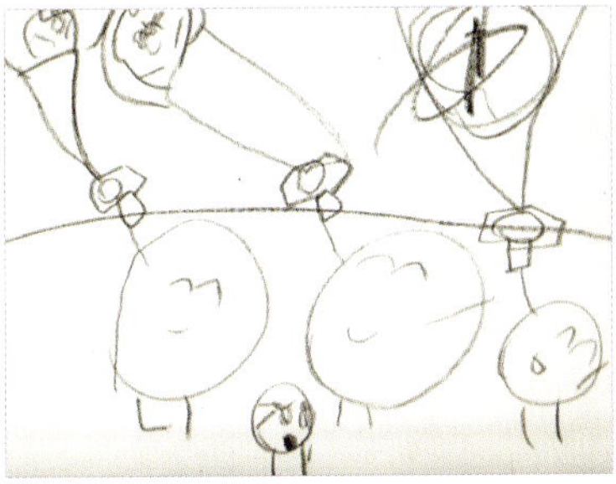
〈그림 113〉 연날리기

〈그림 114〉 목욕

〈그림 115〉 그네를 타요

〈그림 116〉 소방관 아저씨

〈그림 117〉 동물원

〈그림 118〉 염전

〈그림 119〉 서핑을 해요

〈그림 120〉 수영

〈그림 121〉 우리 가족

〈그림 122〉 자동차

〈그림 123〉 신문 읽는 아빠

〈그림 124〉 쌀가게

〈그림 125〉 낙하산

〈그림 126〉 거꾸로 본 세상

〈그림 127〉 결혼식

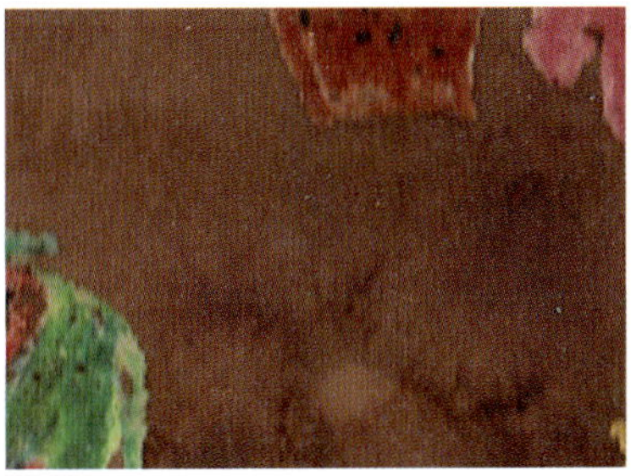

〈그림 128〉 과수원

〈그림 129〉 고래 등을 타고

〈그림 130〉 열기구를 타고

〈그림 131〉 저녁 노을

〈그림 132〉 주유소

〈그림 133〉 우리 동네

〈그림 134〉 인어공주

재료 탐색 및 발상을 통한 실제편

P·A·R·T

02

Chapter 01 크레파스

크레파스 녹이기

꽃밭에서

관련주제 자연

활동목표
- 사물이나 환경을 똑같이 그리고 싶은 욕구를 해소할 수 있다.
- 크레파스가 열에 녹아 생기는 질감을 이용해 그림을 그릴 수 있다.

활동자료
- 크레파스, 초, 그리고 싶은 사진이나 그림, 얇은 부직포, 셀로판테이프

유의사항
- 촛불을 사용할 때 교사가 안전에 대해 가르친다.
- 뜨거운 초에 손을 데지 않게 장갑을 착용하거나 고개를 가까이 대 머리카락이 닿지 않게 주의한다.
- 크레파스를 녹일 때 불심에 가져다 대면 불이 붙으므로 크레파스를 초 옆에 대고 녹인다.
- 흰색과 노란색 크레파스는 탄소 성분이 있어 불이 붙을 수 있으므로 너무 오래 불에 대지 않게 한다.

활동의의
- 재료의 다양한 활용을 알아볼 수 있다.
- 유아는 주변의 사물이나 환경을 똑같이 그리고 싶은 욕구가 있으나 아직은 손과 눈이 덜 발달하여 표현이 미흡하다. 그러므로 사진이나 그림을 베껴 따라 그리며 이와 같은 욕구를 해소시킬 수 있다.

활동방법

꽃이 그려진 사진 위에 얇은 부직포를 셀로판 테이프로 고정시킨다.

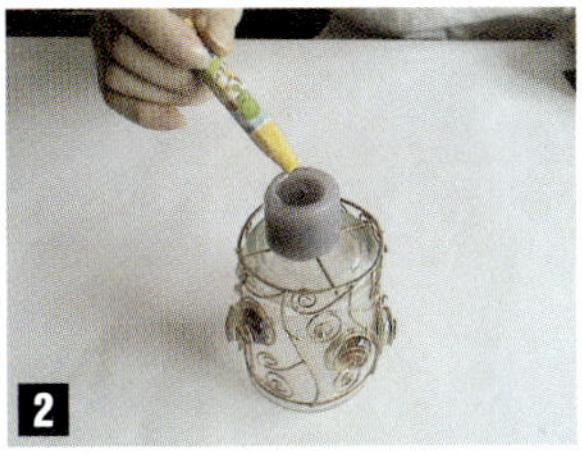

크레파스를 촛불에 비스듬히 대고 10초가량 녹인다.

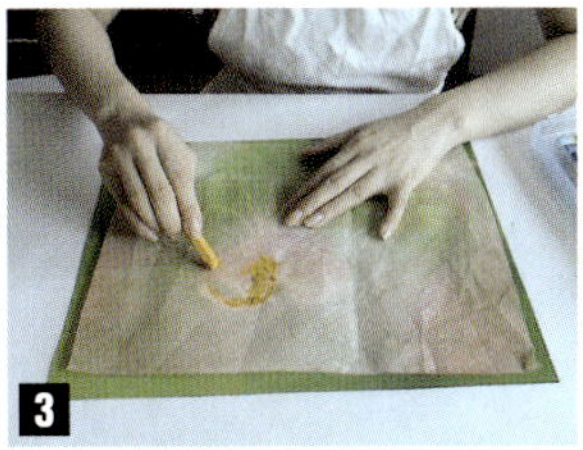

녹은 크레파스로 얇은 부직포에 비친 꽃을 따라 그린다.

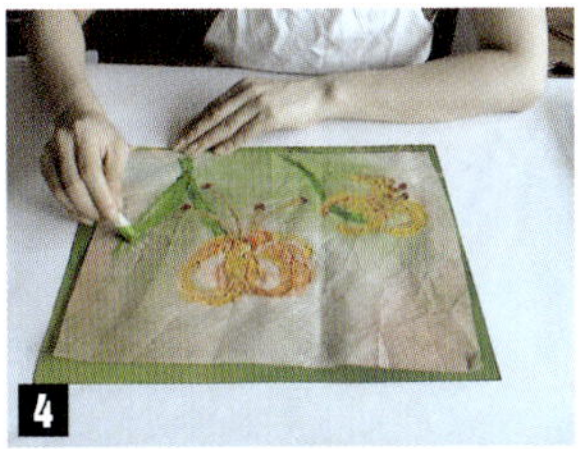

다양한 크레파스를 녹여서 그림을 완성한다.

얇은 부직포를 사진에서 떼어낸다.

완성

참고자료

크레파스
스크래치

잭과 콩나무

관련주제 자연

활동목표
- 크레파스로 그려진 배경을 칼이나 자로 긁어서 나타나는 재미있는 형태를 표현할 수 있다.

활동자료
- 스케치북, 크레파스, 동전, 가위, 칼, 클립, 유성 사인펜

유의사항
- 스케치북 전체를 스크래치 하지 말며 주제나 배경만 따로 정하여 스크래치를 하여 시간과 노력을 절약한다.
- 이쑤시개, 클립, 동전, 칼 등으로 크레파스를 긁을 수 있다.
- 크레파스를 칠할 때 꼼꼼하게 색을 칠한다.
- 다양한 색을 칠한 후 밑 색을 덮어 칠할 때 검정색 외에도 남색이나 고동색으로도 칠할 수 있다.

활동의의
- 스크래치를 할 때는 주제에 맞게 스크래치를 하여 질감과 연계된 수업을 할 수 있다(예: 나무는 나뭇잎. 사람머리는 머리카락).
- 오일파스텔을 칠하고 그 위에 검은색 아크릴 물감을 칠한 후 물감이 마른 다음 자나 칼로 긁어 낼 수 있다.

활동방법

사인펜으로 주제를 그린다.

나뭇잎 부분에 여러 가지 색깔의 크레파스로 색칠을 한다.

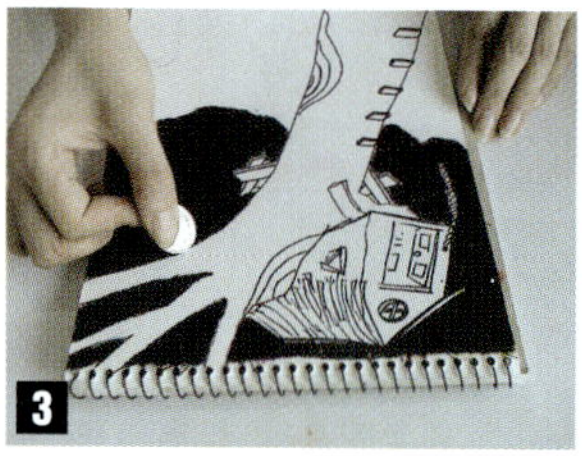

색칠을 다 한 후 그 위에 검정색으로 다시 덧칠을 한다.

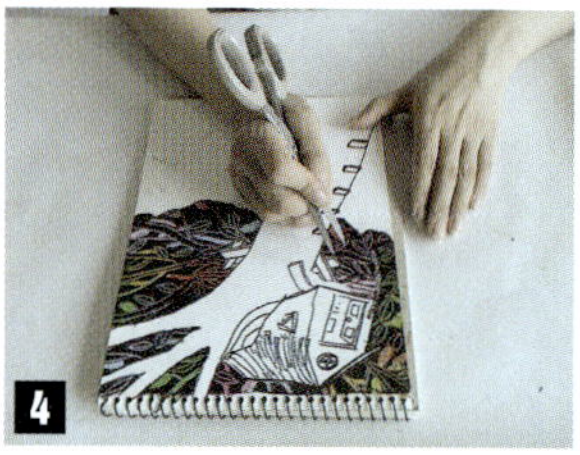

검정색으로 덧칠된 부분을 가위로 나뭇잎처럼 긁어서 스크래치 한다.

완성

참고자료

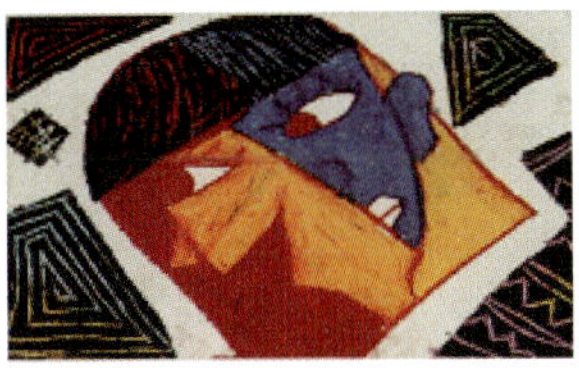

크레파스
탁본

1) 기법

관련주제 자연

활동목표
- 크레파스를 이용해 입체적으로 표현해 볼 수 있다.
- 크레파스를 사용하여 프로타쥬의 기초 방법을 알 수 있다.

활동자료
- 두꺼운 도화지, 골판지, 화선지, 가위, 크레파스, 셀로판테이프

유의사항
- 두꺼운 도화지 외에 클립, 동전, 나뭇잎, 골판지 등 다양한 사물을 응용해 본다.
- 유아들이 두꺼운 도화지를 자를 때 가위 날을 주의하도록 지도한다.
- 두꺼운 도화지는 의도하지 말고 자유롭게 잘라 배열한다.
- 크레파스를 너무 세게 눌러 칠하면 화선지가 찢어질 수 있으므로 주의한다.
- 화선지는 매끄러운 부분이 위를 향하게 놓는다.
- 노란색은 명도 차이 때문에 잘 보이지 않으므로 진한 색으로 칠한다.

활동의의
- 교사는 유아에게 '프로타쥬'가 무엇인지 가르쳐주며 실제로 화가들이 표현한 '프로타쥬' 작품을 감상한 후 수업을 진행해 본다.
  (초현실주의 대표적 화가 중 막스 에른스트는 나무, 나무판자 위에 종이를 대고 문질러서 여러 가지 형태를 만드는 프로타쥬 기법을 많이 사용하였다.)

활동방법

두꺼운 도화지와 골판지를 마음대로 자른다.

자른 두꺼운 도화지를 자유롭게 배열한 후 그 위에 화선지를 덮는다.

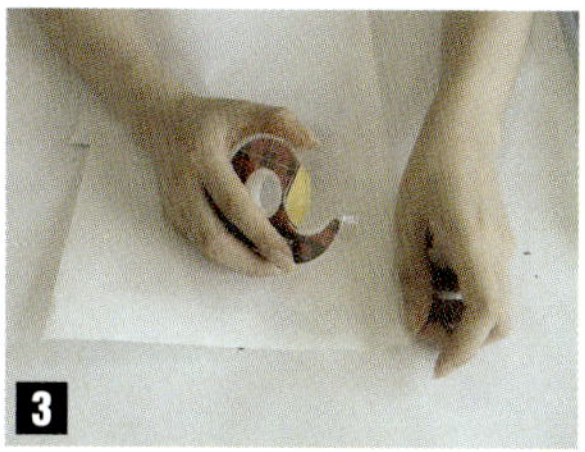

덮은 화선지를 셀로판테이프로 고정한다.

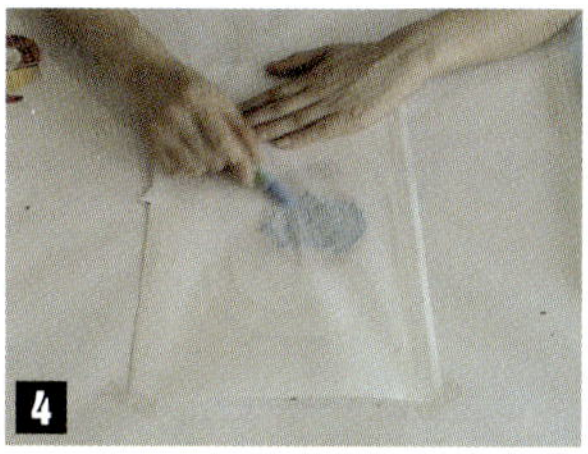

화선지에 크레파스를 눕혀서 문지른다.

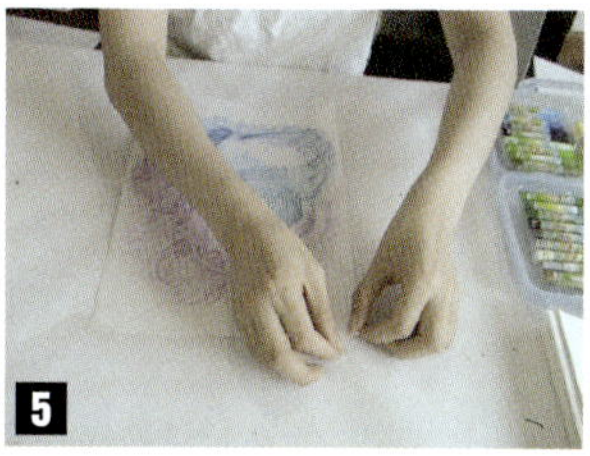

다양한 색깔로 크레파스를 문지른다.

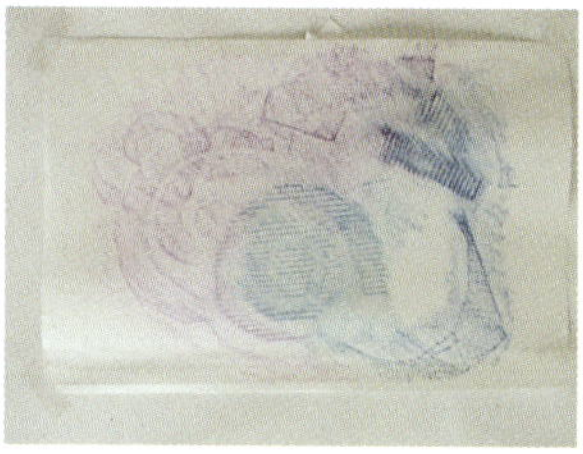

완성

참고자료

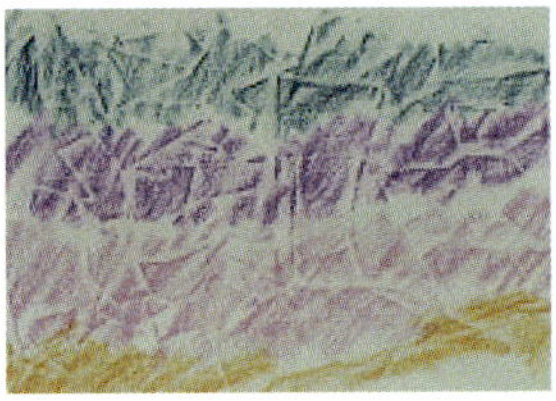

크레파스
탁본

2) 발상 - 달팽이

관련주제 곤충

활동목표
- 크레파스를 이용해 입체적 표현력을 배울 수 있다.
- 크레파스를 사용하여 여러 가지 기법을 알 수 있다.

활동자료
- 두꺼운 도화지나 골판지, 화선지, 가위, 크레파스, 사인펜, 셀로판 테이프

유의사항
- 자른 도화지를 최대한 활용하여 연상되는 형태를 만들어 보거나 잘린 도화지 모양을 연결하여 생각나는 사물이나 동물로 꾸며본다.
- 배열한 도화지 위에 화선지를 고정할 때 셀로판테이프로 움직이지 않게 고정시킨다.
- 크레파스를 문질러서 생긴 형태를 보고 사인펜으로 자세히 그려준다.

활동의의
- 프로타쥬로 생긴 다양한 형태를 보고 여러 가지 주제로 발상하여 표현할 수 있으므로 상상력과 창의력을 가질 수 있다.

활동방법

두꺼운 도화지나 골판지를 달팽이 모양으로 자른다.

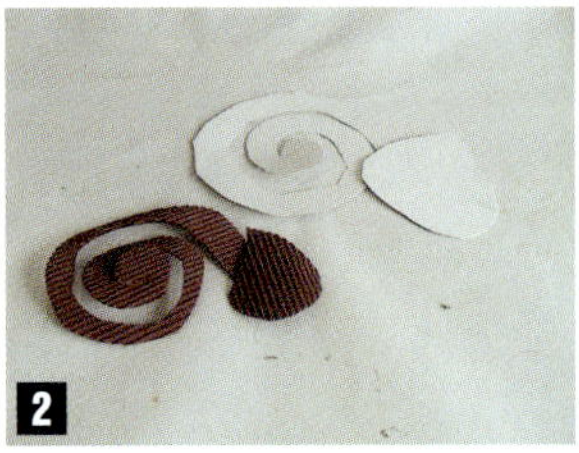

자른 두꺼운 도화지를 달팽이 모양으로 배열한다.

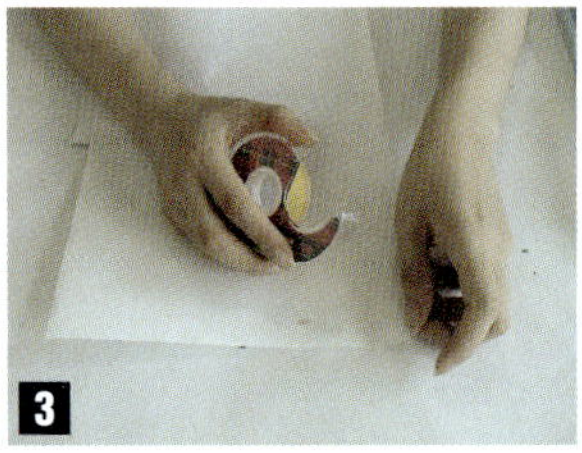

그 위에 화선지를 덮는다.

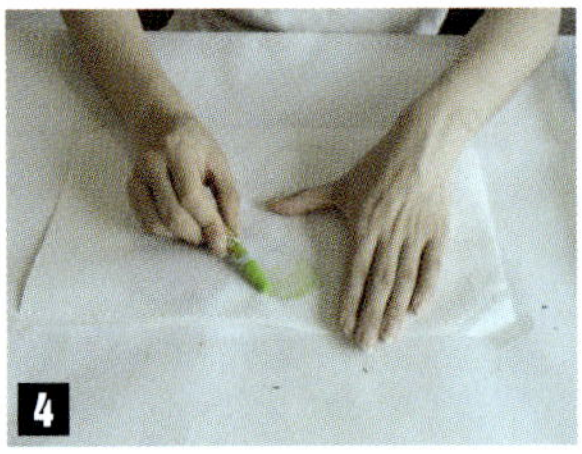

화선지에 크레파스를 눕혀서 문지른다.

문질러 생긴 달팽이 모양에 사인펜으로 보충하여 그려준다.

완성

참고자료

크레파스
데칼코마니

1) 기법

관련주제 환경

활동목표
- 크레파스가 열에 녹아 나타나는 새로운 형태의 그림을 그려 볼 수 있다.
- 색의 조화를 통해 상상력을 가질 수 있다.

활동자료
- 크레파스, A4용지, 다리미, 유성 사인펜, 신문지, 크레파스 칼

유의사항
- 다리미를 사용할 때는 교사가 도와준다.
- 크레파스 가루를 너무 크거나 작게 자르지 않는다.
- 다리미로 다릴 때 신문지를 대고 누른다.
- 칼을 사용할 때는 다치지 않도록 주의하며 교사가 도와준다.

활동의의
- 크레파스가 열에 녹아 나타나는 현상을 알 수 있으며 똑같은 것을 두 장 찍을 수 있다는 것을 알 수 있다.

활동방법

A4 용지 위에 크레파스 칼로 크레파스를 잘라서 가루로 만든다.

잘린 가루 위에 A4용지를 얹는다.

신문지를 얹는다.

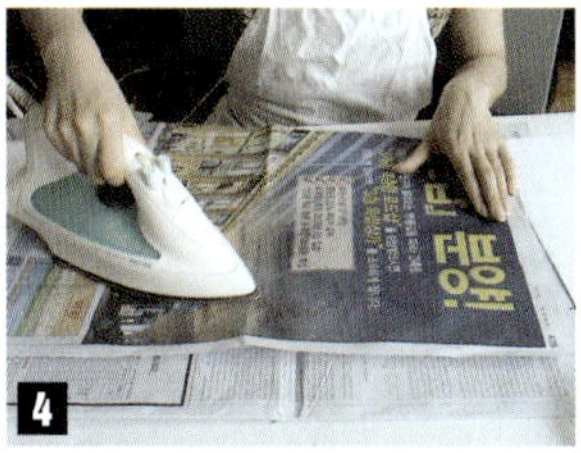

달구어진 다리미를 이용해서 천천히 움직이며 크레파스를 녹인다.

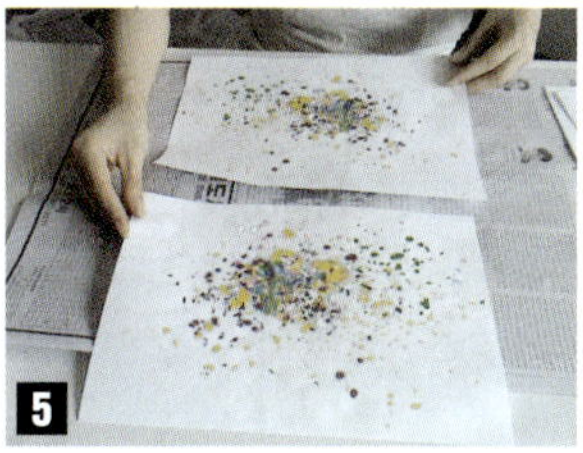

두 종이를 떼어낸다.

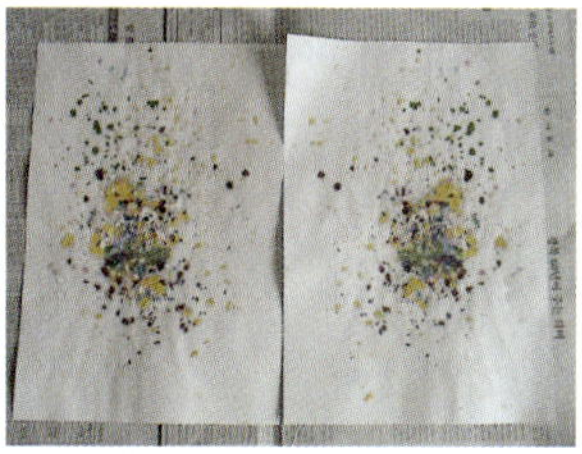

완성

크레파스
데칼코마니

2) 발상 - 꽃바구니

관련주제 꽃

활동목표
- 크레파스가 녹아서 생긴 혼합된 색과 형태를 통해 다양한 발상을 할 수 있다.
- 다양한 발상을 통해 상상력과 창의성을 가질 수 있다.

활동자료
- 크레파스, A4용지, 다리미, 유·수성 사인펜, 신문지, 크레파스 칼

유의사항
- 다리미를 사용할 때는 교사가 도와준다.

활동의의
- 교사는 크레파스가 녹아서 생긴 색과 형태, 질감을 보고 유아가 다양한 생각을 할 수 있도록 권한다.
- 크레파스를 녹여서 생긴 똑같은 두 장의 그림을 각각 다르게 발상하여 그려 보도록 한다.

활동방법

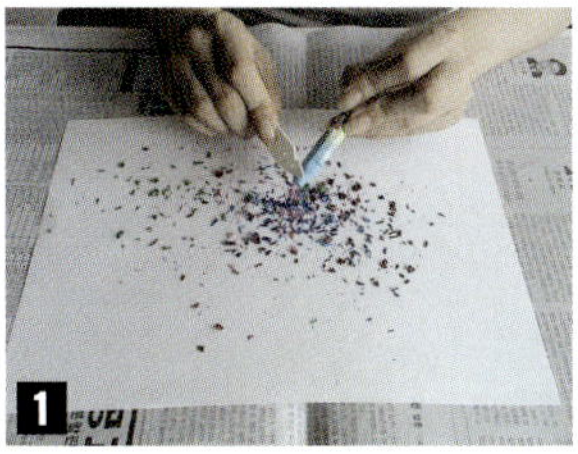

A4 용지 위에 칼로 크레파스를 잘라서 가루로 만든다.

가루 위에 A4용지를 얹는다.

신문지를 얹는다.

달구어진 다리미를 이용해 서 천천히 움직이며 크레파스를 녹 인다.

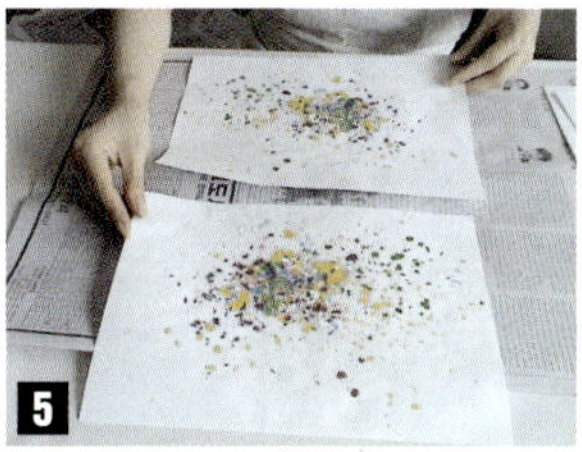

두 종이를 떼어낸다.

녹은 그림을 보고 사인펜으로 연상되어진 꽃바구니를 그린다.

완성 1

완성 2

참고자료

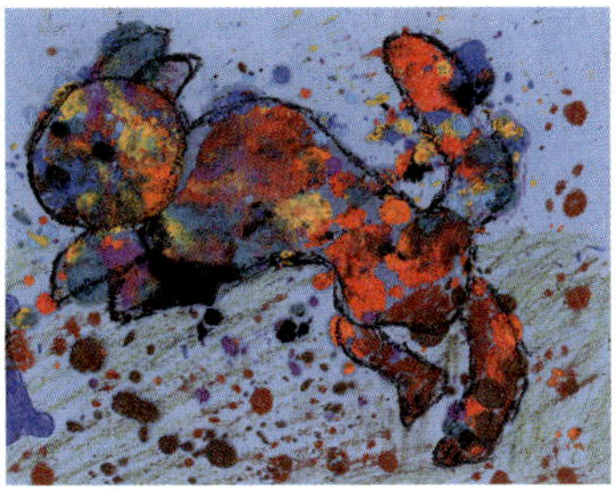

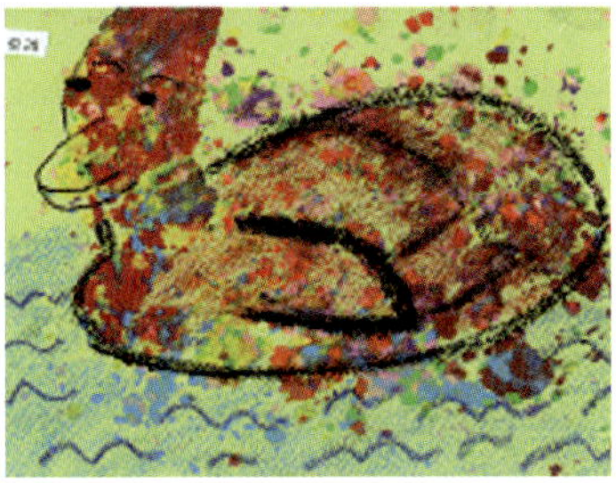

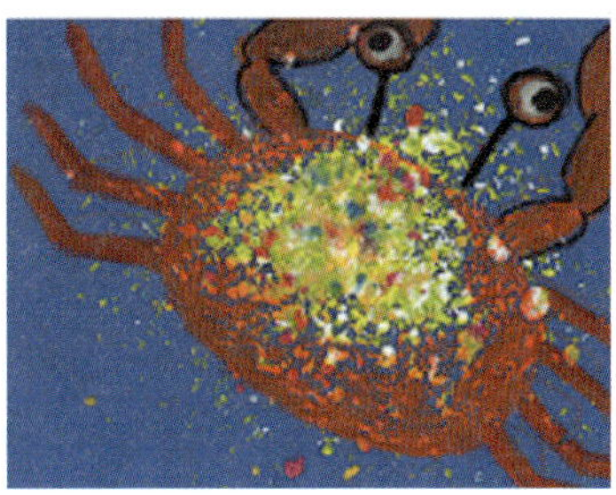

2.바닷속

5. 해마

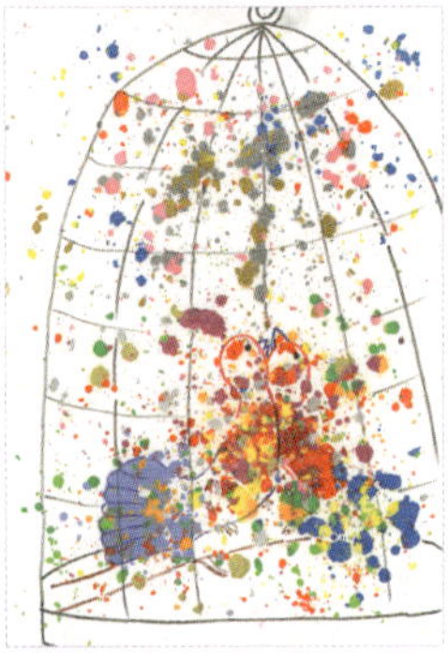

Chapter 02 파스텔

파스텔
동요 듣고 그리기

퐁당퐁당

관련주제 여름

활동목표
- 동요를 듣고 동요의 느낌을 선으로 표현해 볼 수 있다.
- 동요를 듣고 음악을 그림으로 표현하는 청음화를 할 수 있다.
- 파스텔을 이용하여 부드러운 색감을 표현해 볼 수 있다.

활동자료
- 파스텔, 풀, 정착액, 화장지나 솜, 가위, 여러 가지 색의 색상지

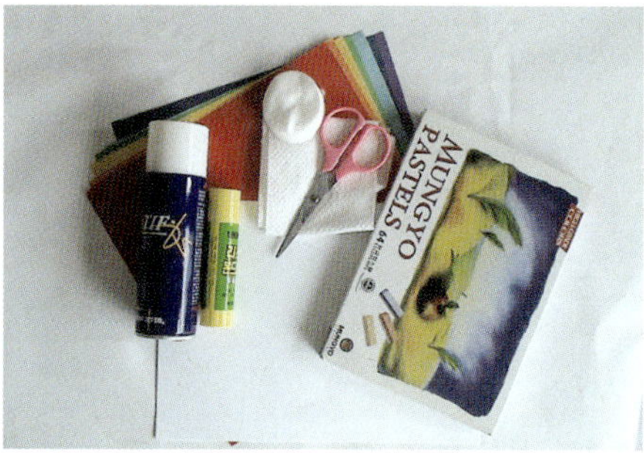

유의사항
- 유아가 파스텔을 만진 손으로 눈을 비비지 않게 한다.
- 파스텔은 가루가 많이 생기므로 다 완성되면 정착액을 뿌려준다.
  (정착액 사용법 : 통풍이 잘 되는 곳에서 신문지 위에 도화지를 놓은 후 1m정도 떨어져 정착액을 뿌린다.)
- 동요 듣는 것을 놓쳐서 선 표현이나 발상에 문제가 없도록 그림이 완성될 때까지 동요 테이프를 계속 틀어준다.

활동의의
- 유아들이 잘 아는 동요 중 리듬감이 있는 동요를 선별하여 음의 리듬을 선으로 표현할 수 있도록 가르쳐 준다.
- 음악의 리듬을 선이나 색으로 표현해 봄으로써 자신의 감정을 자유롭게 나타내어 정서표현에 도움을 줄 수 있다.
- 배경을 색칠하는 데 어려움이 있는 유아에게 두 개의 색상지를 이용하여 부담을 줄이게 할 수 있다.
- 색상지를 2~3장 붙여 효과있는 배경지를 만들어 바탕에 대한 부담감을 덜어준다.

활동방법

하늘색 색상지를 자유롭게 자른다.

노란색 색상지에 풀로 붙인다.

'퐁당퐁당'의 동요를 들으면서 색상지에 파스텔로 그려본다.

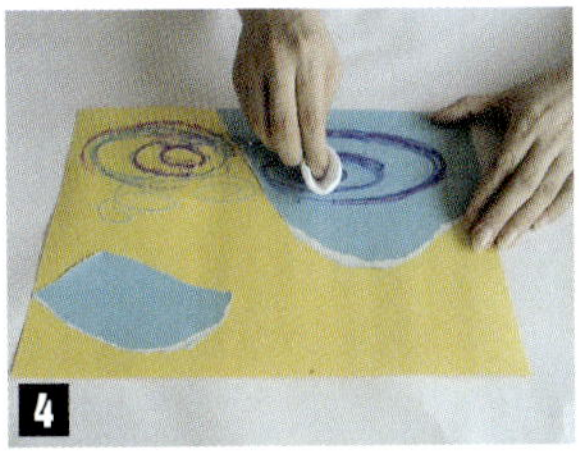

동요를 듣고 파스텔을 이용하여 선으로 표현한 것을 솜으로 문지르며 동요와 관련

해 그림을 그려 본다.작품이 완성되면 정착액을 뿌려 마무리 한다.

완성

파스텔 분필그림

한강

관련주제 우리나라

활동목표

- 분필을 이용해 재미있는 표현을 해보며 재료의 특성을 이해할 수 있다.

활동자료

- 여러 색의 색상지, 색분필, 백설탕, 종이컵, 티스푼, 물

유의사항

- 분필을 녹여 그릴 때 순수한 물보다는 설탕물에서 더 잘 녹는다.
- 분필을 녹일 때 황설탕보다 백설탕이 더 잘 녹는다.
- 분필을 설탕물에 너무 오래 담그면 분필이 무르고 잘라지므로 약 10초 정도만 담갔다가 그린다.
- 노란색과 하얀색 분필은 다른 색에 비해 더 잘 무르므로 적당히 담가서 사용한다.
- 물과 설탕의 비율은 물(5) : 설탕(1) 정도로 한다.

활동의의

- 다양한 재료를 이용해 표현해 볼 수 있다.

활동방법

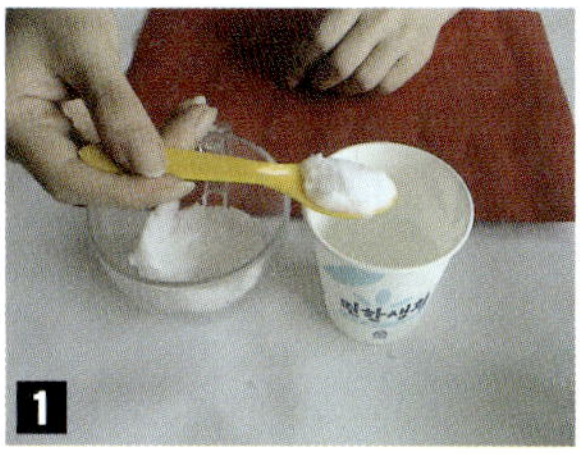

1 사인펜으로 주제를 그린다.

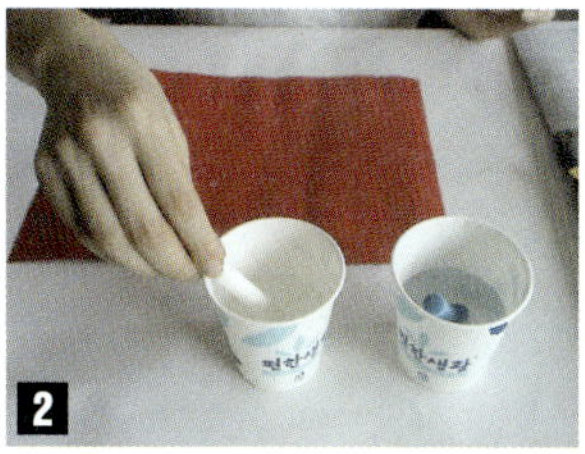

2 나뭇잎 부분에 여러 가지 색깔의 크레파스로 색칠을 한다.

3 색칠을 다 한 후 그 위에 검정색으로 다시 덧칠을 한다.

완성

참고자료

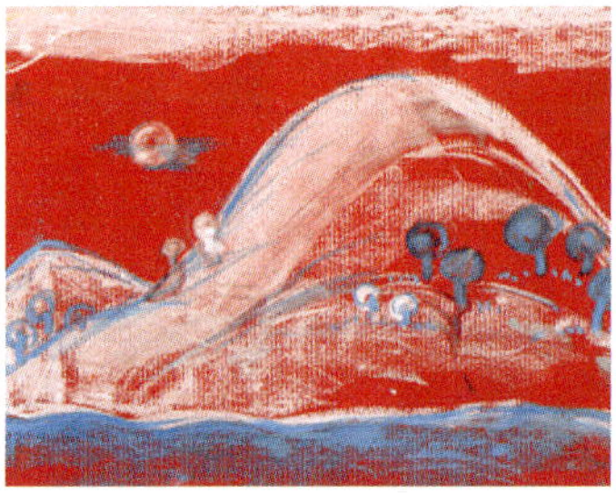

Chapter 03 수채화

수채화 붓으로 떨어뜨리기 1) 기법-눈송이

관련주제 자연

활동목표
- 수채화 물감을 이용해서 떨어뜨리기 기법으로 표현해 볼 수 있다.

활동자료
- 수채화 물감, 파레트, 붓, 물통, A4용지, 사인펜

유의사항
- 물감이 옷에 튀지 않도록 주의하며 앞치마를 입도록 한다.
- 파레트에 물감을 섞을 때 너무 작은 붓을 사용하지 말며 중간 붓 크기로 사용하도록 한다(물감 방울 크기가 작아지므로 중간 붓 크기를 사용한다).
- 물감과 물을 섞을 때 농도를 잘 조절한다.

활동의의
- 수채화 물감을 이용해 다양한 기법을 활용해 볼 수 있다.
- 수채화 도구 사용법을 익힐 수 있다.
- 물과 물감 농도를 조절하는 법을 배우며 소근육을 기를 수 있다.

활동방법

물감을 파레트에 짠다.

붓에 물을 묻힌 후 물감과 섞는다.

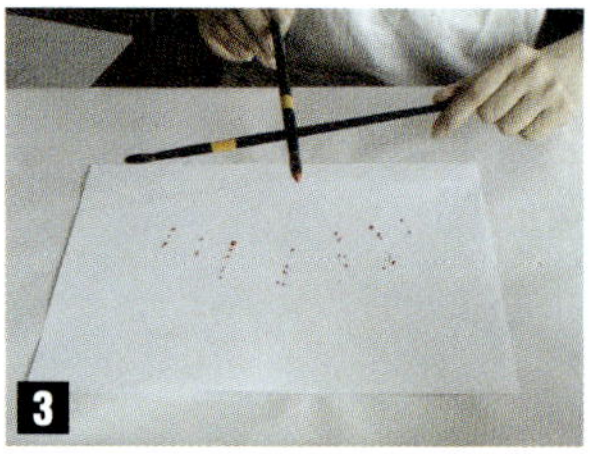

물감을 묻힌 붓을 다른 붓에 대고 위 아래로 턴다.

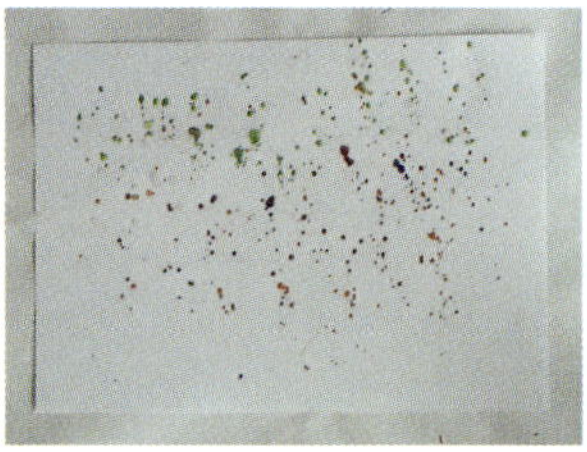

완성

참고자료

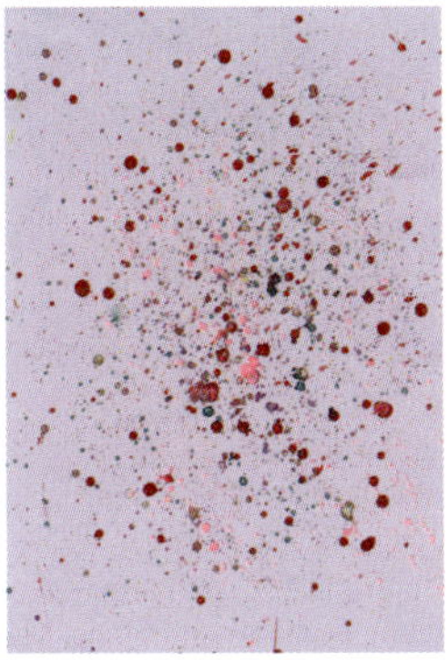

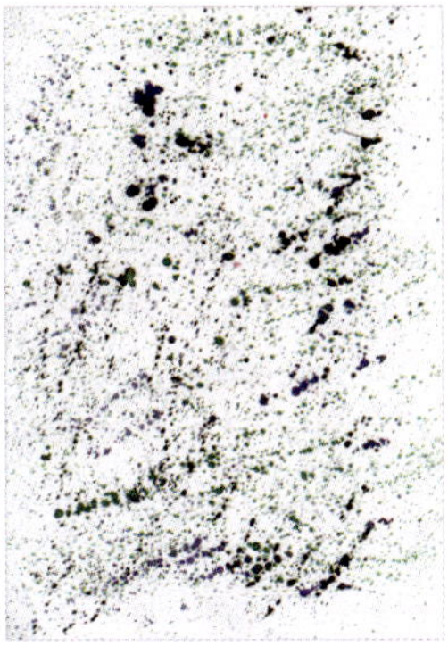

수채화
붓으로 떨어뜨리기

2) 발상-꽃밭

관련주제 자연

활동목표
- 종이에 물감 방울이 떨어진 현상을 보고 다양한 발상을 할 수 있다.
- 다양한 발상을 통해 상상력을 기를 수 있다.

활동자료
- 수채화 물감, 파레트, 붓, 물통, A4용지, 사인펜

유의사항
- 교사는 유아가 물감을 보고 다양한 발상을 할 수 있도록 돕는다. 떨어진 물감을 보고 우리 주변의 환경이나 사물과 비슷한 것이 있나 물어보고 유아 스스로 생각할 수 있도록 도와준다.
- 발상이 안 되는 유아에게는 사인펜으로 물감 방울을 연결해 보도록 지도한다.

활동의의
- 수채화 물감이 떨어져 생긴 점을 보고 주변의 환경이나 사물과 연결하여 표현해 보게 함으로써 자연스럽게 기초 시지각 교육을 할 수 있다.

활동방법

물감을 파레트에 짠다.

붓에 물을 묻혀 물감과 섞는다.

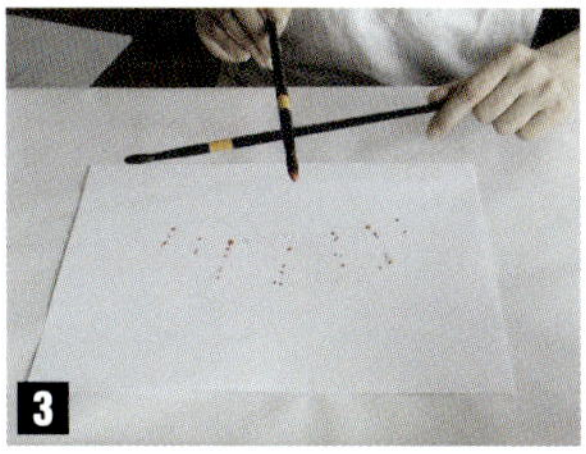

A4 용지에 물감을 묻힌 붓을 위아래로 턴다.

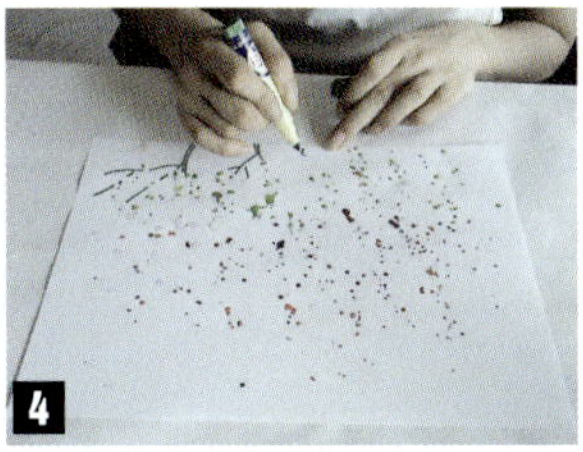

물감이 떨어져 생긴 방울을 보고 꽃밭을 연상하여 사인펜으로 그린다.

완성

참고자료

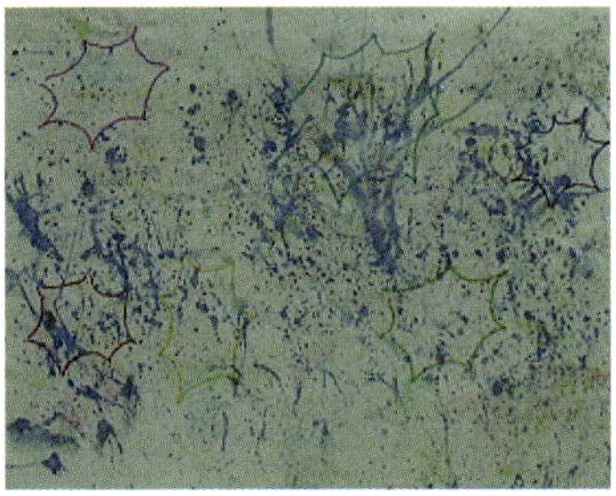

수채화
빨대로 불기

1) 기법-바람

관련주제 계절

활동목표
- 수채화 물감을 도화지에 떨어뜨려 빨대로 불어가며 재미있는 표현을 해볼 수 있다.

활동자료
- 수채화 물감, 파레트, 붓, 물통, A4용지, 빨대

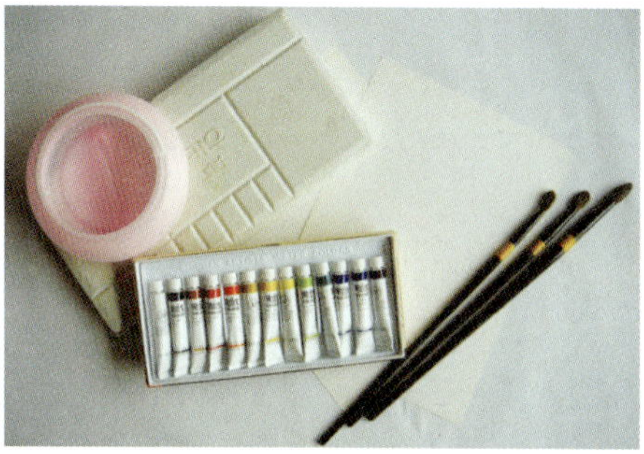

유의사항
- 빨대로 물감 방울을 불 때, 얼굴과 옷에 물감이 튀지 않도록 주의하도록 한다.
- 물감이 쉽게 스미지 않는 종이를 준비한다.
- 물감의 색이 변하지 않게 물통의 물을 자주 갈아 사용한다.
- 빨대를 너무 세게 불면 머리가 아프므로 세게 불지 않도록 주의한다.

활동의의
- 수채화 물감의 다양한 활용도와 기법을 알 수 있다.
- 바람의 힘으로 수채화 물감이 부는 방향대로 그려지는 것을 알 수 있다.

활동방법

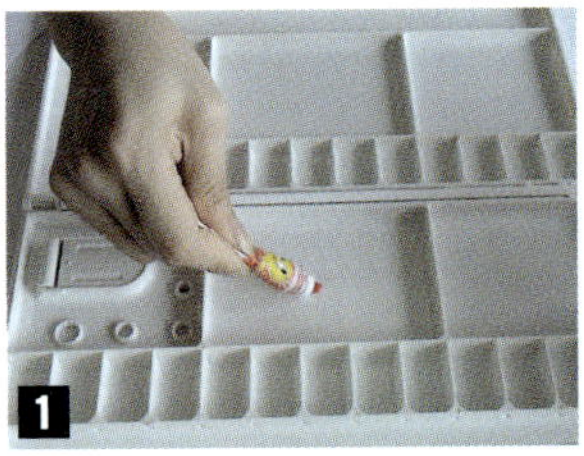

주황색 물감을 파레트에 짠다.

붓에 짠 물감을 물에 섞어 농도를 맞춘다.

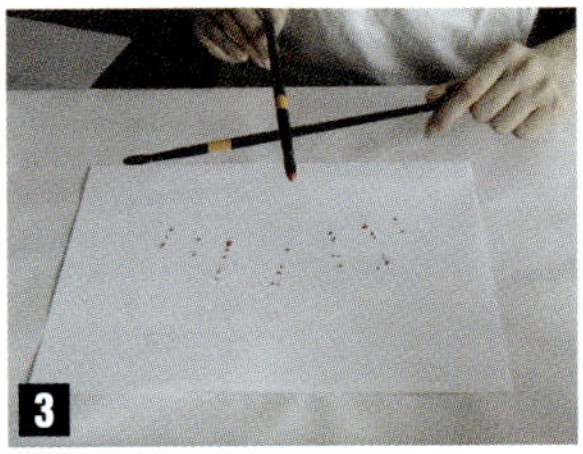

물감이 묻은 붓을 다른 붓에 대고 위아래로 턴다.

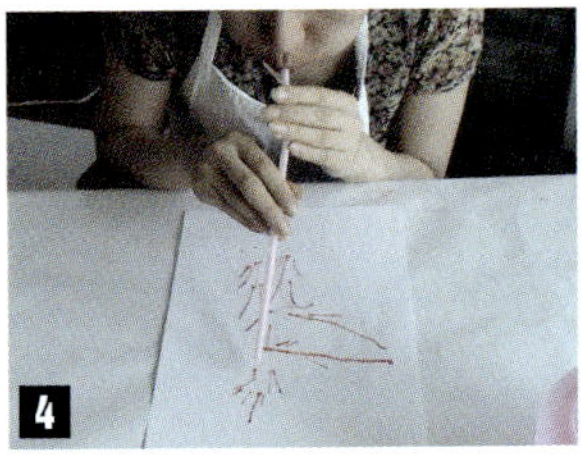

빨대로 A4용지 위에 떨어진 물감을 분다.

완성

참고자료

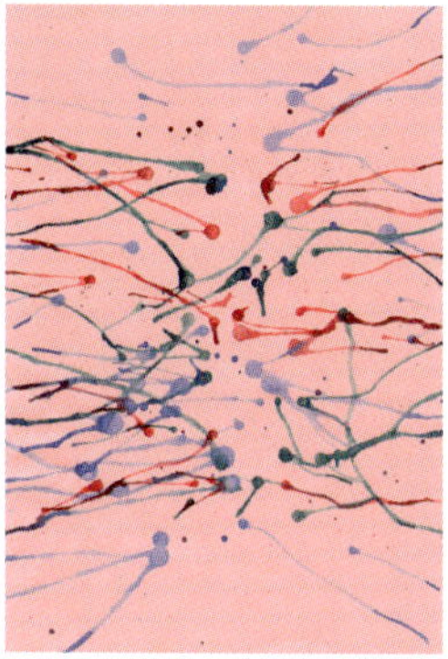

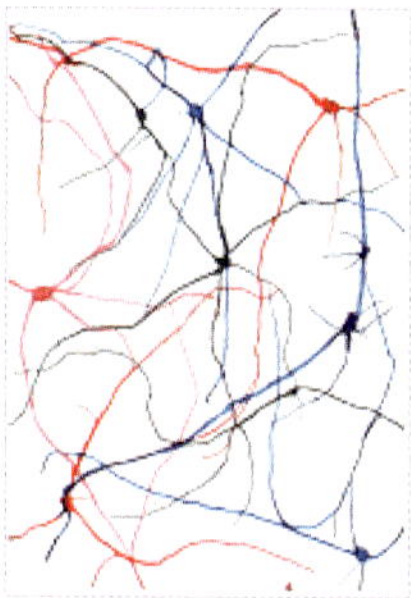

수채화
빨대로 불기

2) 발상-불꽃놀이

관련주제 놀이

활동목표
- 물감을 불어 나타난 형상을 보고 다양한 발상을 해볼 수 있다.

활동자료
- 수채화 물감, 파레트, 붓, 물통, A4용지, 빨대, 사인펜

유의사항
- A4용지 위에 떨어진 물감 방울의 색이 너무 옅으면 물감이 말랐을 때 색이 흐릿해질 수 있으므로 물감에 물을 섞을 때 물 농도를 잘 조절하도록 한다.
- 붓으로 물감을 떨어뜨리고 마르기 전에 물감을 불어야 한다.

활동의의
- 교사는 빨대를 불어 생긴 선을 보고 유아가 다양한 발상을 하도록 돕는다(예: 나뭇 가지의 선, 폭죽, 꽃, 빗물 등).
- 빨대를 불어 생긴 선을 통해 다양한 발상을 하면서 기초 시지각 교육을 할 수 있다.

활동방법

1 물감을 파레트에 짠다.

2 물감을 물과 섞어 농도를 조절한다.

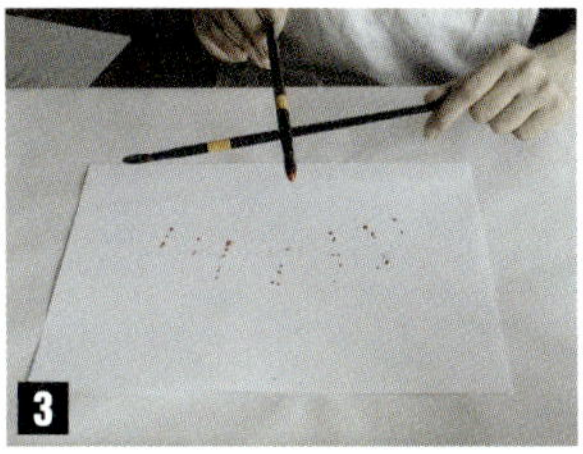

3 물감을 묻힌 붓을 잡고 다른 붓을 대고 위 아래로 턴다.

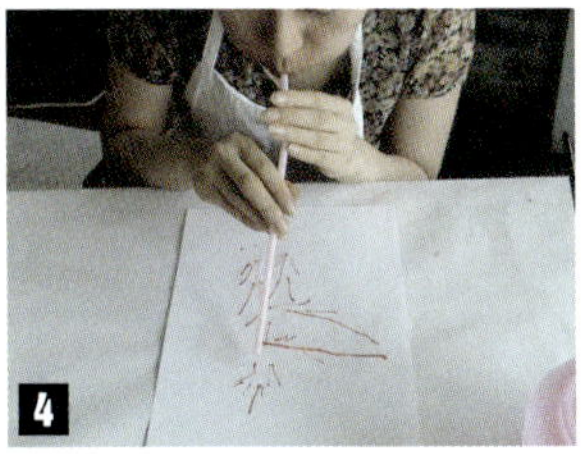

4 빨대로 A4용지 위에 떨어진 물감 방울을 분다.

5 여러 가지 색깔을 같은 방법으로 불어서 표현한다.

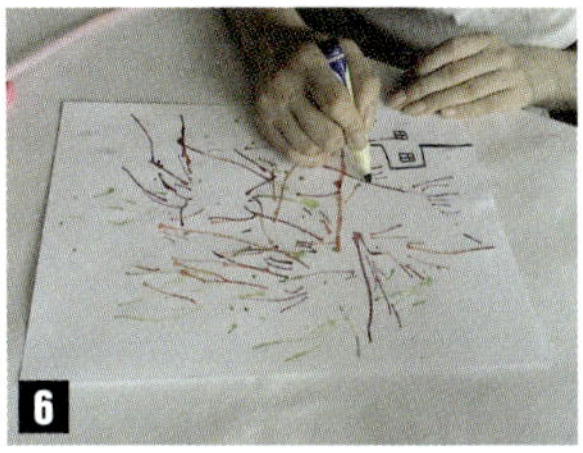

6 표현된 물감을 보고 불꽃놀이 장면이 연상되어 사인펜으로 그린다.

완성

참고자료

수채화
스펀지로 찍기

1) 기법

관련주제 자연

활동목표
- 수채화 물감을 이용해서 스펀지로 찍기 기법을 알아보고 표현해 볼 수 있다.
- 다양한 찍기 기법을 응용해 볼 수 있다.

활동자료
- 수채화 물감, 파레트, 붓, 물통, A4용지, 스펀지

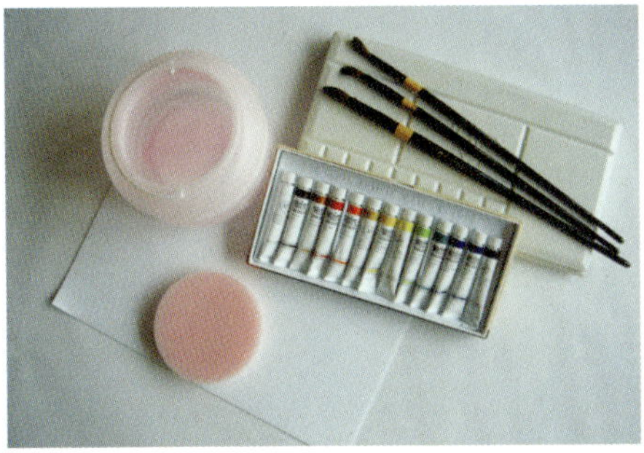

유의사항
- 스펀지 대신 못쓰는 타월이나 천, 지우개, 나뭇잎, 손바닥, 단추 등을 이용하여 찍어볼 수도 있다.
- 스펀지로 찍을 때 스펀지의 느낌이 나도록 찍는다.
- 스펀지에 너무 많은 물감이나 물이 없도록 한다(물감이나 물이 너무 많이 묻어 있으면 찍었을 때 스펀지 표면의 질감이 잘 나타나지 않는다).

활동의의
- 다양한 재료와 기법의 활용을 알 수 있다.
- 판화의 기초를 알 수 있다.

활동방법

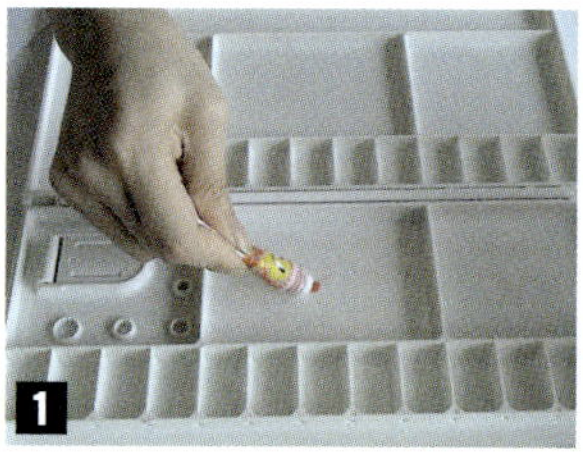

물감을 파레트에 짠다.

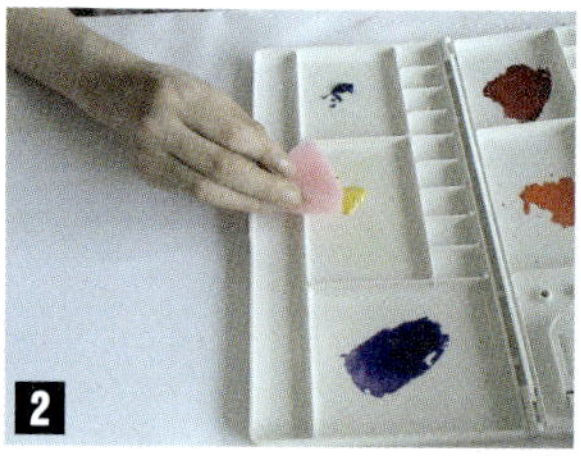

스펀지에 짠 물감을 묻힌다.

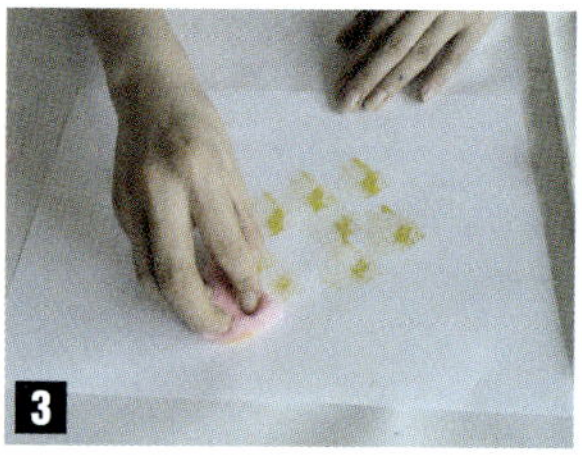

A4용지에 스펀지를 누르면서 찍는다.

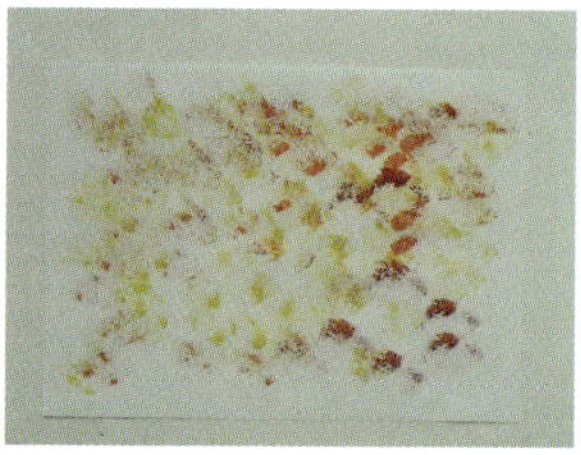

완성

참고자료

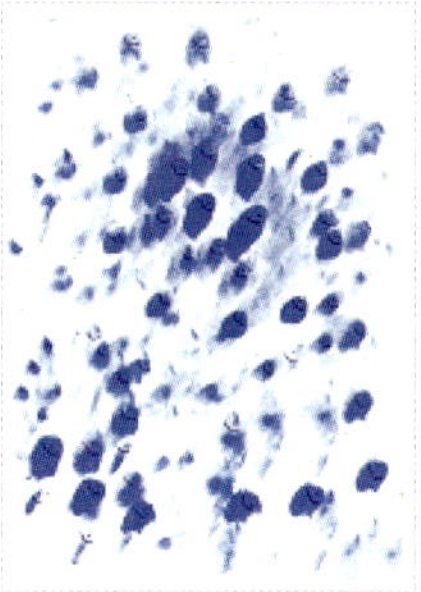

수채화
스펀지로 찍기

2) 발상-산

관련주제 자연

활동목표
- 스펀지에 물감을 묻혀 찍은 후 나타난 형상을 보고 재미있는 표현을 해본다.
- 스펀지의 질감과 색을 통해 다양한 발상을 해볼 수 있다.

활동자료
- 수채화 물감, 파레트, 붓, 물통, A4용지, 사인펜, 스펀지

유의사항
- 스펀지로 찍을 때 처음 찍은 부분은 진하고 점점 더 흐려진다는 것을 알게 해준다.
- 다양한 종류의 질감을 가진 천이나 티슈 화장지를 응용하여 찍어볼 수 있게 한다.

활동의의
- 교사는 스펀지로 찍힌 형상을 보고 다양한 발상을 할 수 있도록 도와준다(예: 무엇을 생각하며 찍었니?, 무엇이 생각나니?).
- 교사는 유아들이 스펀지로 찍힌 질감과 붓을 사용했을 때 표현된 느낌이 다름을 이야기한다.
- 스펀지로 찍었을 때 나타나는 질감과 색을 보고 우리주변에 있는 자연환경이나 사물과 연관하여 생각해 본다.(예: 산, 낙엽, 갯벌, 모래, 연탄, 숲, 개미떼 등)

활동방법

물감을 파레트에 짠다.

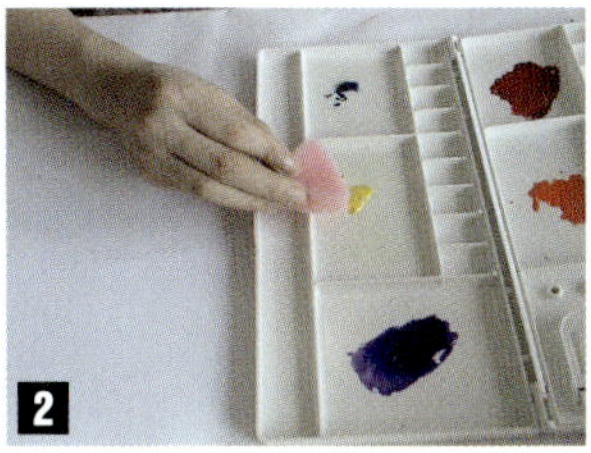

스펀지에 짠 물감을 묻힌다.

스펀지로 A4용지에 찍는다.

찍혀진 형상을 산으로 연상하여 사인펜으로 소나무를 그려 넣는다.

완성

참고자료

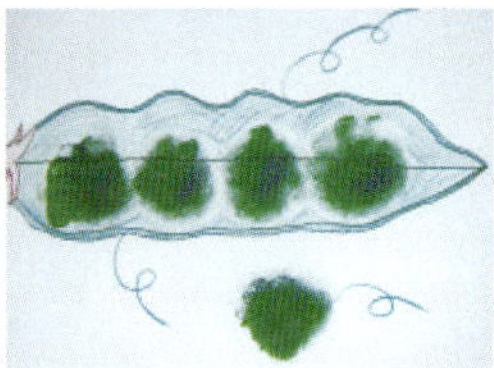

수채화
칫솔 그림

1) 기법-장마비

관련주제 계절

활동목표
- 수채화 물감을 칫솔에 찍어 켄트지 위에 칠해 봄으로써, 칫솔의 거친 느낌을 느끼고 표현해 볼 수 있다.
- 붓 이외의 칫솔을 이용하므로 도구의 다양한 사용을 알 수 있다.
- 선의 속도감을 표현해 볼 수 있다.

활동자료
- 수채화 물감, 파레트, 붓, 물통, A4용지, 헌칫솔

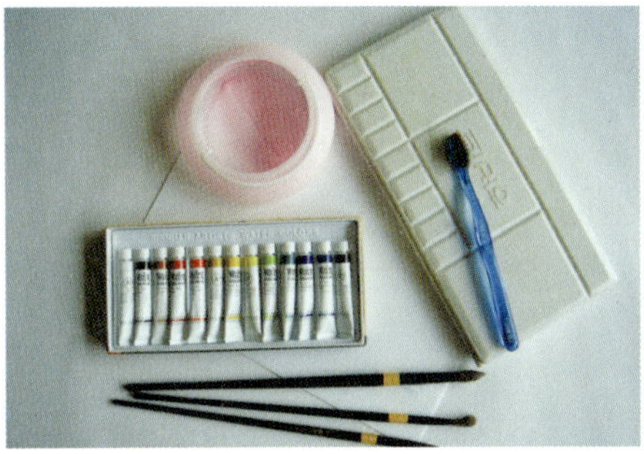

유의사항
- 칫솔에 물감이나 물이 많이 묻어 있으면 뭉그러져 표현되므로 농도를 맞추어 적당량의 물감을 묻힌다.
- 너무 얇은 종이는 칫솔에 의해 찢어질 위험이 있으므로 얇은 종이는 사용하지 않는다.
- 칫솔대신 못 쓰는 구두솔이나 우유병 솔, 청소용 솔 등 다양한 도구를 응용해 볼 수 있다.
- 여러 가지 색의 물감을 사용할 경우, 한 칫솔로 사용하게 되면 깨끗한 색을 표현하지 못하므로 한 색을 사용한 후 칫솔을 깨끗이 빨아 쓰거나 색별로 여분의 칫솔을 마련해 두는 것이 좋다.

활동의의
- 다양한 재료의 활용과 기법을 알 수 있다.
- 붓으로는 표현될 수 없는 속도감 있는 선을 그려 봄으로 다양한 선의 종류를 표현해 본다.

활동방법

물감을 파레트에 짜 놓는다.

칫솔에 황토색 물감을 묻힌다.

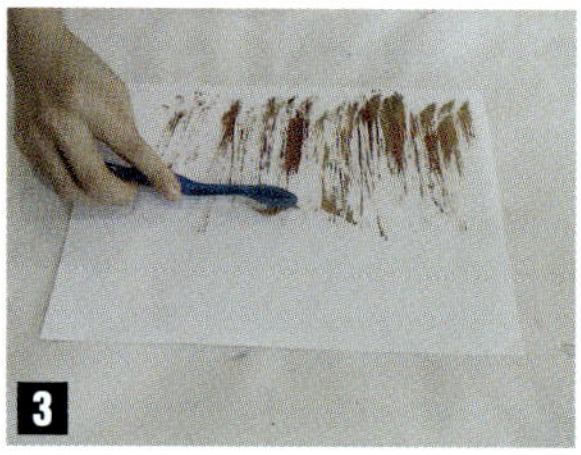
물감을 묻힌 칫솔을 A4용지 위에 그어본다.

완성

참고자료

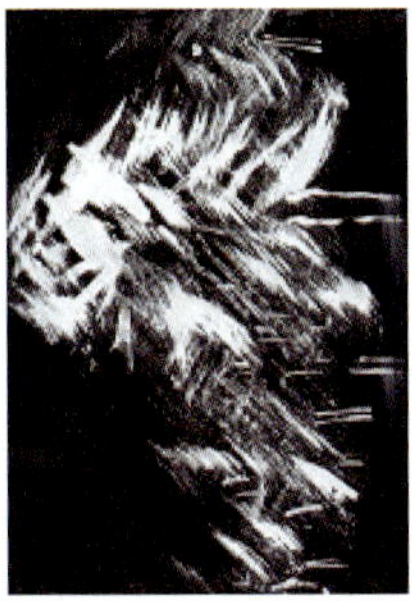

수채화
칫솔그림

2) 발상-허수아비

관련주제 가을

활동목표
- 칫솔로 그려서 생긴, 속도가 느껴지는 선을 보고 다양한 발상을 할 수 있다.
- 자유로운 발상을 통해 창의성을 기를 수 있다.

활동자료
- 수채화 물감, 파레트, 붓, 물통, A4용지, 사인펜, 헌 칫솔

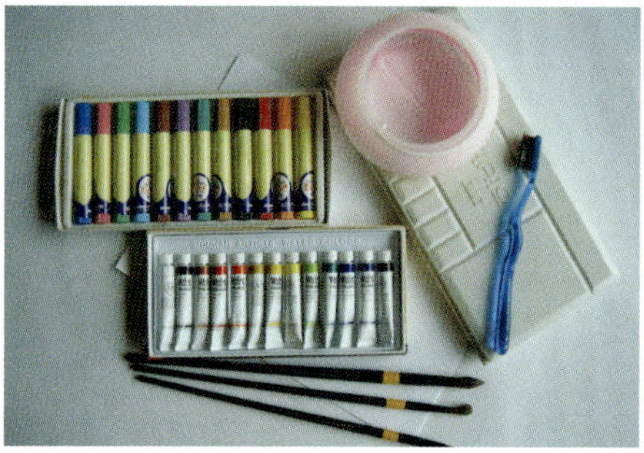

유의사항
- 물감이 옷에 튀지 않게 앞치마를 입는다.
- 칫솔에 물감을 잘 묻힌 후 속도를 주어 선을 그려 봄으로써 다양한 선의 느낌을 표현해 보도록 한다.

활동의의
- 교사는 칫솔에 의해 생긴, 속도감이 느껴지는 선을 보고 다양한 발상을 할 수 있도록 돕는다.
- 교사는 유아에게 속도감이 느껴지는 선을 관찰하게 한 후 질감 교육과 연계하여 설명하면서 칫솔로 그려진 선과 우리 주변의 사물이나 환경 중에 유사한 것이 있는지 생각해 보도록 권한다. (예: 사람의 머리카락, 고슴도치의 털, 소나무의 솔잎, 빗줄기, 폭포 등)

활동방법

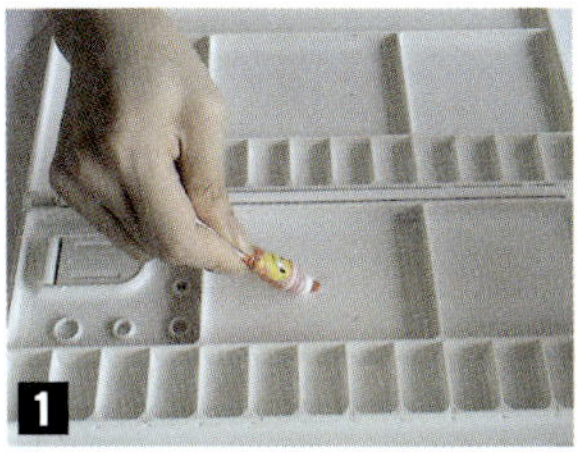

1 물감을 파레트에 짜 놓는다.

2 칫솔에 황토색 물감을 묻힌다.

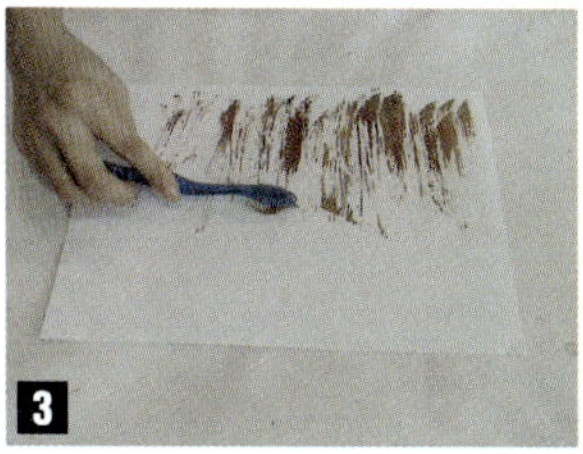

3 칫솔에 물감을 묻혀 A4용지 위에 힘을 주어 긋는다.

4 칫솔로 그린 것이 벼로 연상되어 허수아비를 사인펜으로 그려 놓는다.

완성

참고자료

수채화
선으로 그리기

1) 기법-동그라미

관련주제

활동목표

- 자신의 느낌대로 다양한 선을 그려볼 수 있다.
- 붓을 가지고 선을 그을 때 힘 조절을 함으로써 소근육을 기를 수 있다.

활동자료

- 수채화 물감, 파레트, 붓, 물통, A4용지

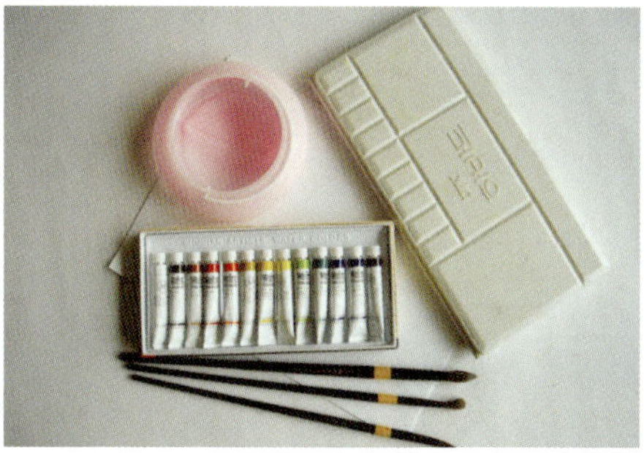

유의사항

- 유아는 그림을 그릴 때 단색으로 표현하려는 경향을 가지고 있기 때문에 여러 가지 색을 사용해 보도록 한다.

활동의의

- 다양한 선을 붓을 이용하여 그려 봄으로 소근육의 발달과 표현력 향상을 가져올 수 있다.
- 다양한 선을 그려 봄으로 대상의 세부적인 표현도 이끌어 낼 수 있다.

활동방법

원하는 색의 물감을 파레트에 짜 놓는다.

붓으로 파레트에 있는 물감을 물과 섞는다.

붓에 물감을 묻힌 다음 A4 용지 위에 쉬지 않고 한 선으로 표현한다.

여러 가지 색깔을 이용해서 다양한 선을 표현한다.

완성

참고자료

수채화
선으로 그리기

2) 발상-바다 속 풍경

관련주제 자연

활동목표
- 곡선과 직선이 무엇인지 알 수 있다.
- 다양한 곡선과 직선의 종류를 표현할 수 있다.
- 우리 주변에 보이는 곡선과 직선의 종류들을 알 수 있다.

활동자료
- 수채화 물감, 파레트, 붓, 도화지, 물통

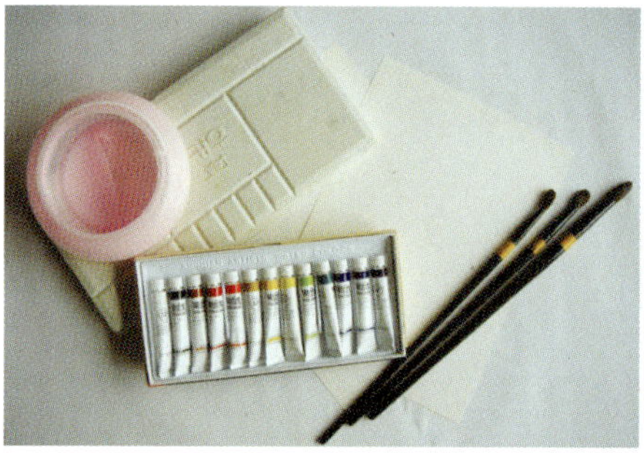

유의사항
- 한 가지 색에 각각 사용하는 붓을 따로 놓아 주어 색이 지저분해지는 것을 방지해 준다.

활동의의
- 교사는 유아에게 우리 주변에서 볼 수 있는 다양한 선들을 보여주거나 설명해 준다(나뭇가지의 선, 물고기 비늘의 선, 꽃잎의 선, 고궁의 지붕선 등).
- 유아들은 물고기나 집을 그릴 때 단색으로 칠하려는 경향이 있기 때문에 다양한 선으로 표현하도록 지도한다.

활동방법

원하는 색 물감을 짠다.

붓에 물을 묻힌 후 물감과 섞는다.

여러 가지 색깔을 이용해서 물고기를 다양한 곡선으로 그려본다.

완성

참고자료

수채화
번지기

1) 기법-사과

관련주제 과일

활동목표
- 화선지의 특성을 알 수 있다.
- 화선지의 특성을 살려 번지기 효과를 재미있게 표현해 볼 수 있다.

활동자료
- 수채화 물감, 파레트, 붓, 화선지, 물통

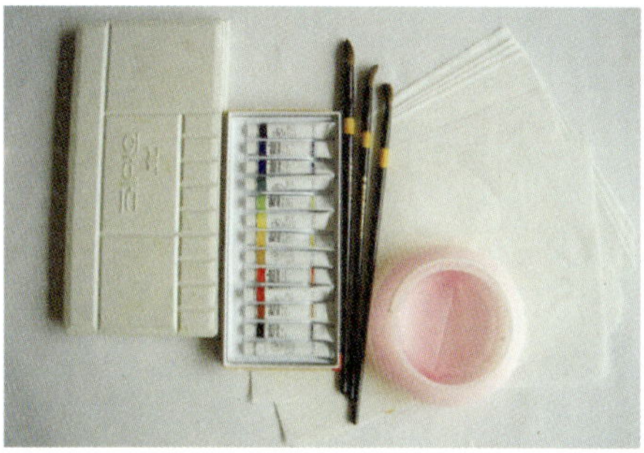

유의사항
- 화선지의 부드러운 면(물감이 조금 번진다)과 거칠한 면(물감이 많이 번진다)의 특성을 잘 살펴 표현한다.
- 화선지가 얇아 붓으로 힘주어 그리면 찢어질 수 있으므로 너무 세게 긋지 않도록 주의한다.
- 바닥에 신문지나 종이를 깔아준다.

활동의의
- 종이의 종류와 특징을 알 수 있다.
- 붓의 물 조절을 익히므로 붓 사용법을 알아 나간다.
- 교사는 유아에게 A4용지, 켄트지, 티슈 화장지, 신문지, 색도화지, 오당지, 육당,순지, 기름지 등 다양한 종이를 제시해주고 어떤 종이가 물에 가장 잘 번지는지 보여주고 각 종이의 특성을 가르쳐 준다.

활동방법

원하는 색의 물감을 짠다.

붓으로 물과 물감을 섞는다.

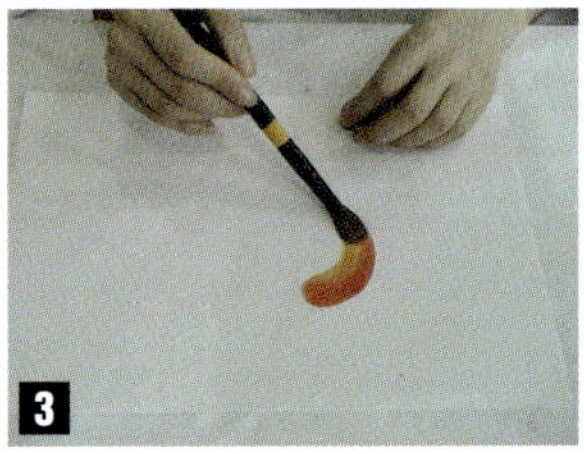

화선지에 그리고 싶은 것을 그려본다.

완성

참고자료

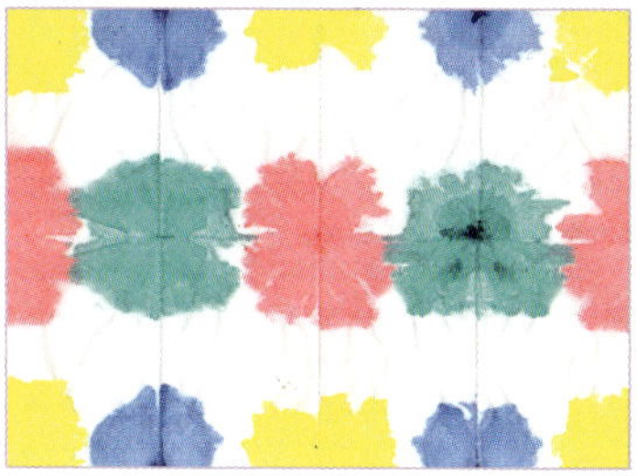

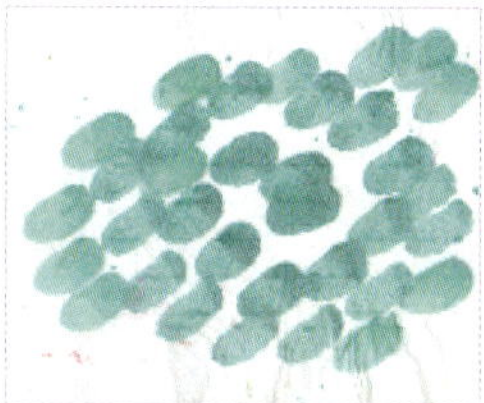

수채화 번지기

2) 발상 - 여자 아이

관련주제 사람

활동목표
- 번지기로 나타난 형상을 보고 다양한 발상을 할 수 있다.
- 다양한 발상을 통해 창의력과 상상력을 기를 수 있다.

활동자료
- 수채화 물감, 파레트, 붓, 화선지, 물통, 사인펜

유의사항
- 한 색에 한 가지 붓을 정하여 준비해 색이 섞여 지저분하게 되지 않도록 한다.

활동의의
- 교사는 유아가 화선지에 물감을 이용해 다양한 번지기를 해보고 번지는 형상을 통해 재미있는 발상을 표현해 보도록 권한다.
- 화선지에 물감이 번지면서 나타나는 색의 느낌을 이야기해 본다.

활동방법

원하는 색 물감을 짠다.

붓에 물을 묻힌 후 물감과 섞는다.

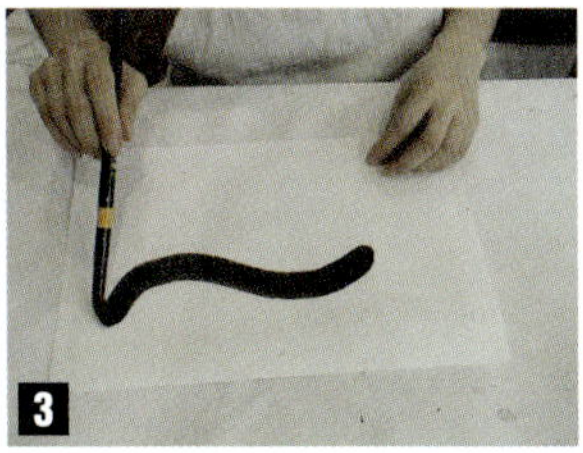

화선지에 자유롭게 선을 긋는다.

붓으로 그린 선을 보고 사람 머리카락을 연상하여 사인펜으로 사람 얼굴을 그린다.

완성

참고자료

수채화
데칼코마니

1)기법-우주선

관련주제 우주

활동목표
- 종이 위에 물감을 짜서 접은 후 생기는 재미있는 형태를 표현해 볼 수 있다.
- 데칼코마니의 기법을 알 수 있다.

활동자료
- 수채화 물감, A4용지

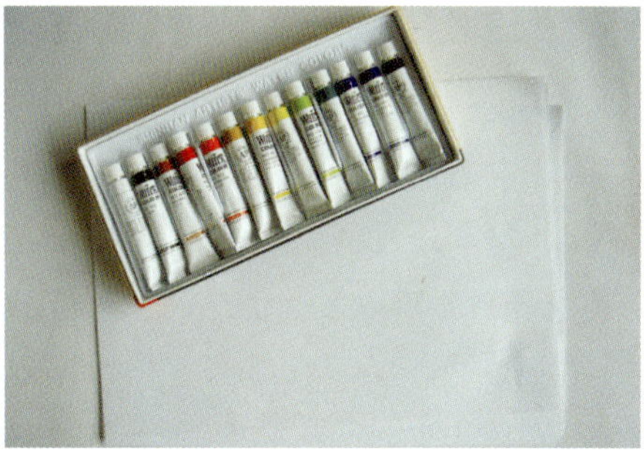

유의사항
- 물감을 짜 놓을 때 너무 많이 짜 놓으면 물감이 도화지 밖으로 셀 수 있으니 적당량을 사용한다.
- 종이를 접을 때 꼭 반으로 접지 말고 방향을 돌려 접는 등 다양하게 접는다.
- 물감을 짜지 않은 쪽에 물감이 잘 묻을 수 있도록 골고루 손으로 문질러 준다.

활동의의
- 대칭의 개념을 알 수 있다.
- 물감이 혼합되면서 생기는 색의 변화를 알 수 있다.

활동방법

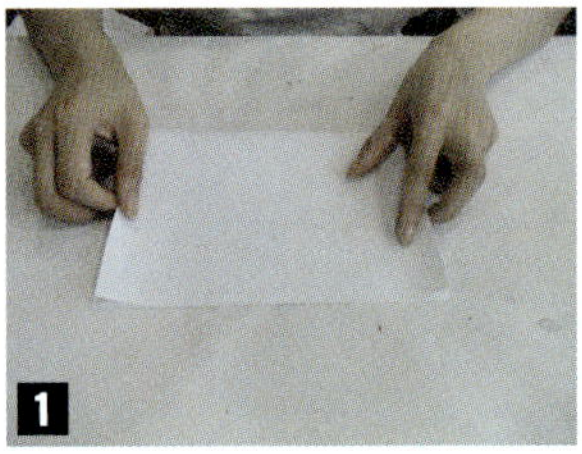

1
종이를 준비한다.

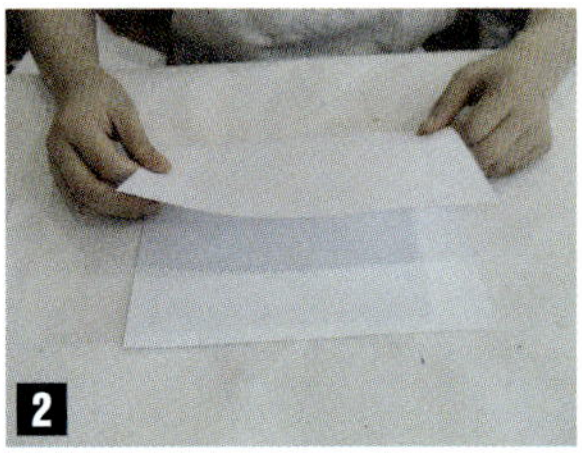

2
종이를 반으로 접는다.

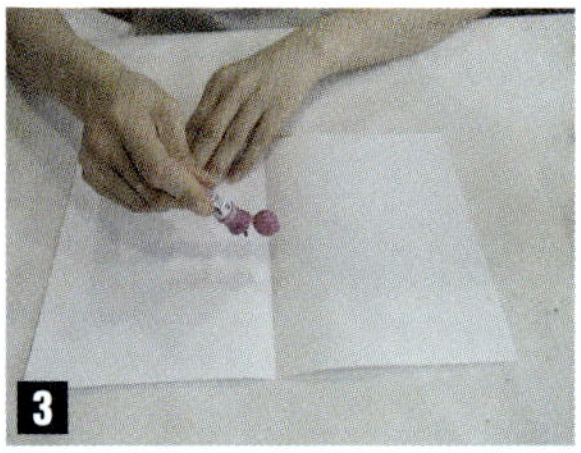

3
원하는 색 물감을 종이 위에 짠다.

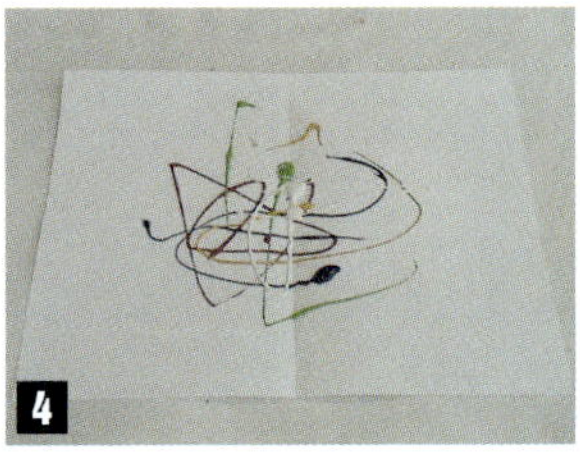

4
여러 가지색 물감을 종이 위에 마음대로 짜 놓는다.

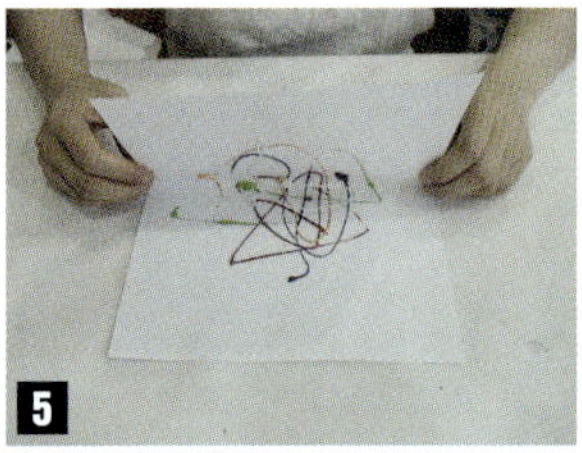

5
물감을 짜 놓은 상태에서 반으로 접는다.

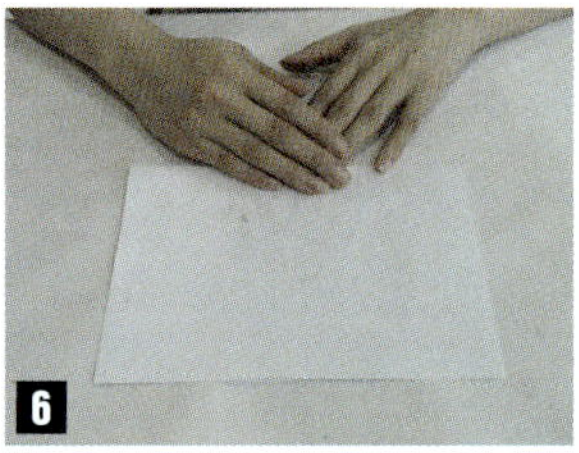

6
접은 후 손바닥으로 문지른다.

7
종이를 펼쳐 본다.

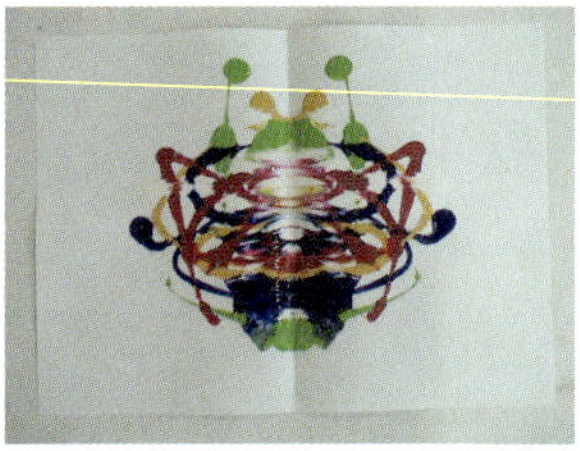

완성

참고자료

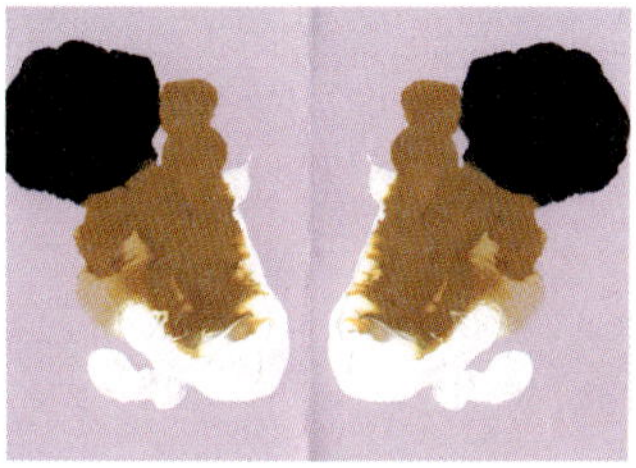
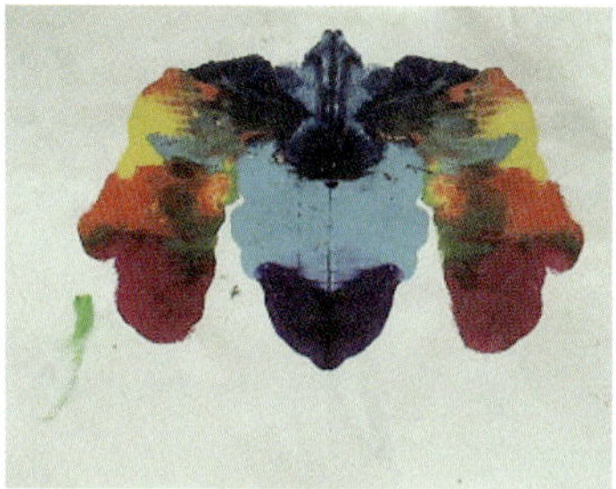

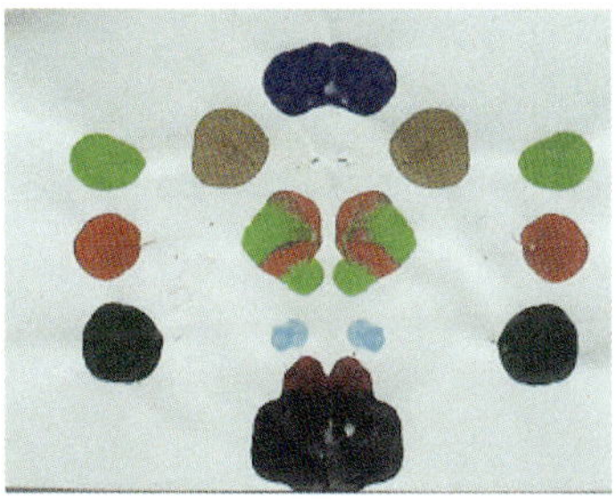
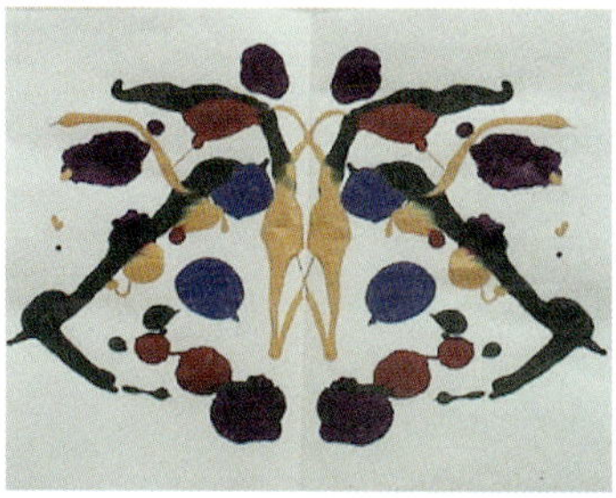

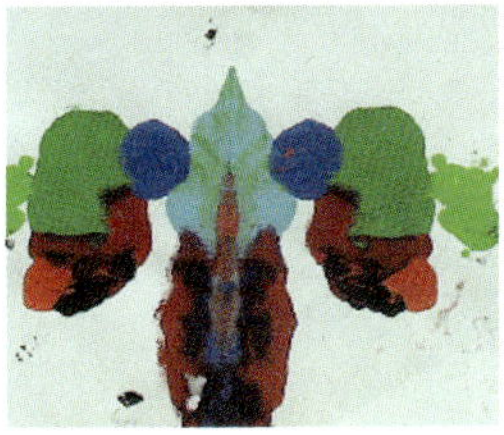
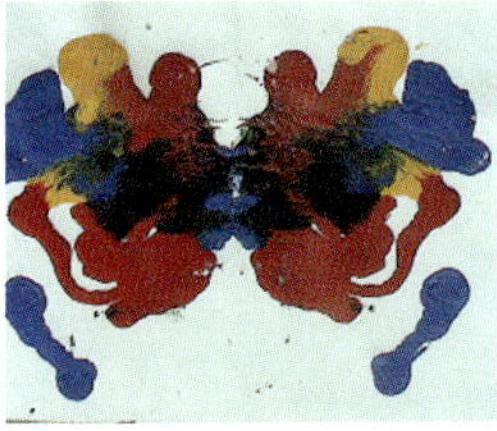

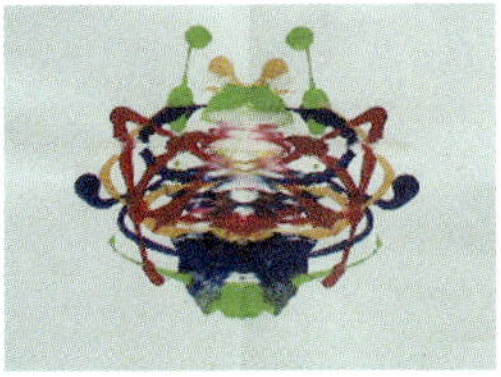
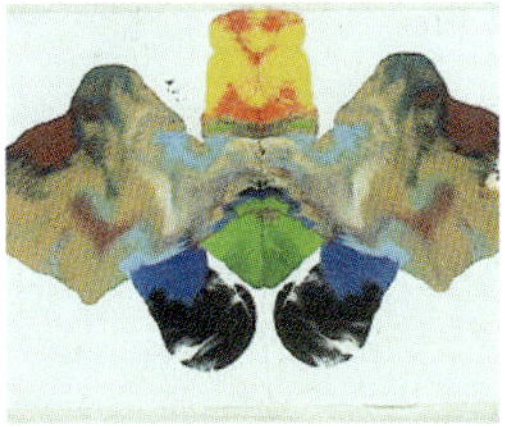

수채화
데칼코마니 콜라주

1) 발상-무희

관련주제 자유

활동목표
- 데칼코마니를 이용하여 재미있는 콜라주를 표현해 볼 수 있다.
- 데칼코마니에 나타난 다양한 형상을 보고 재미있는 발상을 할 수 있다.
- 자유로운 발상을 통해 상상력과 창의성을 기를 수 있다.

활동자료
- 수채화 물감, 도화지, 사인펜, 가위, 풀, 말린 데칼코마니

유의사항
- 가위를 사용할 때 다치지 않도록 주의한다.
- 데칼코마니가 완전히 마른 후에 콜라주를 한다.
- 자유로운 발상을 위해 의도성을 가지고 데칼코마니를 하지 않도록 한다.

활동의의
- 교사는 유아가 데칼코마니에 찍혀진 형태나 색을 통해 다양한 발상을 하도록 지도한다.
- 만들어진 데칼코마니는 주로 나비나 곤충이 연상되는데, 교사는 유아에게 만든 데칼코마니의 방향을 돌려 보게 하여 물감의 색과 질감으로 다양한 발상을 할 수 있도록 제시해 주어야 한다.

활동방법

다양한 데칼코마니를 만들어 완전히 말린다.

말린 데칼코마니 중 연상이 되는 것을 골라 가위로 자른다.

가위로 자른 것을 도화지에 붙인다.

도화지에 붙인 데칼코마니가 무용을 하는 두 사람으로 연상되어 사인펜으로 꾸민다.

완성 1

완성 02

참고자료

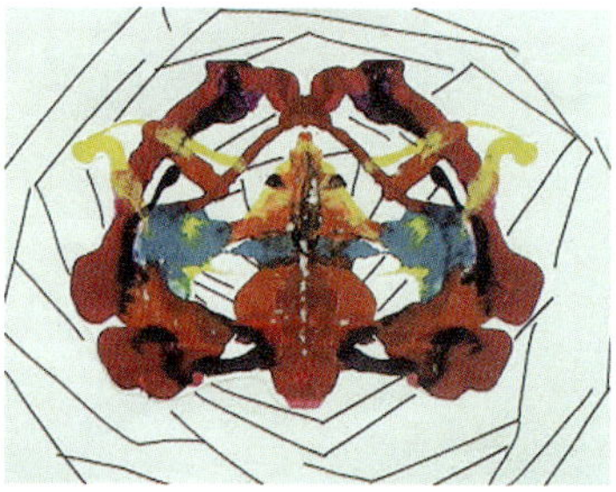

대축제

못생긴 아줌마

수채화
여러기법에 의한 콜라주 **숲 속**

관련주제 자연

활동목표
- 다양한 수채화 기법을 이용하여 종합적인 콜라주를 표현할 수 있다.
- 발상을 통해 창의성을 높일 수 있다.
- 형태, 재질, 색의 특성을 알 수 있으며 이와 연관하여 다양한 발상을 할 수 있다.

활동자료
- 도화지, 사인펜, 가위, 풀, 칫솔그림, 떨어뜨리기 그림, 번지기 그림, 스폰지 그림, 한선으로 그리기 그림, 데칼코마니 그림.

유의사항
- 교사는 지금까지 했던 다양한 기법들을 잘 모아두어 유아가 재미있는 콜라주를 할 수 있도록 해준다.

활동의의
- 각 수채화 기법으로 그린 칫솔 그림, 떨어뜨리기 그림, 번지기 그림, 스펀지 그림, 한선으로 그리기 그림, 데칼코마니 그림의 특성과 재질의 느낌을 종합하여 콜라주를 할 수 있도록 돕는다.

* 스펀지 찍기-돌 표면의 느낌, 멀리서 본 숲의 느낌, 군밤, 낙엽 등
* 칫솔 그림-분수대, 벼, 갈대 숲, 머리카락, 소나무 잎, 동물의 털 등
* 떨어뜨리기-빗물, 꽃, 물방울, 물고기, 멀리서 본 불빛, 우주 등
* 데칼코마니-물감의 섞임에 따라 다양한 발상 유도
* 한선으로 그리기-길, 머리카락, 뱀, 밧줄, 나무, 기찻길 등

활동방법

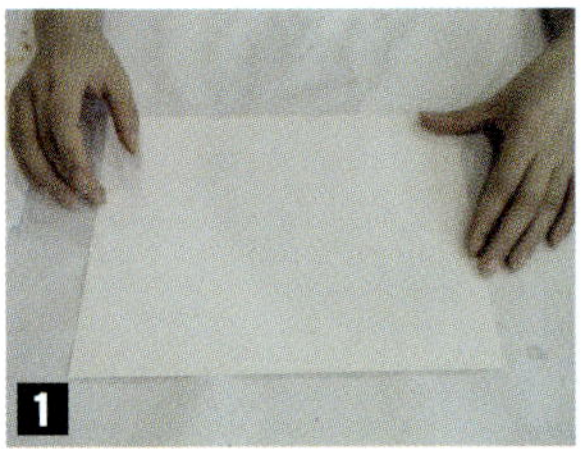

도화지를 준비한다.

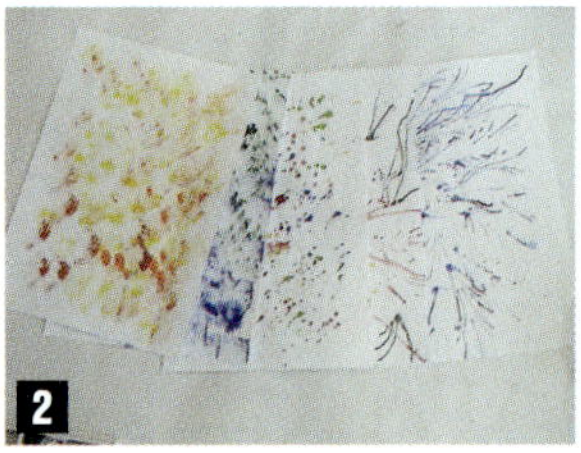

수채화 기법으로 만든 것을 준비한다.

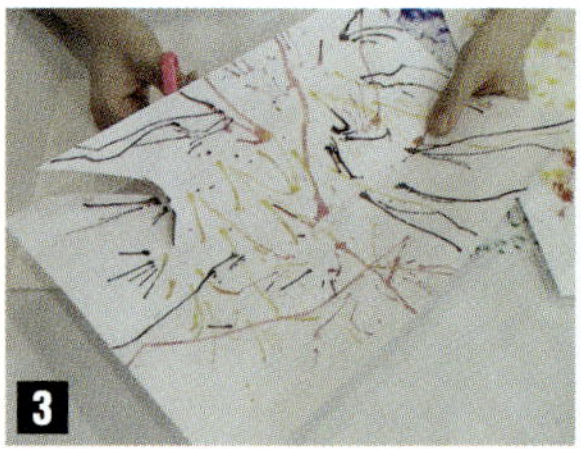

각 기법 중 발상이 되는 것을 오려 놓는다.

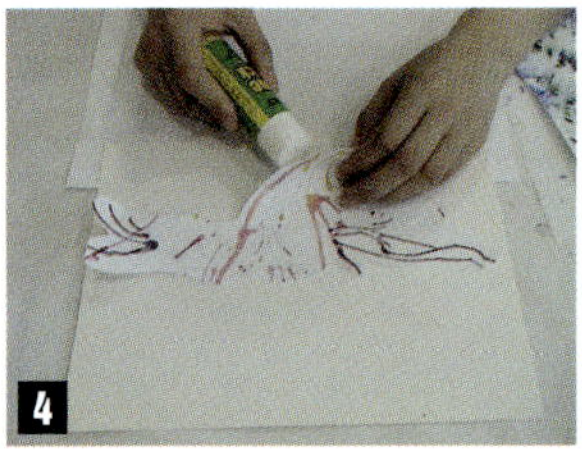

빨대 불기의 기법이 땅 속의 개미집과 길처럼 보여 자른 것을 도화지에 붙인다.

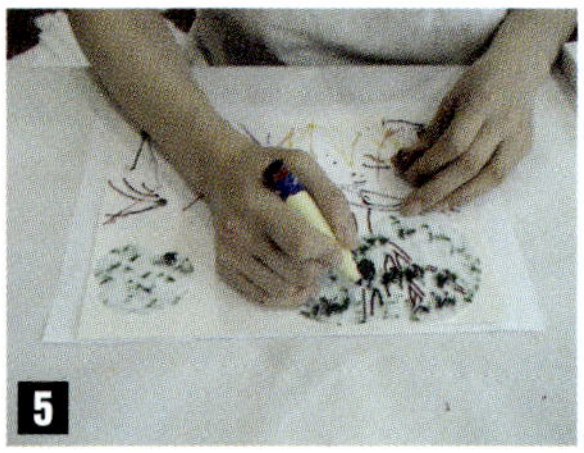

스폰지 찍기가 나무의 잎으로 발상되어 나무로 꾸미고 사인펜으로 나뭇가지와 개미를 그린다.

완성 1

완성 2

참고자료

Chapter 04 먹

먹 떨어뜨리기

1) 기법

관련주제 자연

활동목표
- 화선지에 먹을 떨어뜨리는 방법으로 재미있는 표현을 해본다.
- 먹물을 떨어뜨린 후, 그 위에 물을 다시 떨어뜨려 물에 의한 먹물의 퍼짐 현상을 관찰해 본다.
- 화선지와 먹물의 특성을 이해하며 우리나라 전통 그림 재료를 알 수 있다.

활동자료
- 먹물, 화선지, 접시, 동양화 붓, 수채화 붓, 종이컵

유의사항
- 화선지 위에 먹물을 떨어뜨릴 때, 먹물이 얼굴이나 옷에 튀지 않도록 주의한다.
- 동양화 붓을 사용할 때 새 붓이면 붓을 물에 담아두어 풀기를 완전히 뺀 후 사용한다.(풀기가 안 빠진 붓은 붓털이 단단하며 풀기가 완전히 빠지면 붓털이 부드럽게 된다.)

활동의의
- 교사는 유아에게 물에 의한 먹물 방울의 퍼짐 현상을 주의 깊게 관찰하도록 가르친다.

활동방법

먹물을 종이컵에 조금 따라 놓는다.

동양화 붓에 물을 묻힌 후 붓 끝에 먹물을 묻힌다.

붓 하나를 잡고 먹물을 묻힌 동양화 붓을 턴다.

붓에 물을 묻혀 화선지 위의 먹물에 떨어 뜨린다.

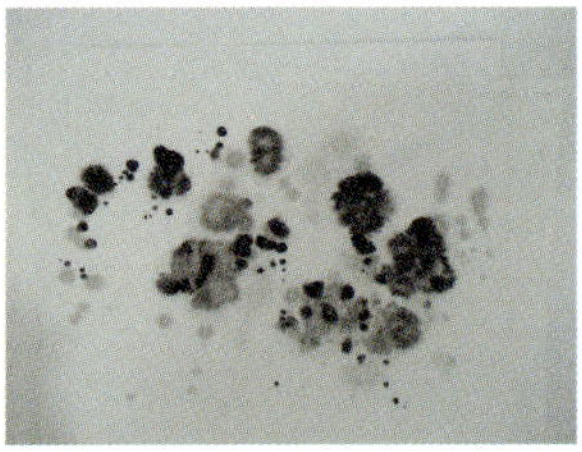

완성

참고자료

먹 떨어뜨리기

2) 발상-동물농장

관련주제 동물

활동목표
- 화선지와 먹물의 특성을 알아본다.
- 먹물의 특성을 이용하여 재미있는 표현을 할 수 있다.
- 먹물의 번짐을 보고 다양한 발상을 할 수 있다.

활동자료
- 먹물, 화선지, 접시, 동양화 붓, 수채화 붓, 사인펜

유의사항
- 교사는 유아에게 먹물이 번지는 것을 보고 다양한 발상을 하도록 도와준다.

활동의의
- 교사는 유아에게 먹물의 번지는 현상을 보고 우리 주변의 사물이나 환경과 비슷한 것이 있나 생각해 볼 수 있도록 돕는다(먹구름, 매연, 빗물, 꽃밭, 바닷속 등).

활동방법

먹물을 종이컵에 따른다.

동양화 붓에 물을 묻힌 후

먹물을 묻힌 동양화 붓을 수채화 붓에 대고 턴다.

번진 먹물을 보고 연상되는 것을 사인펜을 이용하여 그려 넣는다(강아지, 거북이, 꽃 등).

완성

참고자료

먹 찍기

1) 기법

관련주제 자유

활동목표
- 종이와 화장지를 구겨 화선지에 여러 가지 느낌으로 찍어 본다.
- 화선지에 찍힌 종이와 화장지의 표현을 보고 느낌을 구별할 수 있다.
- 종이의 다양한 특성을 알 수 있다.
- 원근법을 알 수 있다.

활동자료
- 먹물, 화선지, 접시, 화장지, 신문지, 종이컵

유의사항
- 먹물을 엎지르지 않도록 주의한다.
- 티슈나 종이에 먹물을 너무 많이 묻히면 종이의 질감을 구별하기 어려우므로 먹물을 적당히 묻힌다.

활동의의
- 다양한 종이류나 헝겊, 솜 등을 활용해 찍어봄으로 재료의 특성을 알 수 있다.
- 종이나 화장지에 먹물을 묻혀 화선지에 찍을 때 처음에는 진하나 점점 흐려지는 것을 알 수 있다. 이를 통해 교사는 유아에게 자연스럽게 원근법과 연관하여 설명할 수 있다(가까이 있는 사물이나 환경은 진하고 잘 보이지만, 멀리 있는 사물이나 환경은 흐리고 잘 안 보인다).
- 다양한 종이나 화장지를 구겨서 찍을 때 종이의 종류나 접기 방법에 따라 다양한 현상을 볼 수 있다.

활동방법

먹물을 종이컵에 따른다.

화장지를 구긴다.

구긴 화장지에 먹물을 묻힌다.

먹물이 묻은 화장지를 화선지에 찍는다.

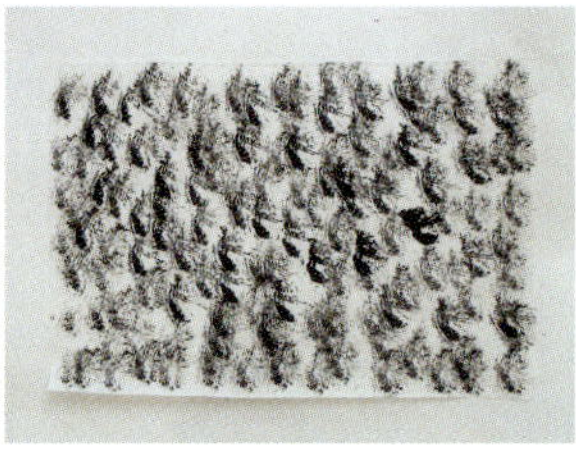

완성

참고자료

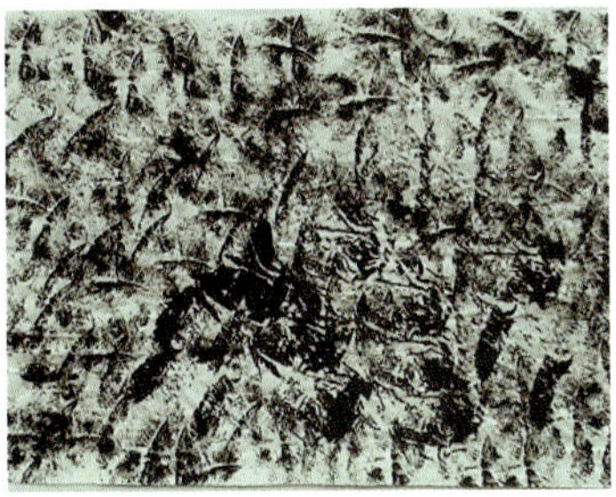

먹 찍기

2) 발상-견우와 직녀

관련주제 동화

활동목표
- 자유로운 발상을 통해 창의력을 기를 수 있다.
- 화선지에 찍힌 종이의 느낌을 보고 자유롭게 발상하여 표현할 수 있다.

활동자료
- 먹물, 화선지, 접시, 화장지, 신문지, 연필, 사인펜, 종이컵

유의사항
- 화장지에 먹물을 한 번 묻히고 여러 번 찍게 한다.
(화장지에 먹물을 계속 묻혀 찍으면 먹물의 검은색만 나타나 재미있는 표현을 할 수 없다)

활동의의
- 교사는 유아에게 다양한 종이류나 헝겊, 솜 등을 제공하여 찍어 보게함으로 재료의 특성과 다양한 표현 기법을 알 수 있게 해준다.
- 교사는 유아가 먹물을 이용해 종이를 찍은 후 나타나는 현상을 보고 다양한 발상을 하도록 돕는다(먼 산과 가까운 산, 개미, 낙엽, 길, 돌멩이, 나뭇잎, 가까운 풍경 등).
- 교사는 유아에게 먹물은 검은색이지만 여러 가지 색으로 표현될 수 있다는 느낌을 가질 수 있도록 지도한다.

활동방법

먹물을 종이컵에 따라 놓는다.

화장지를 구긴다.

화장지를 먹물에 적신다.

먹물을 묻힌 화장지를 화선지에 찍는다.

화선지에 찍힌 먹물 현상을 보고 떠오르는 주제를 연필로 그려서 구상해 본다.(견우와 직녀, 오작교)

연필로 그린 주제는 사인펜으로 그려본다.

그린 주제를 물감으로 칠한다.

완성

참고자료

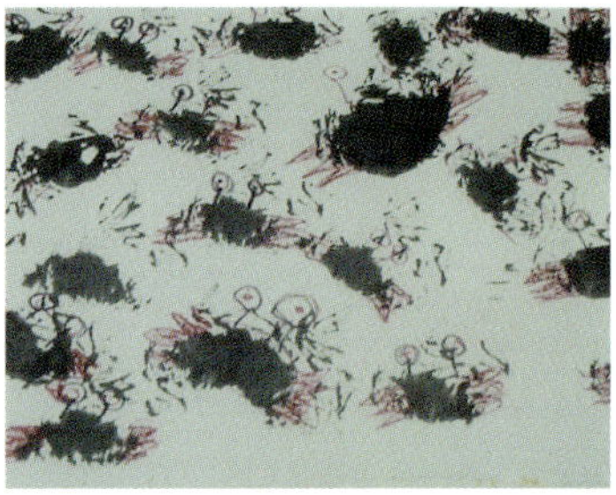
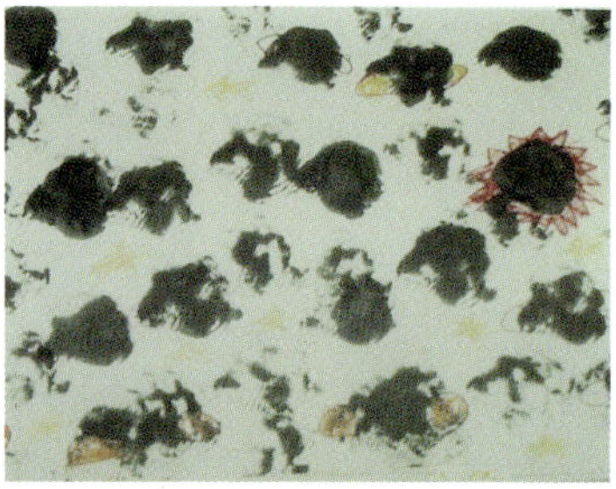
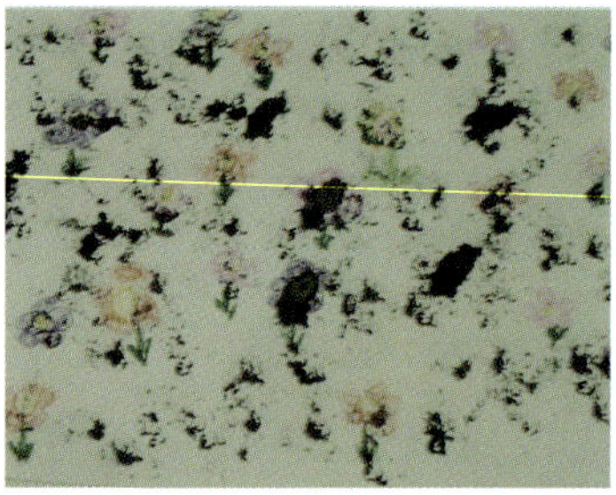

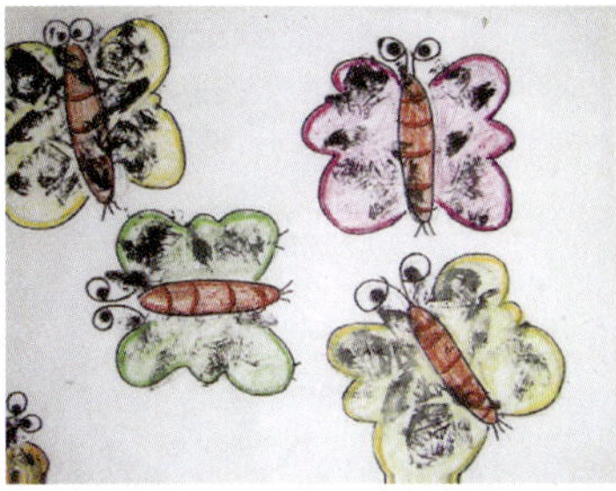

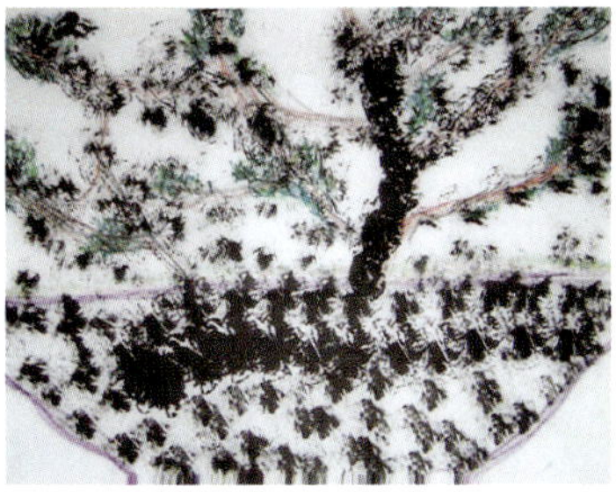

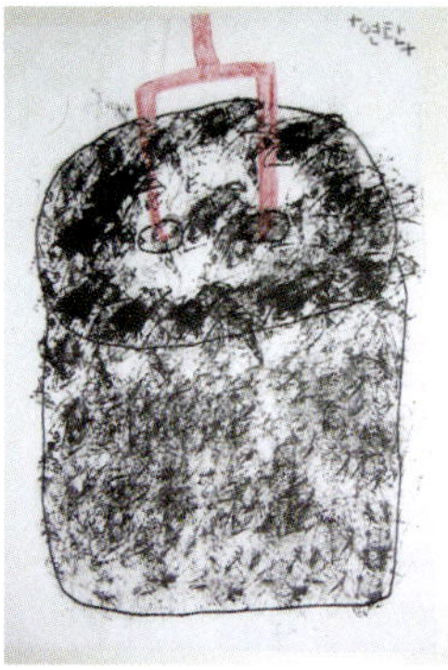

먹
칫솔로 그리기

1) 기법

관련주제 자유

활동목표
- 먹물과 칫솔을 이용하여 재미있는 표현을 할 수 있다.
- 붓으로는 표현할 수 없는 거친 선을 칫솔을 이용하여 표현해 볼 수 있다.
- 손의 근육을 발달시킬 수 있다.

활동자료
- 먹물, 화선지, 접시, 칫솔

유의사항
- 칫솔에 먹물이 너무 많이 묻으면 칫솔의 거친 느낌을 잘 표현할 수 없으므로 주의한다.
- 화선지가 얇아 칫솔을 너무 세게 그으면 종이가 찢어질 위험이 있으므로 주의하도록 한다.
- 접시의 먹물을 쏟지 않도록 조심한다.
- 먹물이 얼굴이나 옷에 튀지 않도록 주의한다.
- 교사는 유아가 장난을 치거나 다른 유아에게 묻히지 않도록 주의를 준다.

활동의의
- 유아가 칫솔대신 사용할 수 있는 다양한 도구를 제시해 주어 표현을 격려한다. (구두 솔, 우유병 솔, 청소 솔, 쑤세미 등)

활동방법

먹물을 컵에 조금 따라 놓는다.

칫솔에 먹물을 묻힌다.

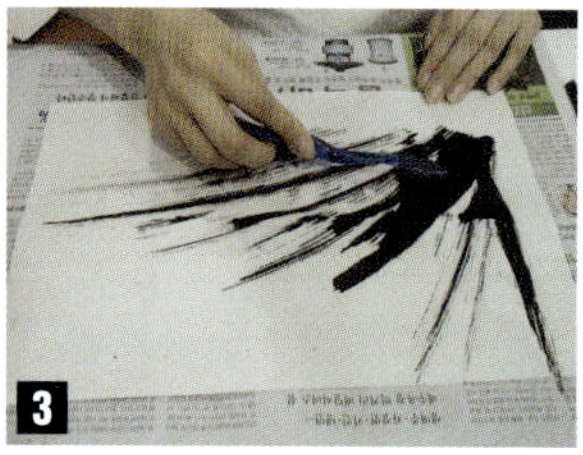

화선지에 칫솔로 속도를 내며 그어 본다.

완성

참고자료

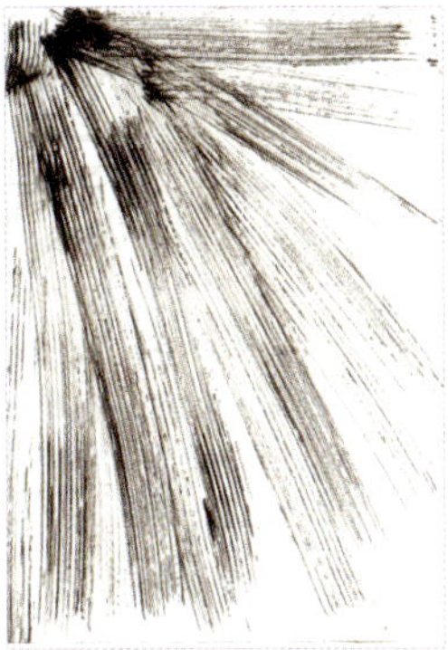

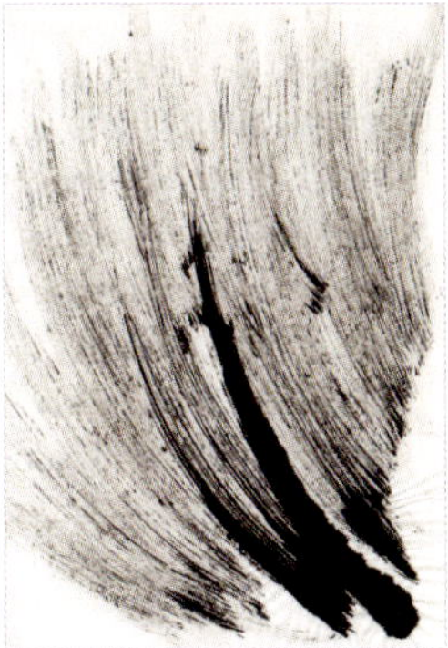

먹
칫솔로 그리기

2) 발상-소나무

관련주제 자연

활동목표
- 다양한 발상을 통해 창의력을 기를 수 있다.
- 화선지에 표현된 칫솔의 선을 보고 거친 느낌을 이해할 수 있다.
- 칫솔의 거친 느낌을 보고, 자유롭게 발상할 수 있다.

활동자료
- 먹물, 화선지, 접시, 칫솔, 크레파스

유의사항

- 교사는 유아가 먹물이 묻은 칫솔을 가지고 다른 유아에게 장난치지 않도록 주의를 준다.

활동의의

- 교사는 유아가 칫솔의 선을 보고 주변의 사물이나 환경 등 다양한 발상을 할 수 있도록 돕는다(나무 기둥, 분수대, 고슴도치, 갈대, 빗, 빗자루, 머리카락 등).

활동방법

먹물을 종이컵에 조금 따라 놓는다

칫솔에 먹물을 묻힌다.

화선지에 나무줄기를 그린 뒤 칫솔로 솔잎을 그린다.

크레파스로 솔잎 부분을 색칠한다.

완성

참고자료

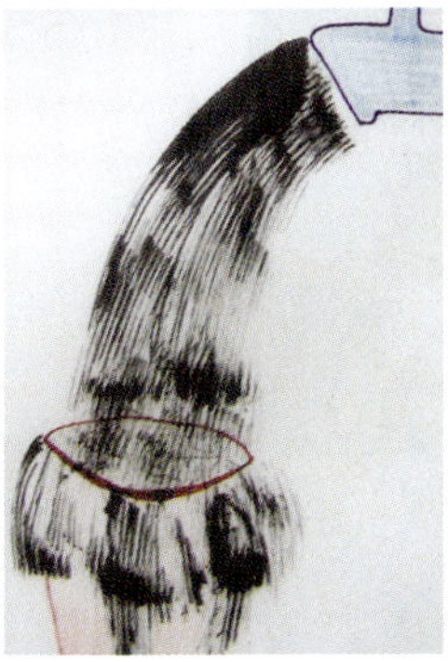

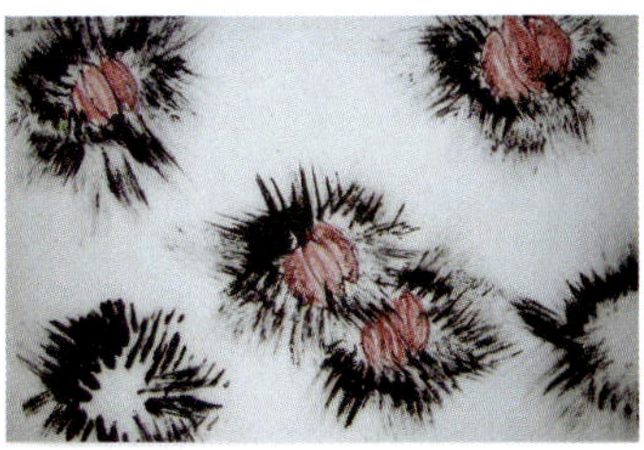

먹
한 붓으로 그리기

1) 기법

관련주제 자유

활동목표
- 먹물을 이용하여 한붓으로 자유롭게 표현해 본다.
- 한붓으로 그림을 그리면서 먹물 농담의 변화를 알 수 있다.
- 동양화 붓의 물기를 조절하면서 소근육을 기를 수 있다.
- 우리나라 전통 재료를 이해하고 표현할 수 있다.

활동자료
- 먹물, 화선지, 접시, 동양화 붓

유의사항

- 동양화 붓에 물을 충분히 묻힌 후 붓털에 물이 한 두 방울 떨어질 정도로 물기를 조절한다. 물기가 적당히 있는 붓 끝에 먹물을 묻힌 후 붓 끝을 접시에 섞으면 먹물의 농담 (농묵, 중묵, 담묵)이 잘 표현된다.

활동의의

- 먹물의 농담(농묵, 중묵, 담묵)을 알아보면서 먹물색이 여러 가지 검은 색으로 표현될 수 있다는 것을 알고자 한 붓으로 그려본다.
- 교사는 유아에게 동양화 붓은 스포이트와 같이 붓털이 물감을 잡아당기고 다시 물을 떨어뜨리는 역할을 한다는 것을 알려준다. 그러므로 붓털 끝에 먹물을 묻히고 그리면 나중에는 붓털에 묻은 먹물이 없어지고 물과 섞여 흐린 회색이 나타난다는 것을 설명해 준다.

활동방법

접시에 붓을 이용해 먹물을 조금 덜어 놓는다.

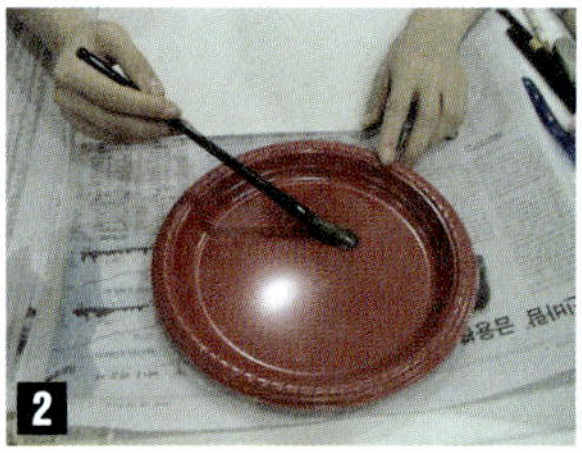

붓에 물을 묻히고 붓끝에 먹물을 묻혀 접시에 섞는다.

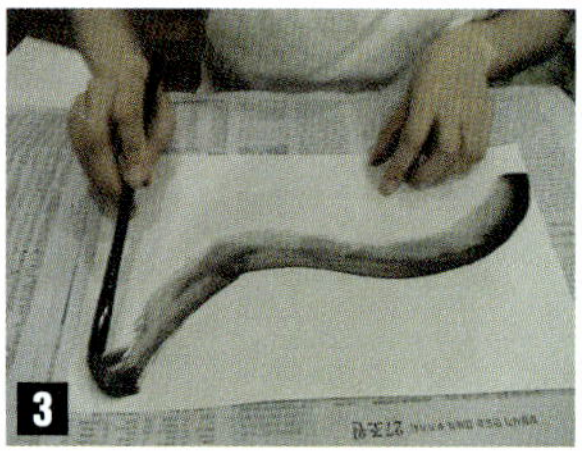

화선지 위에 붓으로 선을 긋는다.

완성

참고자료

먹 한 붓으로 그리기 2) 발상-우리마을

관련주제 자연

활동목표
- 먹물의 농담으로 나타난 다양한 검은색을 보고 발상되는 것을 그려 볼 수 있다.
- 여러 가지 발상을 통해 창의력을 기를 수 있다.
- 동양화 붓의 사용으로 소근육을 기를 수 있다.

활동자료
- 먹물, 화선지, 접시, 붓, 수채화 물감, 스폰지

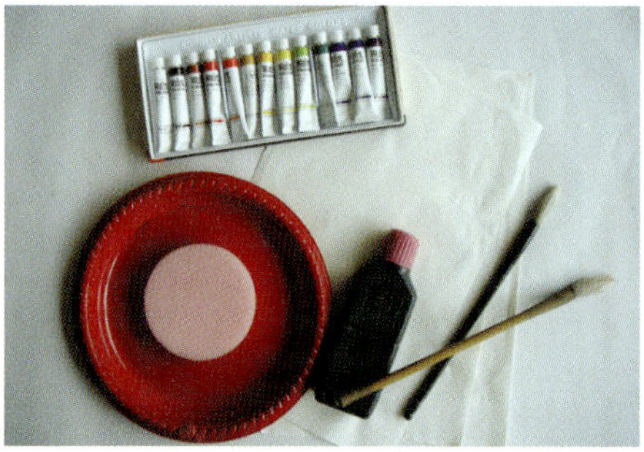

유의사항

- 교사는 유아가 먹물을 묻힌 붓을 가지고 장난치지 않도록 주의를 준다.

활동의의

- 교사는 유아에게 한 붓으로 그렸을 때 나타난 먹물의 농담을 보고 우리 주변의 환경이나 사물과 연관되는 것이 있는지 생각해 보도록 제시해 준다(뱀, 먼 길, 나뭇가지, 바다, 머리카락, 대나무 등).
- 동양화 붓과 먹물을 이용하여 자신의 이름이나 글씨를 써본다.

활동방법

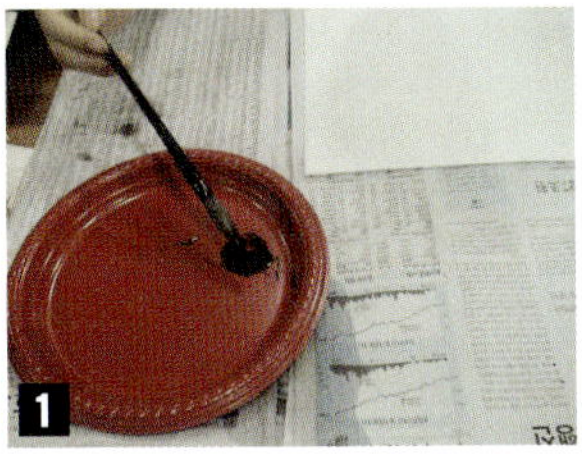

접시에 붓을 이용해 먹물을 조금 덜어 놓는다.

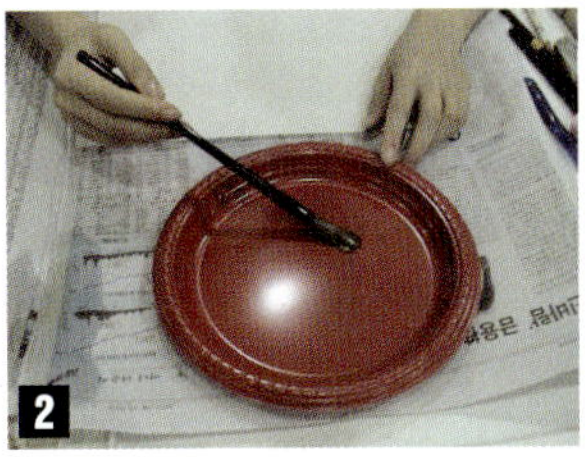

붓에 물기를 조절한 후 붓 끝에 먹물을 묻힌다.

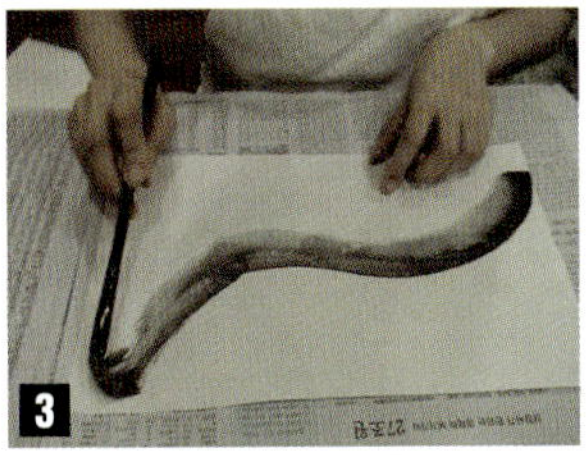

화선지 위에 붓으로 자유롭게 선을 긋는다.

3번에 그어진 선을 보고 길로 연상되어 스폰지에 물감을 묻혀서 가로수 길을 표현해 본다.

수채화 물감으로 풍경을 그려서 완성한다.

완성

참고자료

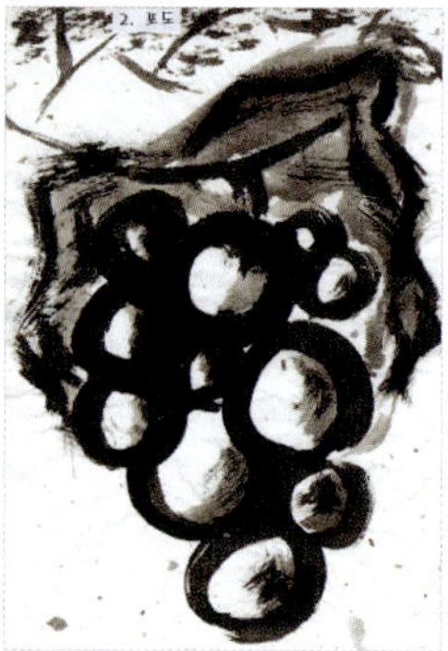

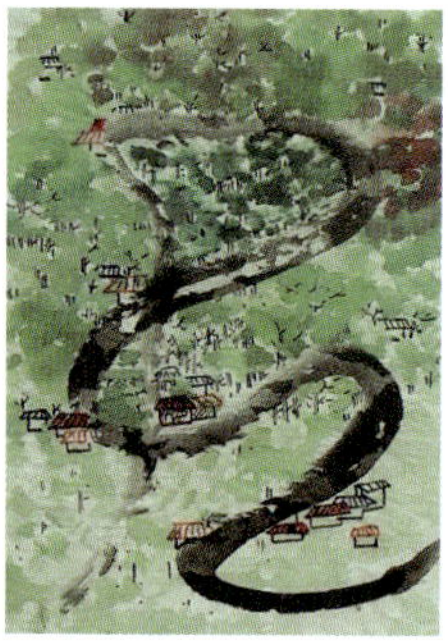

먹
우유그림

1) 기법

관련주제 자유

활동목표
- 먹물을 가지고 다양한 기법을 활용해 본다.
- 우유와 먹물의 반대되는 성질에 관하여 이해하고 표현해 본다.

활동자료
- 먹, 화선지, 우유, 접시, 붓

유의사항
- 교사는 유아들에게 우유를 뿌릴 때에 옆이나 옷에 튀지 않도록 주의시키며 작업복을 입히게 한다.
- 화선지 밑에 신문지를 깔도록 한다.
- 접시에 부은 우유나 먹물을 엎지르지 않도록 주의한다.
- 우유를 뿌린 화선지는 충분히 마르도록 한다. 마르지 않은 채 먹물을 칠하면 우유에 의한 코팅 효과를 볼 수 없다.

활동의의
- 교사는 유아에게 우유의 여러 가지 성분 중 기름진 성분이 있어 종이에 묻혀 말리면 물이 통과되지 못한다는 것을 가르쳐 준다.

활동방법

우유를 종이컵에 따른다.

우유를 붓에 충분히 묻힌다.

화선지에 우유를 묻힌 붓을 털어 골고루 뿌린다.

우유를 완전히 말린다.

먹물을 묻힌 붓으로 우유를 말린 화선지에 칠한다.

완성

참고자료

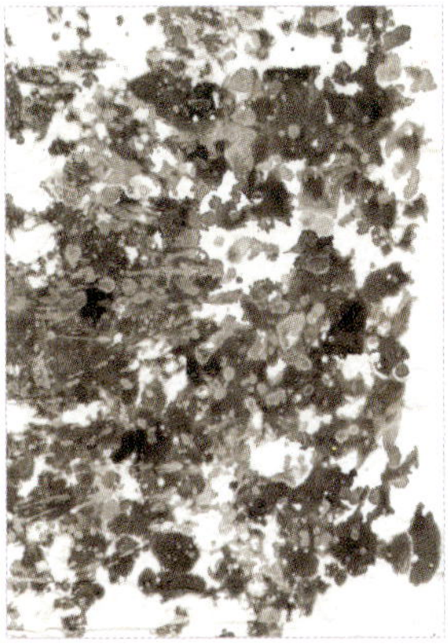

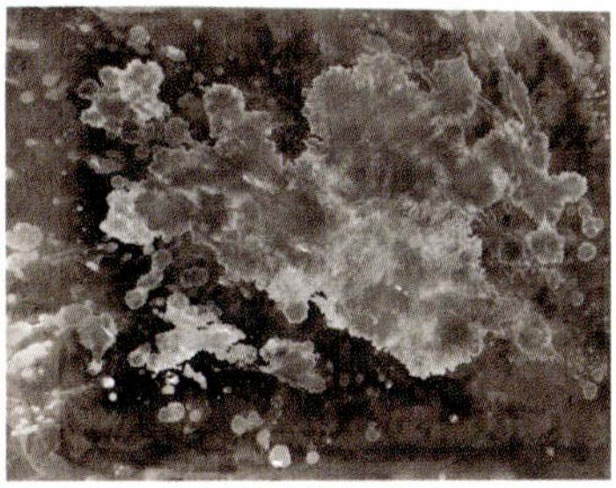

먹
우유그림

2) 발상-사랑

관련주제 자유

활동목표
- 우유그림을 이용하여 요술그림을 그릴 수 있다.
- 우유와 먹의 반대되는 성질에 관하여 알 수 있다.

활동자료
- 먹, 화선지, 우유, 접시, 붓

유의사항
- 우유로 그린 후에는 완전히 마른 후에 먹물로 그려야 나중에 우유의 비린내가 안난다.

활동의의
- 먹물대신 물감을 사용해도 된다.
- 우유대신 레몬즙이나 막대형 버터를 이용할 수도 있다.
- 자신의 이름이나 편지를 우유로 쓴 후 나중에 먹물이나 물감으로 색칠해서 보여주는 요술그림으로 응용한다.

활동방법

1
우유를 종이컵에 따른다.

2
우유를 붓에 충분히 묻힌다.

3
화선지에 하트모양을 그린다.

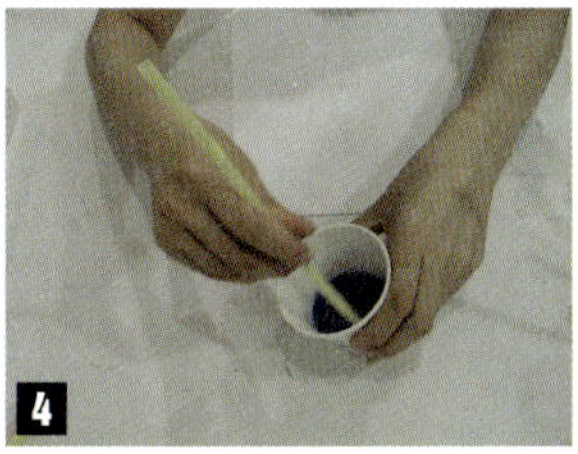
4
하트모양을 그린 화선지를 완전히 말린다.

5
5붓에 먹물을 묻힌다.

6
먹물을 묻힌 붓을 화선지에 칠한다.

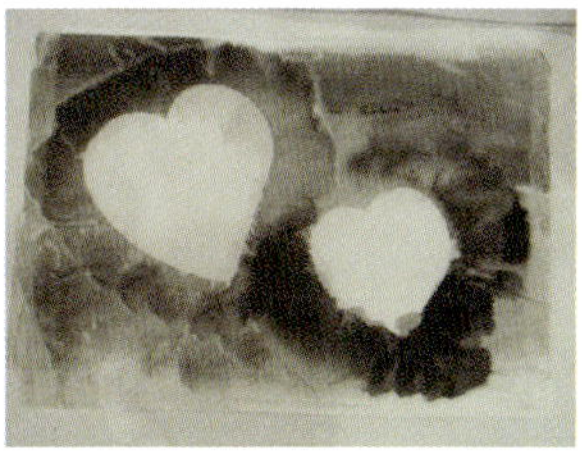
완성

참고자료

Chapter 05 거품그림

거품그림

1) 기법

관련주제 자유

활동목표
- 비누방울의 특성을 이용하여 다양한 표현을 해본다.

활동자료
- 화선지, 물감, 주방용 세제, 빨대, 종이컵

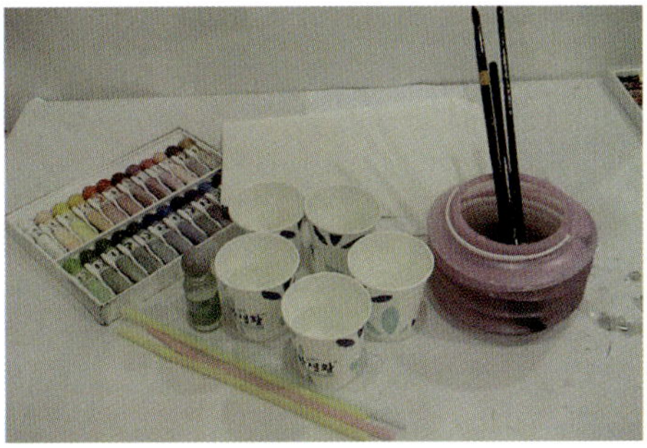

유의사항
- 거품을 불 때 들여 마시지 않도록 주의시킨다.
- 빨대는 두꺼운 것으로 준비한다.
- 유아가 빨대를 이용해 옷이나 얼굴에 물감을 묻히거나 장난치지 않도록 주의시키며 작업복을 입힌다.
- 거품을 낼 때 빨대를 종이컵의 바닥에 너무 많이 밀착시켜 불면 거품이 잘 나지 않으므로 빨대의 기울기를 적당하게 조절하며 종이컵을 밖으로 기울이고 빨대를 분다.
- 물과 주방용 세제, 물감의 비율을 잘 조절해야 색깔이 있는 거품을 만들 수 있다. (주방용 세제(1.5) : 물감(1)의 비율로 종이컵에 넣고 물(1)을 천천히 부으면서 섞는다.)
- 종이컵에 색깔별로 개인용 빨대를 마련해 준다.
- 거품을 찍을 때 화선지나 A4용지로 살짝 대어 찍는다.

활동의의
- 다양한 재료로 재미있는 표현을 해볼 수 있다.

활동방법

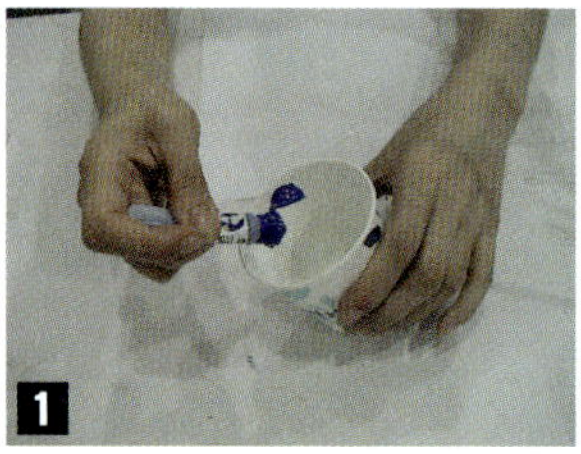

종이컵에 물감을 짠다.

주방용세제를 물감의 1.5배 정도로 넣는다.

종이컵에 물(1)을 물감과 동량으로 천천히 부어 섞는다.

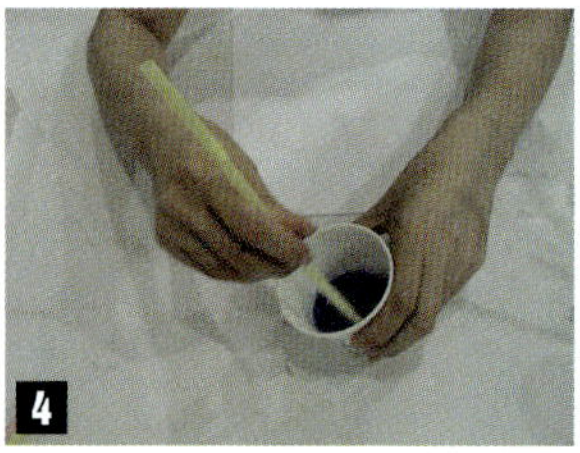

물, 주방용 세제, 물감을 빨대로 저어준다.

빨대로 불어가며 거품을 만들어 본다.

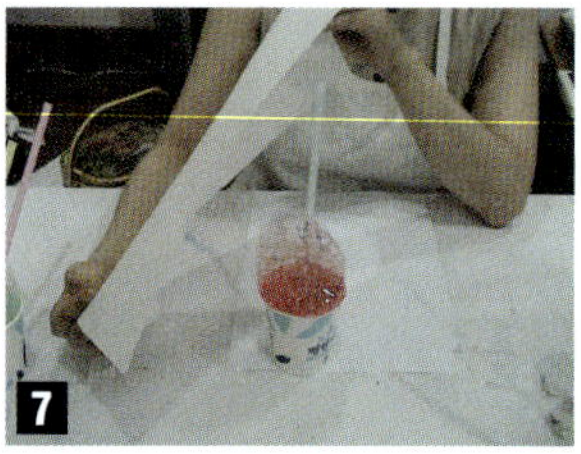

종이컵 위로 생긴 거품을 화선지로 살짝 찍는다.

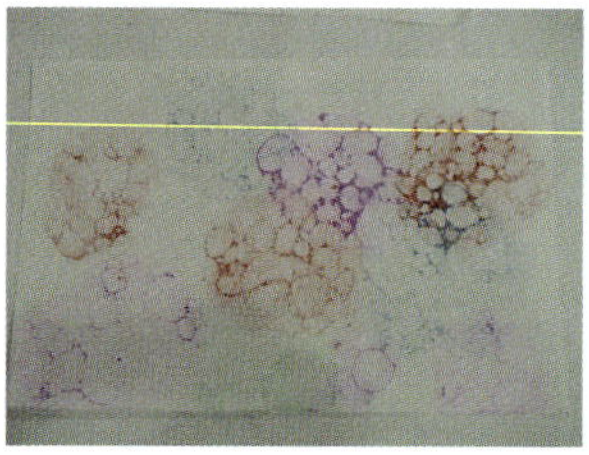

완성

참고자료

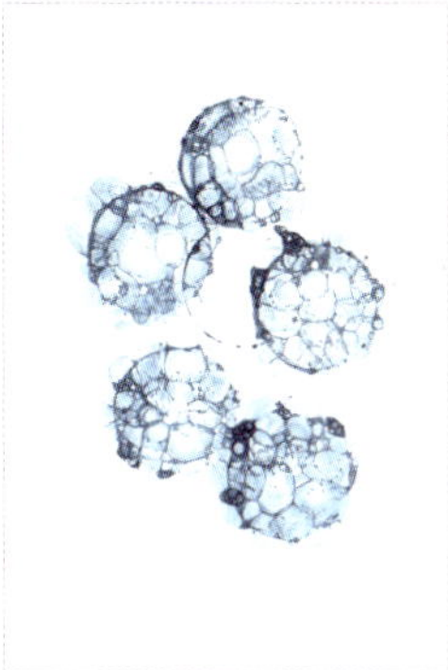

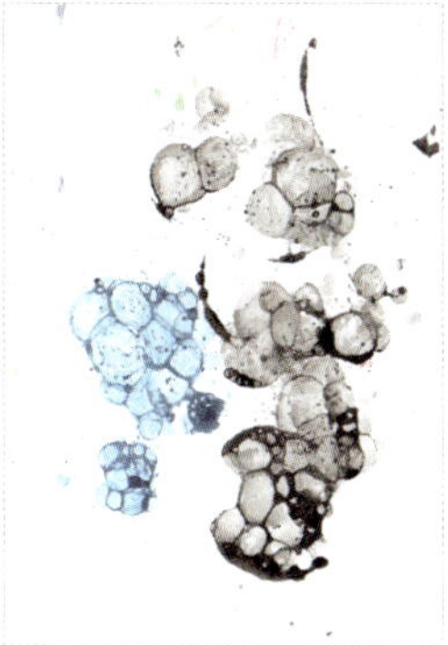

거품그림

2) 발상-꽃

관련주제 자연

활동목표
- 주방용 세제를 이용하여 비눗방울을 만들어 보고, 이를 활용하여 화선지에 재미있게 표현하여 본다.
- 화선지에 찍힌 비눗방울을 보고 다양한 발상을 할 수 있다.
- 다양한 발상을 통해 창의력과 상상력을 기를 수 있다.

활동자료
- 화선지, 물감, 세제, 빨대, 종이컵, 크레파스, 유성펜

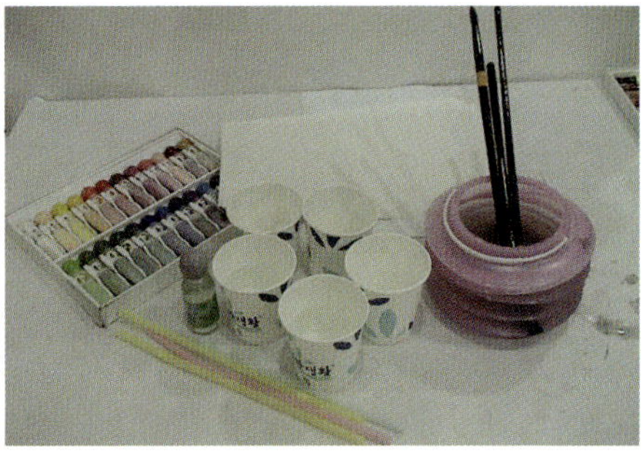

유의사항

- 교사는 색깔거품을 다양한 색으로 제시하여 각 색마다 빨대를 달리 쓰도록 주의준다.

활동의의

- 교사는 유아가 비눗방울로 생긴 현상을 보고 다양한 발상을 할 수 있도록 자극 시킨다(바닷속, 거품목욕, 머리, 매연, 포도송이, 구름, 나뭇잎, 양이나 동물, 꽃, 풍선 등).

활동방법

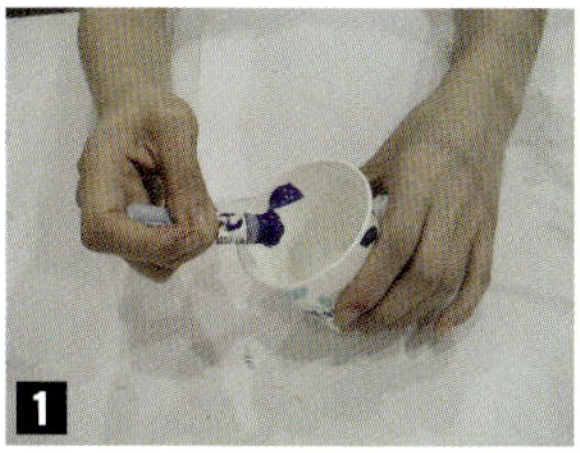

종이컵에 원하는 색의 물감을 짠다.

주방용 세제를 물감의 1.5배 정도 넣는다.

물감(1), 주방용세제(1.5)가 들어있는 종이컵에 물(1)을 천천히 붓는다.

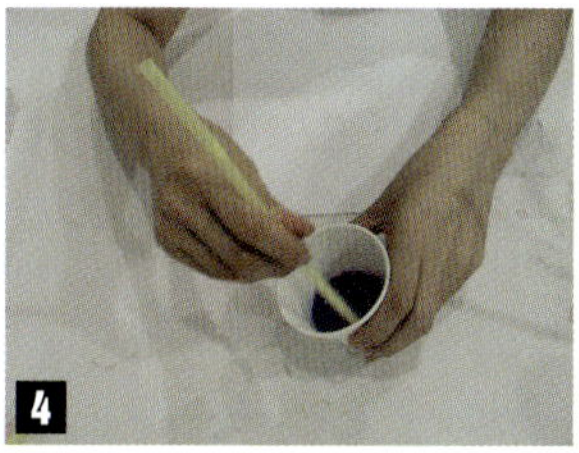

빨대로 물과 주방용 세제, 물감을 섞는다.

빨대로 후후 불어가며 거품을 만들어 본다.

거품이 풍성하게 종이컵 위로 차오르게 한다.

화선지로 살짝 대어 찍는다.

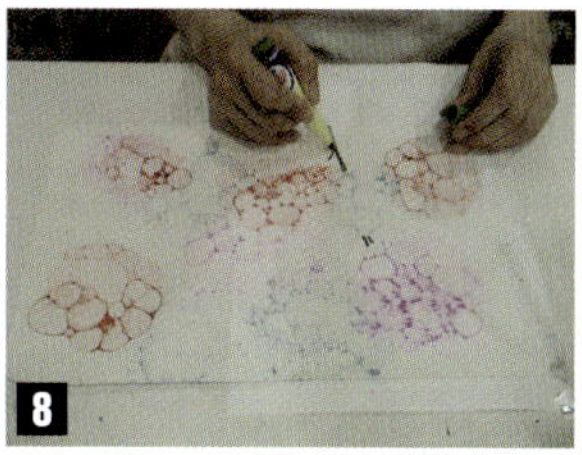

화선지에 찍힌 거품그림이 '수국'꽃으로 연상되어 유성펜으로 줄기와 잎사귀를 그려준다.

크레파스로 꽃잎을 그린다.

완성

참고자료

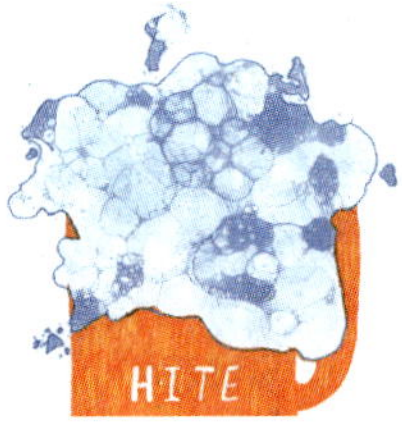

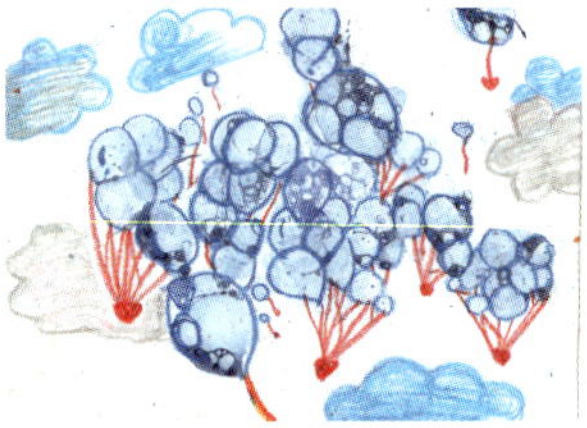
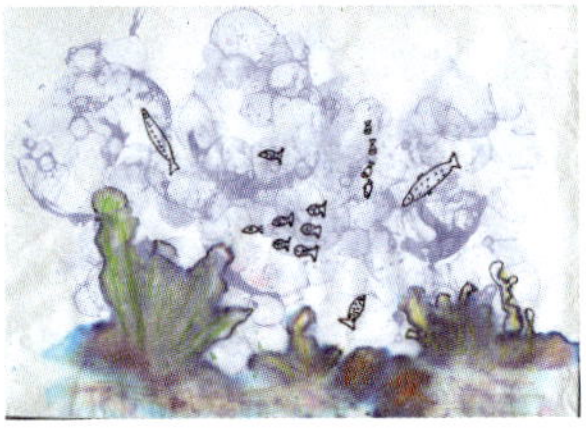

Chapter 06 실그림

1) 기법

실그림

관련주제 자유

활동목표
- 실을 이용하여 재미있는 표현을 할 수 있다.
- 속도로 생기는 선의 형태를 볼 수 있다.

활동자료
- 화선지나 A4용지, 수채화 물감, 붓, 실, 물통, 접시, 가위

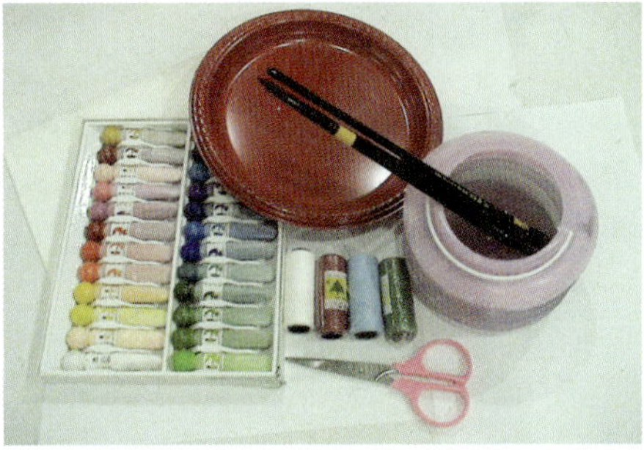

유의사항
- 종이 밖으로 실을 빼어낼 때 너무 세게 빼어내면 종이가 찢어질 수 있으므로 주의하도록 한다(단, 털실은 잘 안 찍힌다).
- 다양한 굵기의 실을 활용해 본다.
- 실에 물감이 충분히 묻어야 종이에 선명하게 나온다.
- 실을 종이에 놓을 때 이리 저리 방향을 돌려놓아야 재미있는 표현이 나온다.
- 실을 종이에 놓을 때 실이 뭉치지 않도록 정리해서 놓는다.
- 실에 물기가 너무 많으면 실그림이 번져 잘 표현되지 않는다.
- 교사는 실의 길이를 유아가 다룰 수 있도록 적당히 잘라준다.

활동의의
- 실에 의해 생긴 선이 붓으로 그린 선이나 칫솔로 그린 선과 다르다는 것을 알게 한다.

활동방법

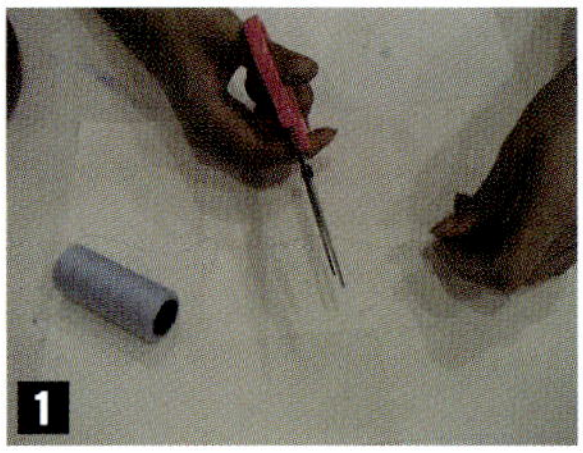

실을 가위로 자른다.

접시에 원하는 색의 물감을 짠다.

실을 물감에 골고루 묻힌다.

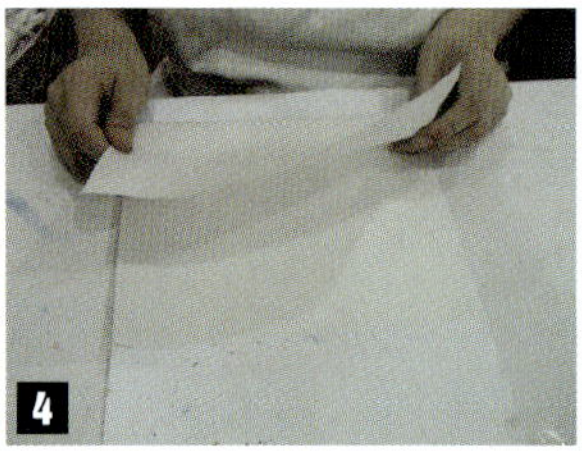

화선지를 반으로 접는다.

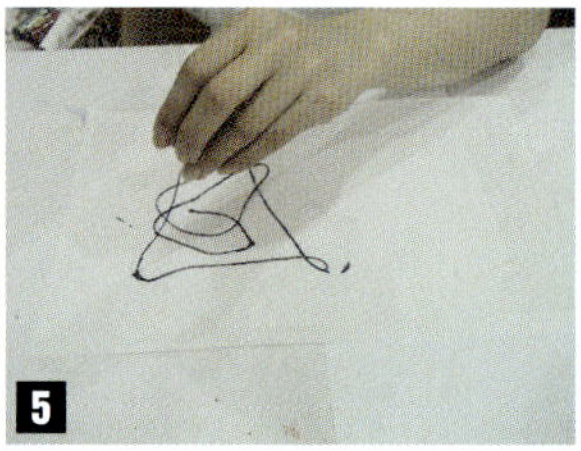

반으로 접은 화선지의 한 면에 실을 자유롭게 놓은 후 실의 끝을 화선지 밖으로 놓는다.

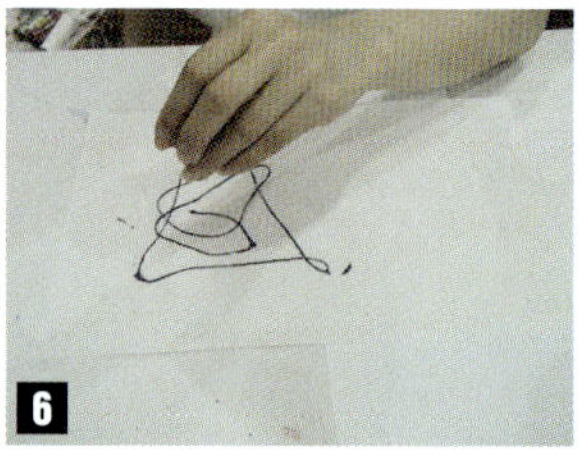

화선지의 다른 한 면을 접어 실을 덮는다.

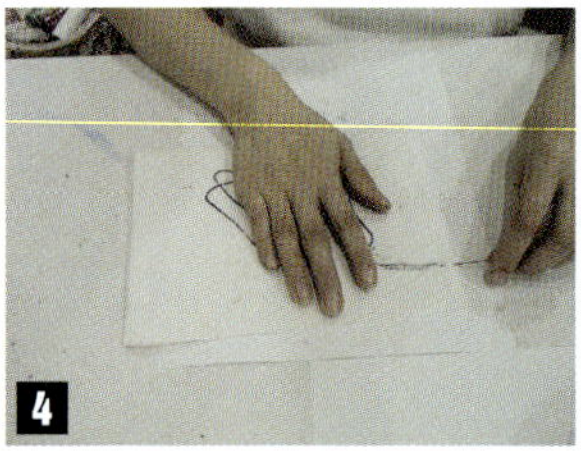

실을 가위로 자른다. 접시에 원하는 색의 물감을 짠다.

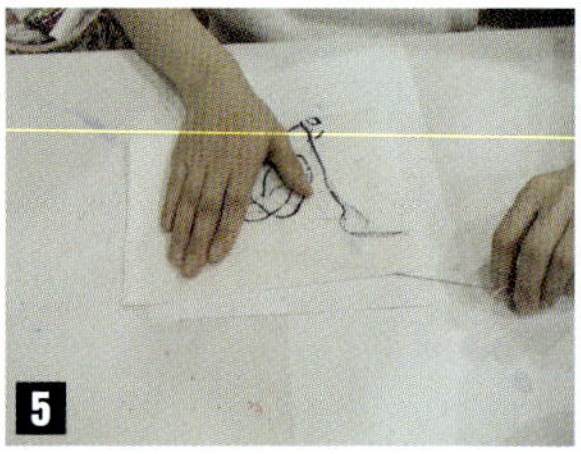

실을 물감에 골고루 묻힌다.

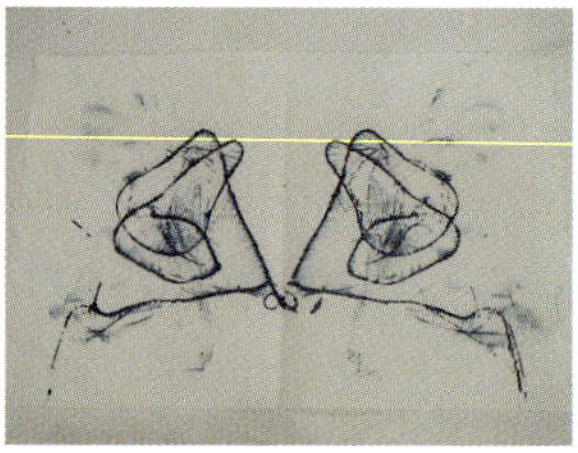

완성

참고자료

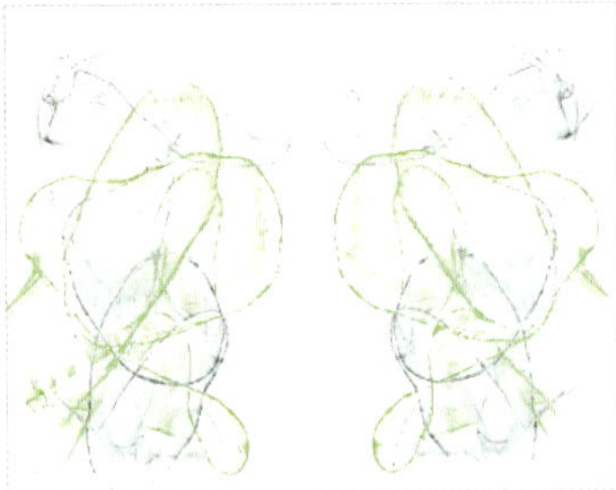
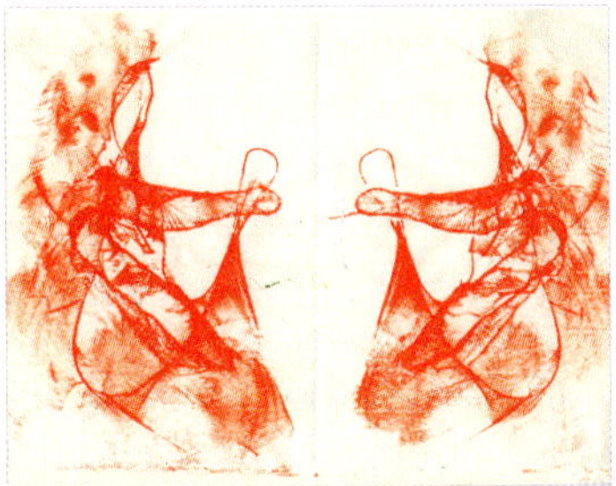
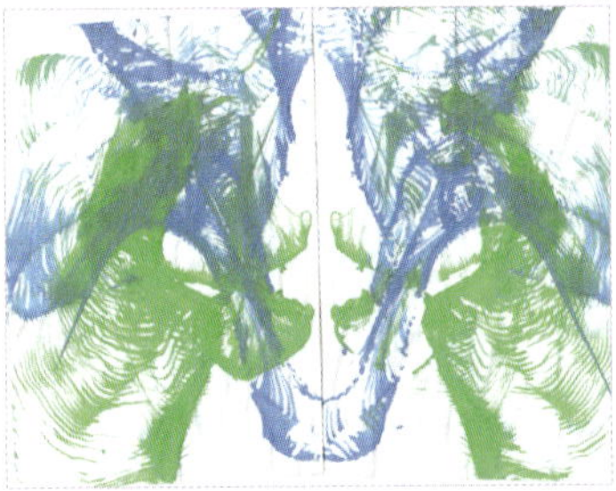
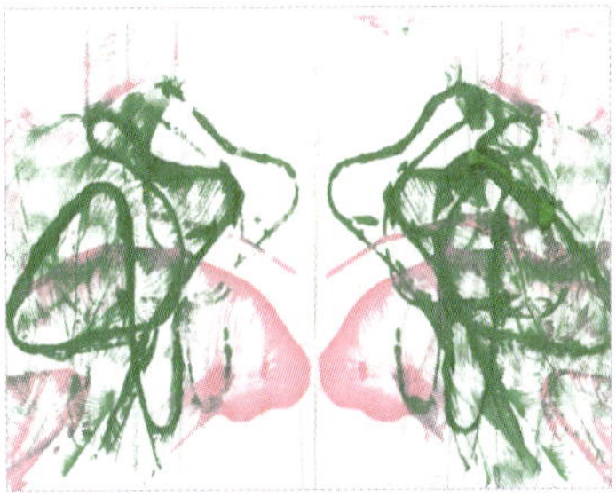
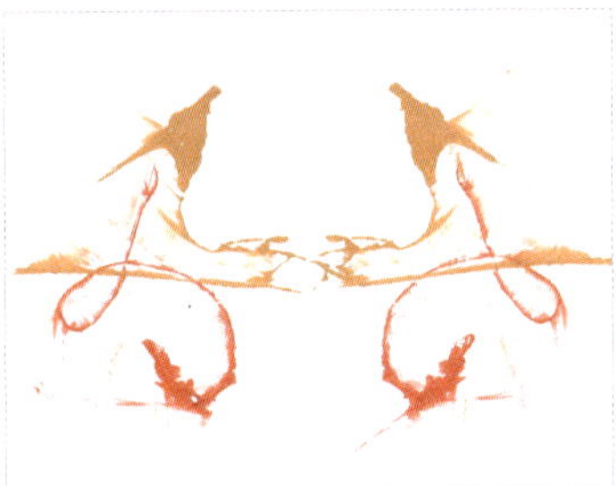
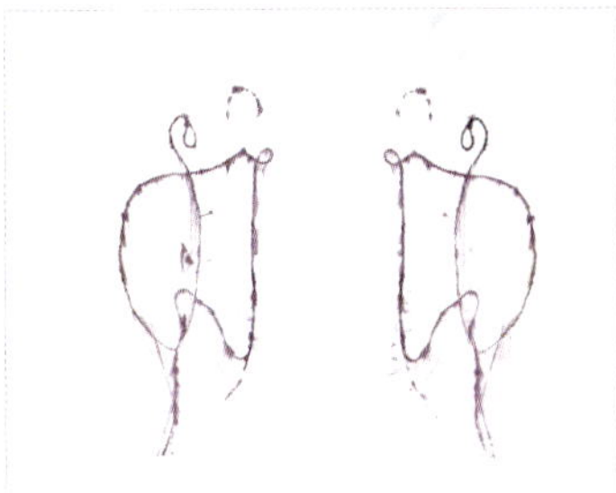

실그림

2) 발상-카라꽃

관련주제 꽃

활동목표
- 실을 이용하여 재미있는 그림을 표현하고 연상되는 것을 생각하여 그려볼 수 있다.
- 다양한 발상을 통해 창의력과 상상력을 기를 수 있다.

활동자료
- 화선지, 수채화 물감, 붓, 실, 접시, 물통, 가위, 사인펜

유의사항
- 교사는 색깔마다 다른 접시와 실을 준비한다.
- 실에 물감을 묻히고 너무 오래 있으면 물감을 흡수해 색이 잘 나오지 않으므로 실에 물감을 묻히자마자 해본다.
- 물감이 옷이나 얼굴에 묻지 않도록 주의한다.
- 물감의 색을 너무 흐린 색으로 하면 종이에 실그림이 선명하게 나오지 않는다.

활동의의
- 교사는 유아가 실그림으로 생긴 속도감 있는 선을 보고 자유로운 발상을 할 수 있도록 자극을 준다("실 그림으로 생긴 선이 무엇으로 보이니?", "우리 주변에 이와 비슷한 사물이나 환경이 있나 생각해 보자?").
- 교사는 유아가 실 그림에 의해 생긴 선이나, 형태, 색에서 오는 느낌을 바탕으로 발상해 보도록 권하며 종이의 위치를 돌려 다양한 생각을 할 수 있도록 유도한다.

활동방법

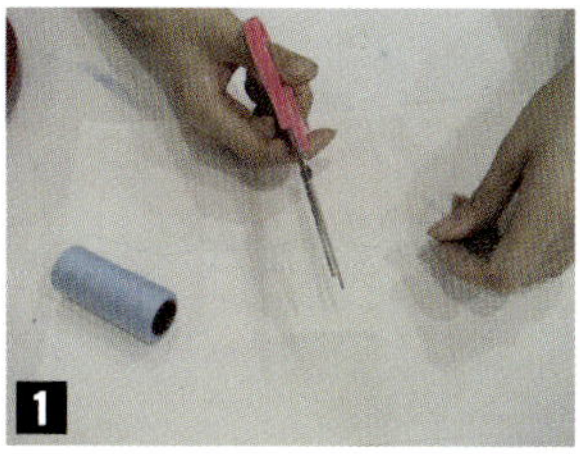
실을 가위로 자른다.

물감을 짠다.

물감에 실을 묻힌다.

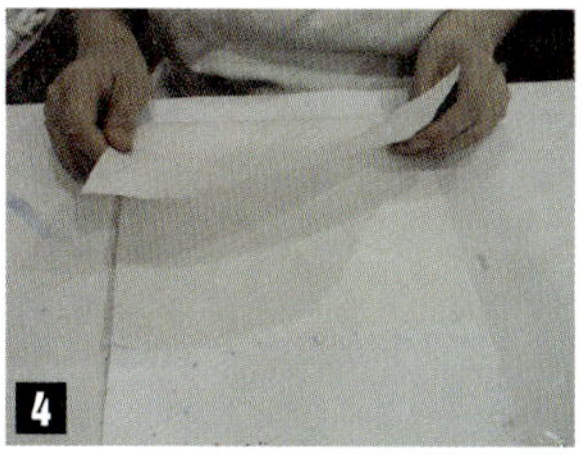
화선지를 반으로 접는다.

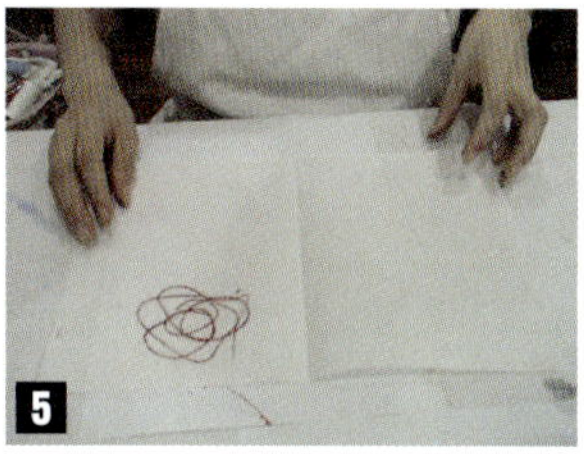
빨간 물감을 묻힌 실을 화선지 위에 올려놓는다.

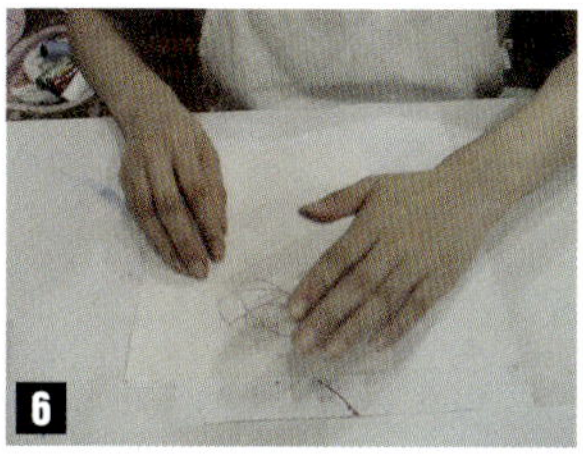
반으로 접고 누른다.

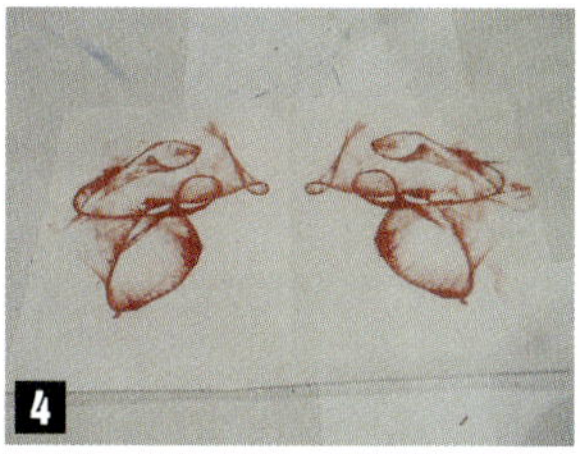
화선지를 펼친 후 연상되는 것을 생각해 본다.

실 그림을 보고 카라 꽃이 연상되어 사인펜으로 잎사귀를 그린다.

완성

참고자료

Chapter 07 풀그림

풀그림 1) 기법

관련주제 자유

활동목표
- 수채화 물감과 풀을 섞어 재미있는 표현을 해볼 수 있다.
- 손으로 직접 풀을 만져 표현하게 함으로써 유아들의 흥미유발과 정서 발달을 돕는다.
- 소근육 발달을 돕는다.

활동자료
- 수채화 물감, 밀가루 풀, 접시, 켄트지, 수채화 도구

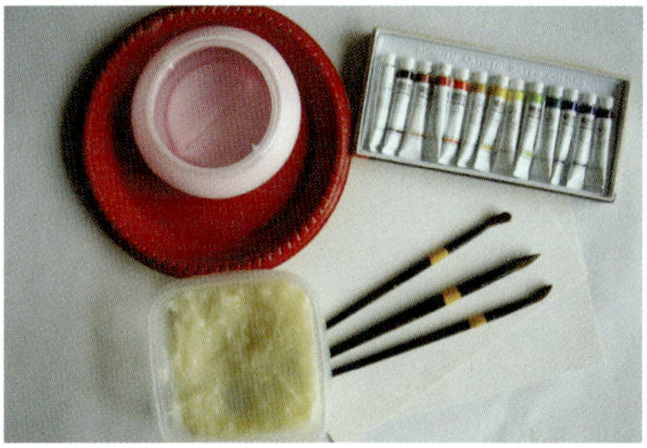

유의사항
- 밀가루 풀은 밀가루에 물을 조금 섞어 끓인 후 식혀서 만든다.
- 완성된 작품을 햇볕에 말릴 경우에는 켄트지가 오그라들 수 있으므로 그늘에 말린다.
- 교사는 유아에게 조금 큰 접시에 색깔 별로 하나씩 제공한다.
- 교사는 유아에게 작업을 시작하기 전에 작업복을 입힌다.

활동의의
- 풀 그림은 어린 유아의 소근육 발달과 정서표현에 도움을 주므로 놀이와 접목하여 큰 전지에 수업을 진행할 수 있다.

활동방법

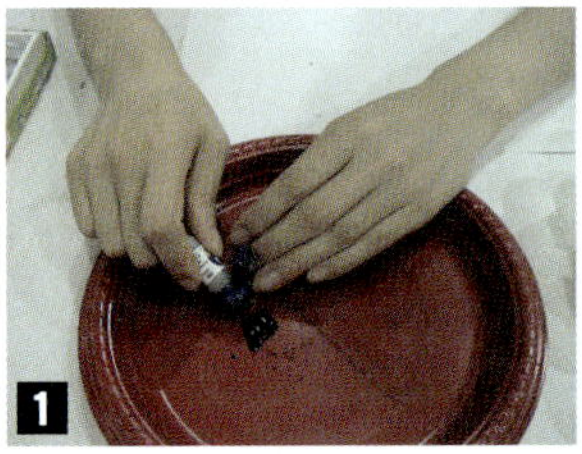

접시에 여러 가지 색의 물감을 짠다.

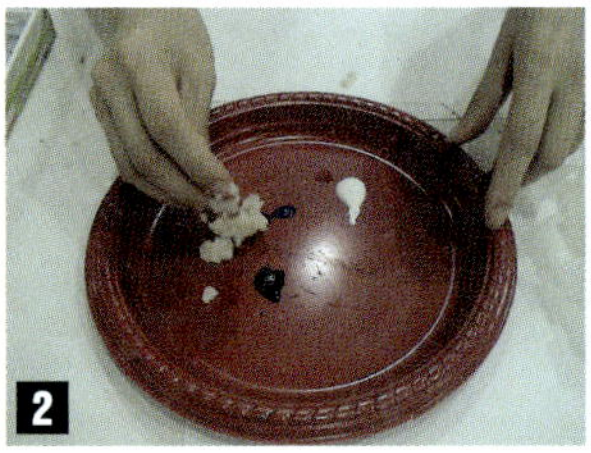

접시에 밀가루 풀을 놓는다.

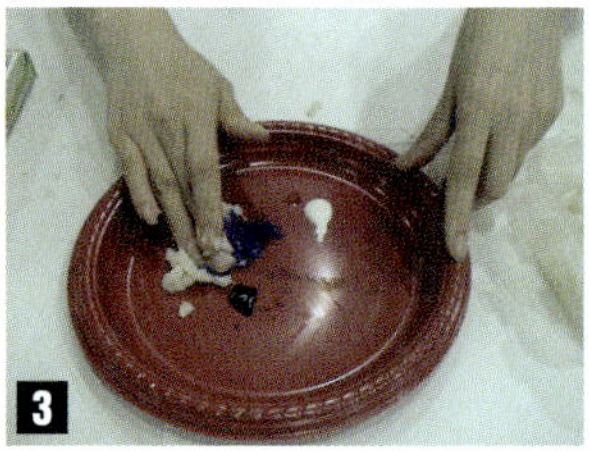

밀가루 풀과 물감을 섞는다.

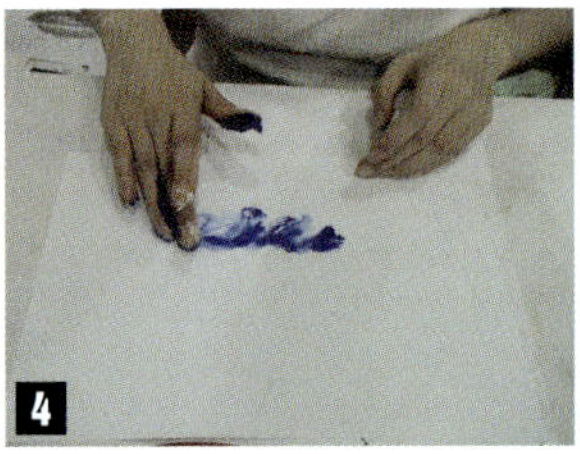

손에 밀가루 풀을 묻혀서 켄트지에 자유롭게 그린다.

완성

참고자료

풀그림

2) 발상1-돛단배

관련주제 바다

활동목표
- 풀그림을 통해 유아의 갈등이나 욕구를 해소할 수 있다.
- 소근육 발달에 도움을 준다.
- 풀그림에서 느껴지는 질감을 보고 다양한 발상을 할 수 있다.

활동자료
- 수채화 물감, 밀가루 풀, 접시, 켄트지, 사인펜, 수채화 도구

유의사항
- 손가락을 이용하여 그림을 그리고, 풀의 느낌을 충분히 살려 줄 수 있도록 한다.

활동의의
- 교사는 우리 주변에 풀그림에서 밀가루 풀과 물감이 섞여 생기는 색, 형태, 질감이 유사하게 느껴지는 것이 있는지 물어보고 이와 유사한 사물과 환경을 그려보도록 자극한다.

  ※ 색과 질감에서 오는 느낌
  · 하얀색과 노란색 계열 : 생크림, 샴푸의 거품, 아이스크림, 케익, 양털옷, 양.
  · 하얀색과 파란색 계열 : 바다, 하늘의 구름, 소용돌이치는 바람.
  · 초록색 계열 : 나뭇잎, 산
  · 갈색 계열 : 잘익은 벼, 사람의 머리
  · 빨간색 계열 : 불, 모닥불, 저녁 노을, 가을 풍경
  · 검은색 계열 : 연기, 연탄, 검은색 털, 강아지나 동물

활동방법

접시에 여러 가지 색의 물감을 짠다.

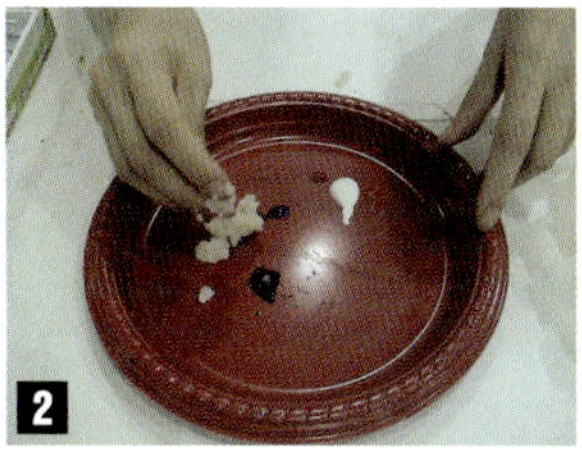

접시에 밀가루 풀을 놓는다.

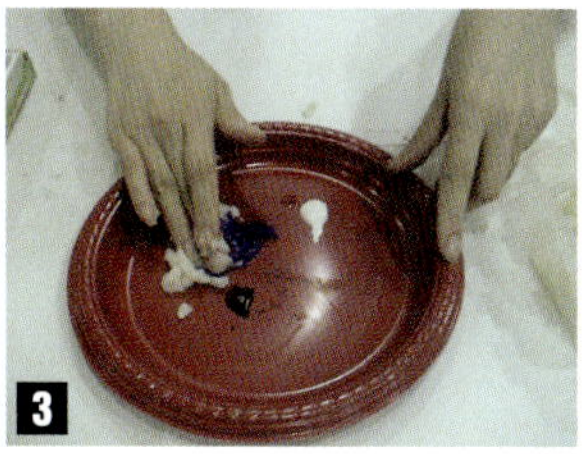

밀가루 풀과 물감을 섞는다.

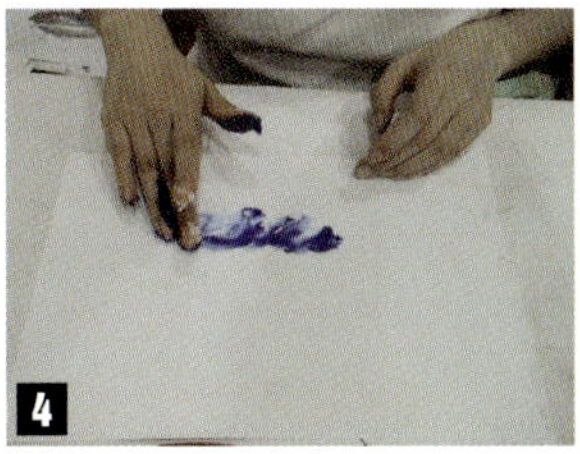

물감을 손에 묻혀서 켄트지에 바다의 느낌으로 그린다.

사인펜으로 돛단배를 그린다.

완성

풀그림

3) 발상2-구름

관련주제 자연

활동목표
- 풀그림의 색, 형태, 질감에서 오는 느낌을 통해 자유 발상을 하여 질감 교육을 할 수 있다.
- 창의성, 상상력을 기를 수 있다.

활동자료
- 수채화 물감, 밀가루 풀, 접시, 켄트지, 사인펜, 수채화 도구

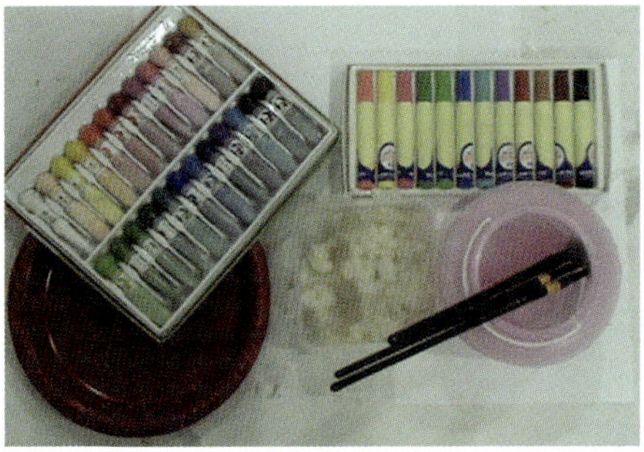

유의사항
- 풀을 만진 손으로 다른 유아의 얼굴이나 옷에 묻히지 않도록 주의한다.
- 교사가 색깔 별로 만든 풀을 섞어서 더럽히지 않도록 주의한다.

활동의의
- 어린 유아는 풀그림으로 전체 도화지에 난화 그림을 그리게 한다. 그러나 5세 이상의 유아는 풀그림에서 질감을 느끼고 질감에 따른 주제를 생각하거나 제시해 주어 질감 교육을 할 수 있도록 유도한다.
- 교사는 주제를 정해 주제의 일부분만 미리 그려주고 나머지는 유아 스스로 풀그림으로 그리게 한다.
  - 풀그림으로 하늘의 구름을 표현할 시 교사는 산 모양을 사인펜으로 그려준다.
  - 가을 풍경을 풀그림으로 그릴 시 교사는 허수아비만을 그려준다.
  - 바다를 풀그림으로 표현할 시 교사는 배만 그려준다.

활동방법

1 접시에 여러 가지 색의 물감을 짠다.

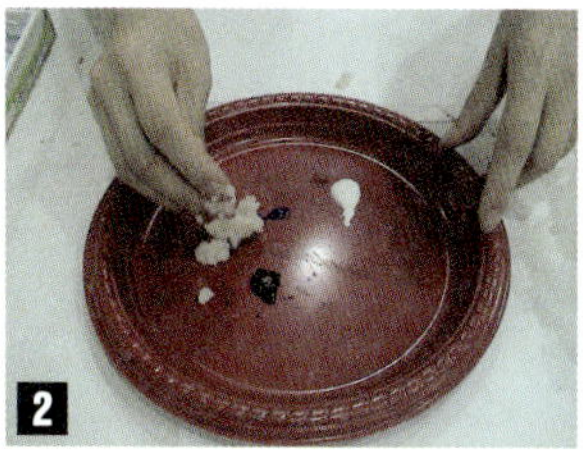

2 접시에 밀가루 풀을 놓는다.

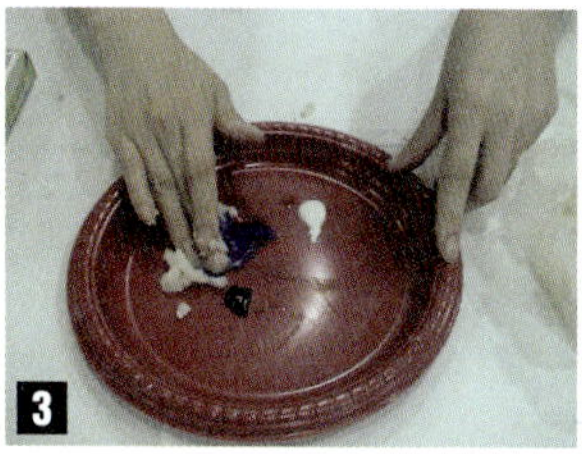

3 풀과 물감을 섞는다.

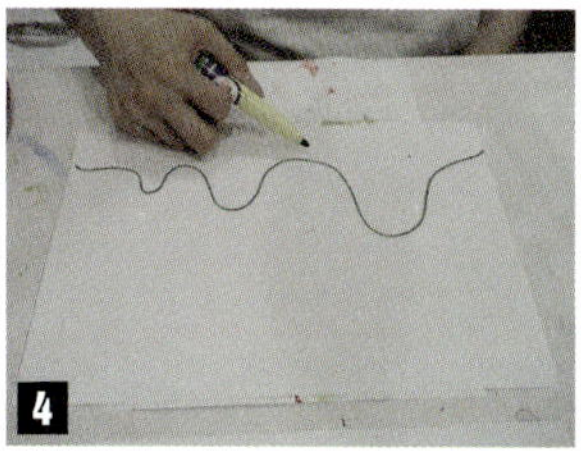

4 도화지에 사인펜으로 산을 그린다.

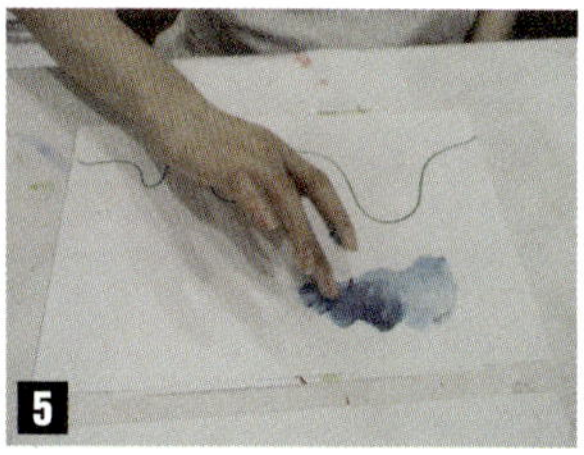

5 물감과 풀을 손에 묻혀서 켄트지에 구름의 느낌으로 그린다.

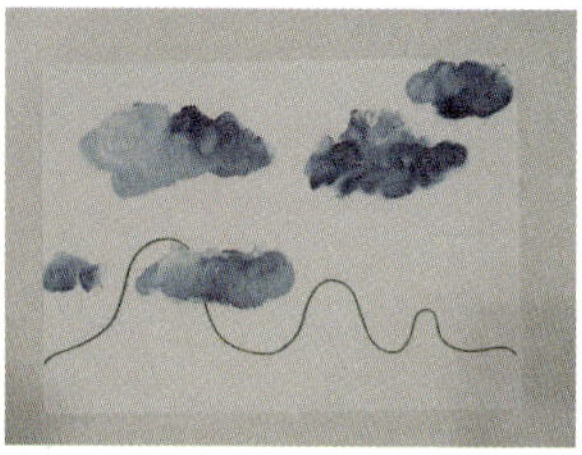

완성

참고자료

Chapter 08 콜라주

콜라주
빨대

막대사탕

관련주제 음식

활동목표
- 소근육 발달을 돕는다.
- 빨대를 이용하여 콜라주를 해봄으로 다양한 재료를 접할 수 있다.

활동자료
- 여러 가지 색 빨대, 오공 본드, 캔트지나 색상지, 가위, 사인펜, 연필

유의사항
- 색빨대를 가위로 자를 때 빨대가 튀지 않도록 봉지 속에 넣고 자른다.
- 색 빨대를 잘라 붙일 때 가로 혹은 세로로 붙이는 등 다양한 방법을 찾아본다.

활동의의
- 색빨대를 가르고 붙여 봄으로써 눈과 손의 협응력을 기를 수 있다.
- 콜라주를 이용한 화가들의 작품을 감상해 봄으로 실제 유아가 만드는 콜라주 작업에 흥미를 가질 수 있도록 도와준다.
- 폐품을 활용하여 콜라주를 해봄으로 폐품활용의 기회를 가져본다(못 쓰는 천 조각, 단추, 신문지나 광고 전단지 등).

활동방법

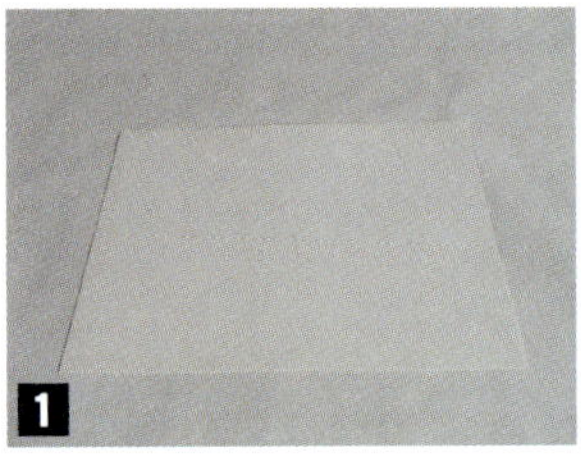

켄트지를 준비한다.

켄트지 위에 콜라주 할 주제를 연필로 그린다.

연필로 그린 주제를 사인펜으로 진하게 그린다.

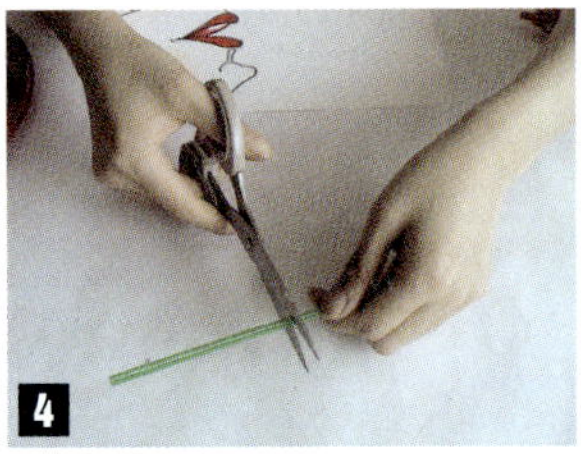

긴 빨대를 자른다.

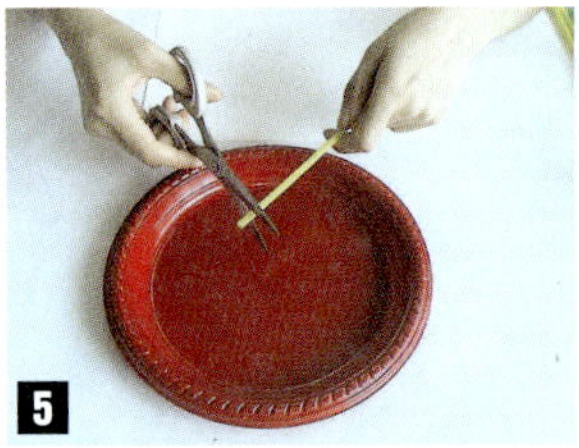

다양한 색깔의 빨대를 적당한 길이로 자른다.

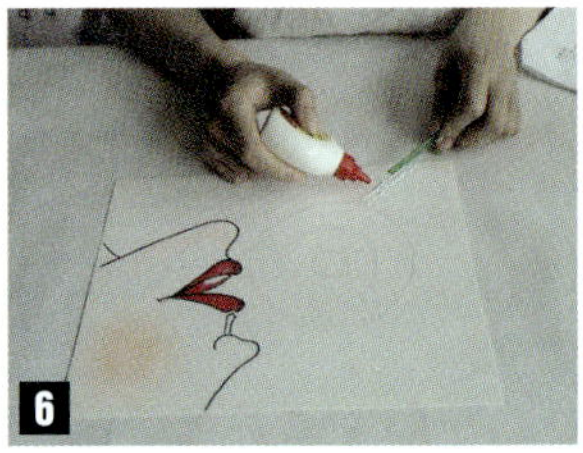

자른 빨대에 오동본드를 붙인 후 켄트지에 붙인다.

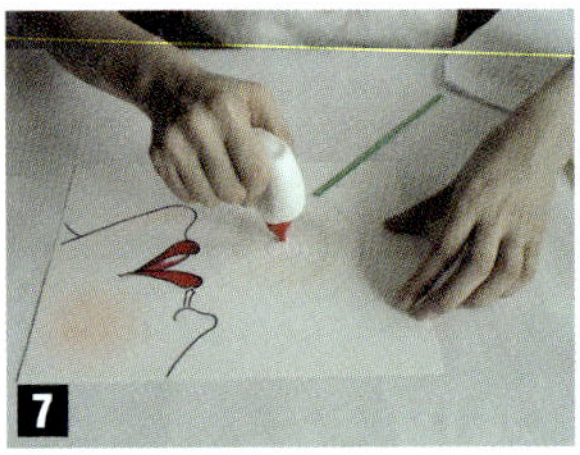

7오공본드를 칠한다.

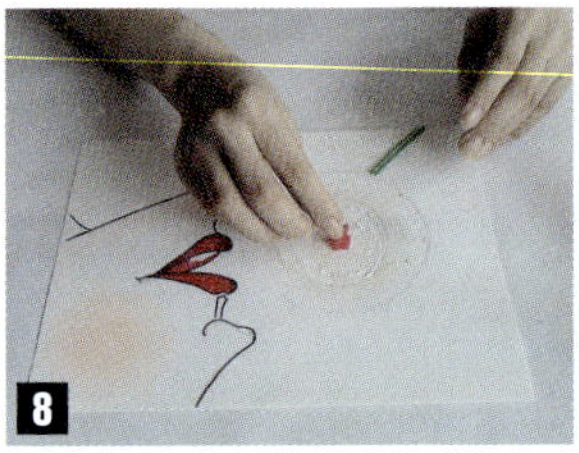

자른 빨대를 세워서 붙인다.

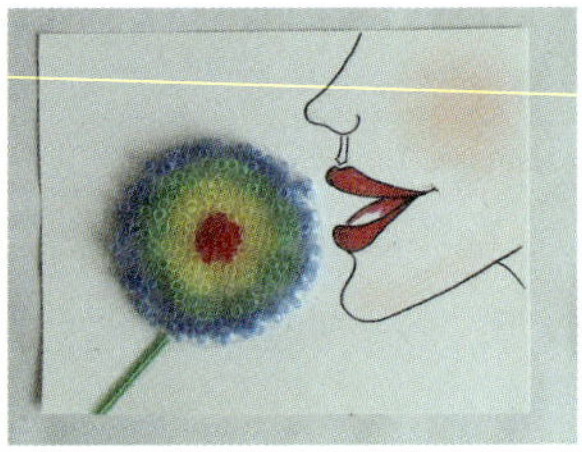

완성

참고자료

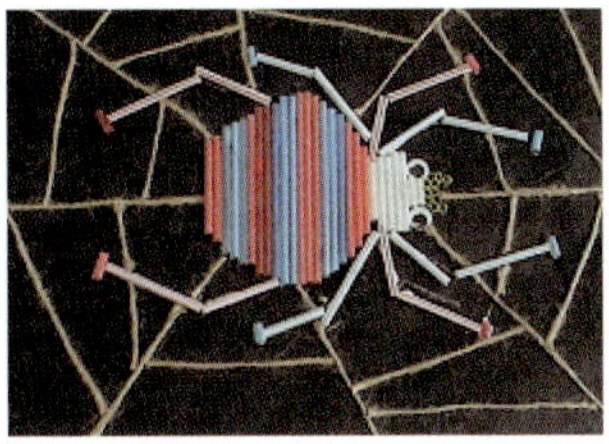

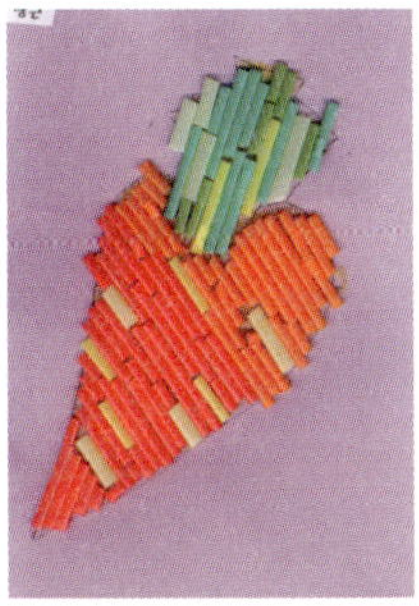

콜라주
색모래

인어공주

관련주제 동화

활동목표
- 다양한 재료를 활용하여 콜라주를 할 수 있다.
- 모래를 떨어뜨리면서 소근육을 기를 수 있다.

활동자료
- 켄트지나 색상지, 사인펜, 색모래, 오공본드, 연필

유의사항
- 색모래가 유아의 눈에 들어가지 않도록 주의시킨다.
- 본드로 붙일 때 색모래가 떨어지지 않도록 붙인다.
- 원하는 색모래를 뿌리고 나서 조금 말린 후에 다른 색모래를 뿌리도록 한다.

활동의의
- 유아가 색 모래를 만지면서 촉감교육을 할 수 있다.
- 다양한 재료의 활용을 통해 창의성을 기를 수 있다.
- 색모래 콜라주를 주제에 맞게 전체 도화지에 다 하거나 부분적으로 하는 등 다양한 방법을 활용할 수 있다.

활동방법

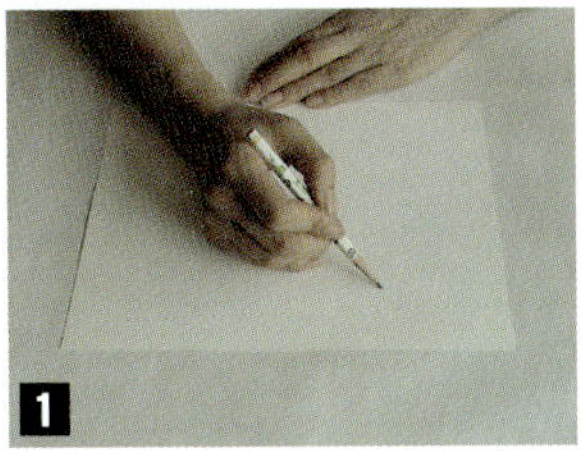

1 연필로 밑그림을 그린다.

2 연필로 그린 그림에 사인펜으로 색을 칠한다.

3 색모래를 붙일 부분에 오공본드를 칠한다.

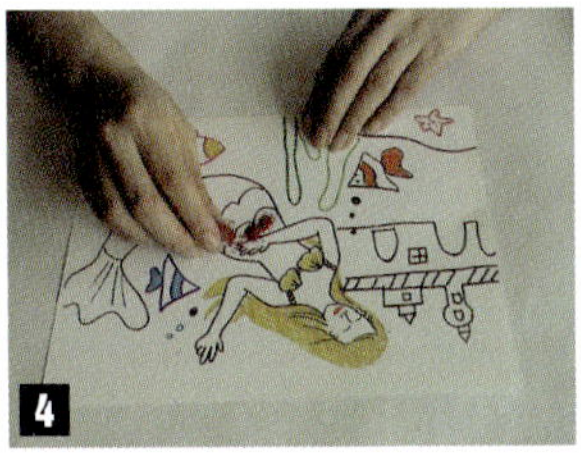

4 색모래를 뿌려서 붙인다.

완성

참고자료

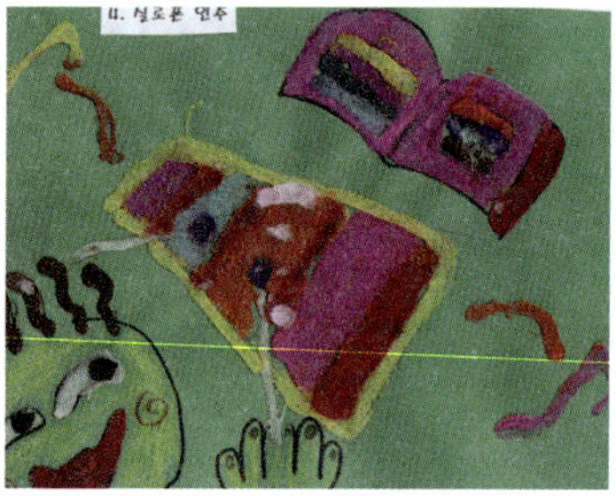

콜라주
잡곡

시골집

관련주제 우리나라

활동목표
- 여러 가지 잡곡을 접할 수 있는 기회를 갖는다.
- 잡곡을 이용하여 자신의 생각을 표현할 수 있다.

활동자료
- 여러 가지 잡곡(조, 팥, 백두, 흑두, 들깨, 보리, 기자), 오공본드, 색상지

유의사항
- 잡곡이 섞이지 않도록 붙인 잡곡이 다 마른 뒤, 다른 잡곡을 붙여준다.
- 교사는 유아가 잡곡을 가지고 장난치지 않도록 주의한다.

활동의의
- 다양한 재료를 접해 봄으로 창의성과 표현력을 기를 수 있다.
- 잡곡을 붙이면서 눈과 손의 협응력을 기를 수 있다.

활동방법

1 종이에 밑그림을 그려 넣는다.

2 여러 가지 잡곡들을 준비한 뒤 오공본드를 칠하고 잡곡을 붙인다.

3 지붕에 백두를 붙인다.

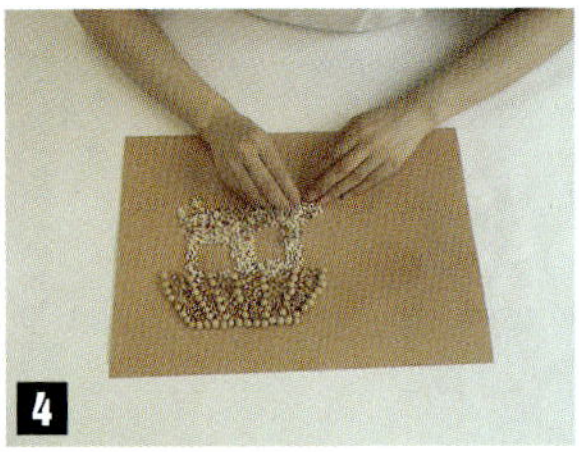

4 벽을 보리로 붙여준다.

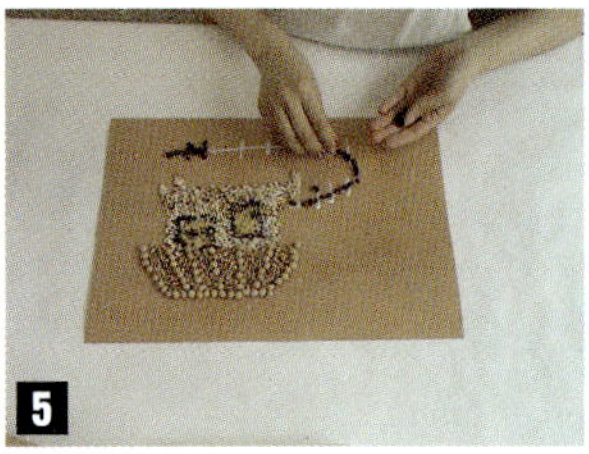

5 담을 팥으로 붙인다.

완성

참고자료

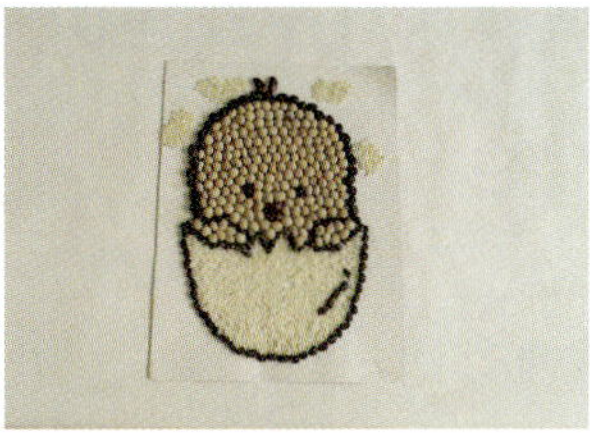

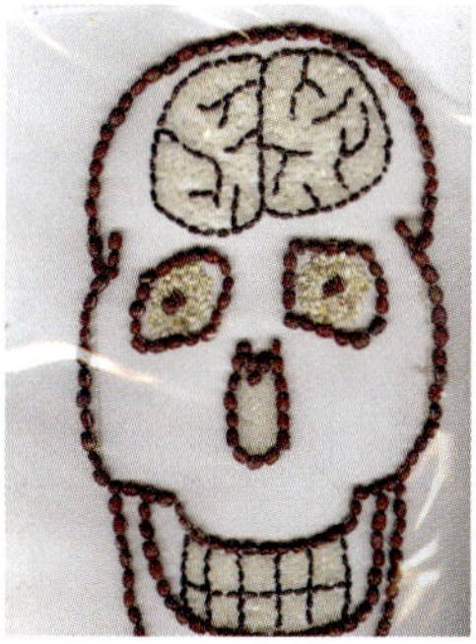

콜라주
한지

포도송이

관련주제 여름

활동목표
- 포도의 모양에 대해 안다.
- 소근육을 발달시킬 수 있다.
- 재료를 이용하여 다양한 것을 만들 수 있다.

활동자료
- 색 지끈, 색상지, 가위, 오공본드, 물풀, 딱풀, 색종이, 한지 색종이

유의사항
- 지끈이 잘 말리지 않으므로 지끈이 종이에 완전히 붙을 때까지 꾹 눌러준다.
- 교사가 초록색 종이를 나뭇잎 모양으로 자른 후 유아들이 이용할 수 있도록 준비해 놓으면 시간을 절약할 수 있다.
- 색 지끈 이외에 한지 색종이, 신문지, 잡지, 포장지 등 다양한 재료를 활용해 본다.

활동의의
- 화선지에 한지 색종이를 이용해 표현해 봄으로 전통의 미를 알아본다.

활동방법

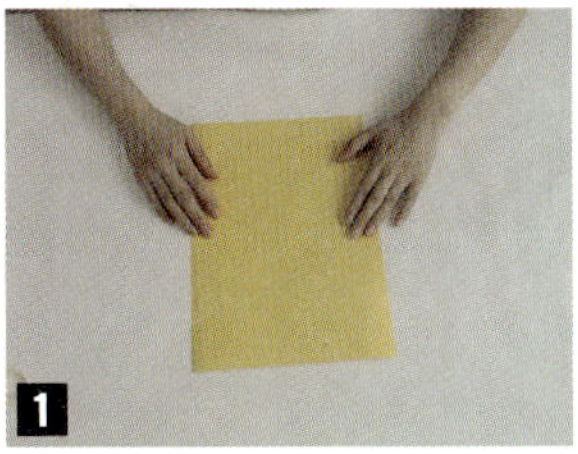

준비한 종이를 놓는다.

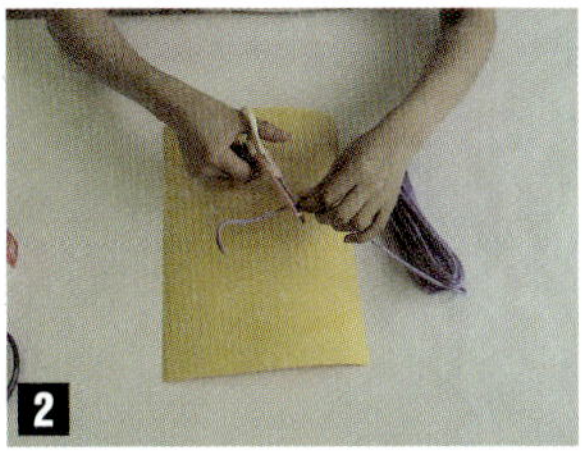

여러 가지 지끈을 10cm 가량 자른다.

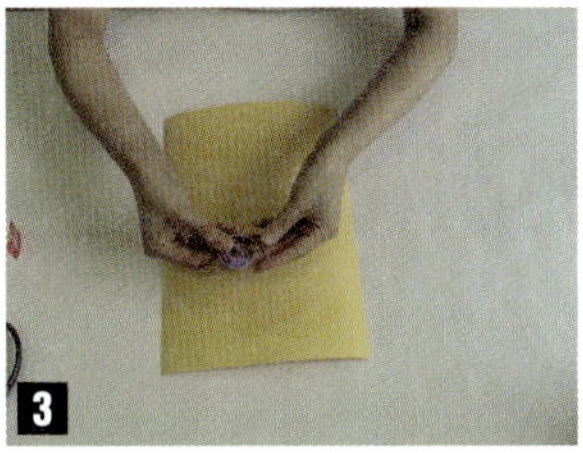

자른 지끈을 포도 모양으로 돌돌 말아준다.

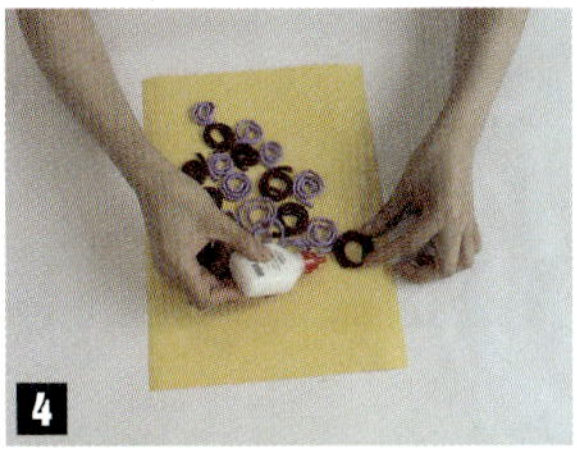

지끈을 포도모양으로 만든 후 오공본드로 붙인다.

잎 만들 초록색 색상지를 자른다.

자른 잎을 반으로 접는다.

지그재그로 접어 잎맥을 만들어 준다.

만든 잎사귀를 종이에 붙인다.

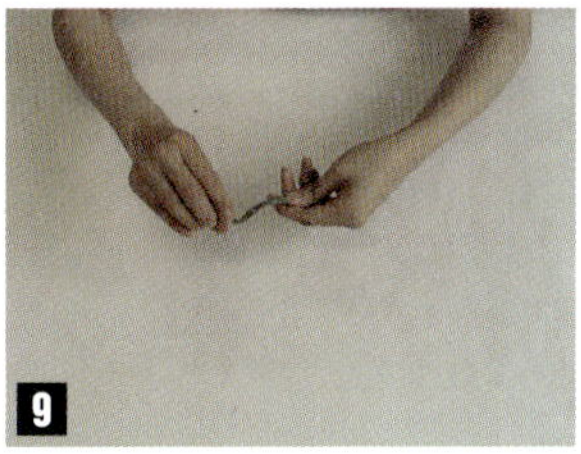

초록색 지끈을 자른 후 구부린다.

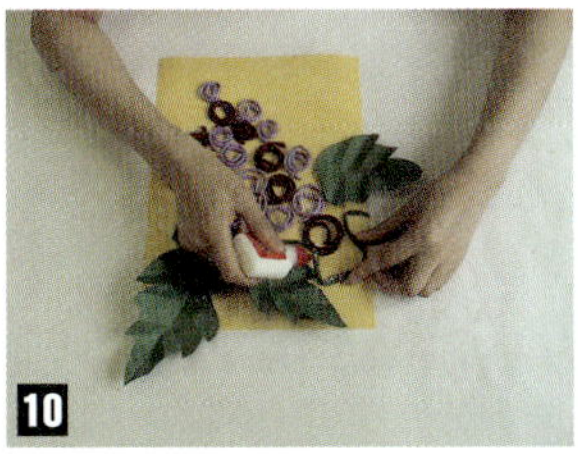

오공본드로 붙인다.

완성

1~4번 포도송이 만들기
5~8번 잎사귀 만들기
9~10번 포도줄기 만들기

참고자료

Chapter 09 요술그림

요술그림
접기

삐에로와 산타

관련주제 사람

활동목표
- 연상 작용을 통해 창의력을 키울 수 있다.
- 접는 방법을 이용해 요술 그림을 만든다.

활동자료
- 색상지, 사인펜, 유성매직

유의사항
- 충분한 구상 후 그림을 그린다.
- 속에 그린 그림이 접었을 때 보이지 않도록 주의해서 그린다.

활동의의
- 접기를 이용한 요술그림을 그려봄으로써 상상력을 기를 수 있다.
- 동화나 만화의 내용을 이용하여 응용해 봄으로써 교재교구를 활용할 수 있다.

활동방법

색지를 1/3로 접는다.

그림을 구상하여 접은 상태에서 그려 넣는다.

접힌 상태에서 삐에로를 그린다.

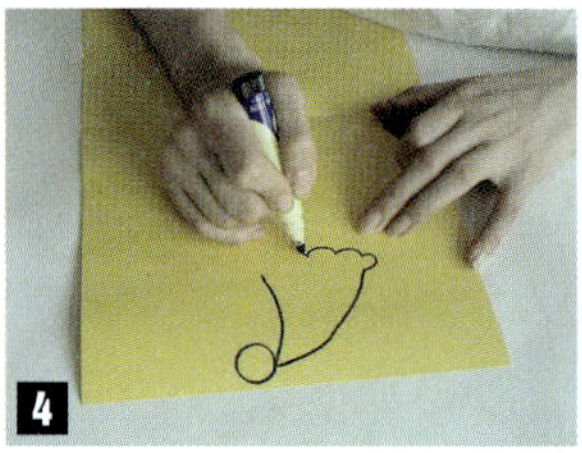

종이를 펼친 뒤 삐에로 모자 부분을 이어서 산타를 그린다.

완성 1

완성 2

참고자료

요술그림
색종이

우산

관련주제 날씨

활동목표
- 색종이 접기를 이용해 재미있는 표현 방법을 알아본다.
- 다양한 사고를 할 수 있다.
- 마술 놀이를 할 수 있다.

활동자료
- 색종이, 풀, 가위, 색연필, 사인펜, 유성매직

유의사항
- A(파란색)색종이에 끼운 B(노란색)색종이는 절대로 풀칠하지 않는다.
- 유아는 유성 사인펜으로 그림을 그려 넣도록 한다. 수성 사인펜을 이용하면 번져서 그려 놓은 형태를 알 수 없다.
- 요술 그림은 그림을 그려 넣을 때 겉면과 안쪽면의 연관성을 잘 생각하여 그린다.
  (예: 겉 – 달걀/안 – 병아리, 겉 – 꽃봉오리/안 – 활짝 핀 꽃, 겉 – 달님/안 – 햇님 등)

활동의의
- 혼색개념과 수 개념을 응용할 수 있다.
  (예 : ①혼색개념 : 빨간색과 노란색이 합쳐지면 주황색, 초록색과 노란색이 합쳐지면 연두색, ②수 개념 : 2+3 = 5, 7–4=3)

활동방법

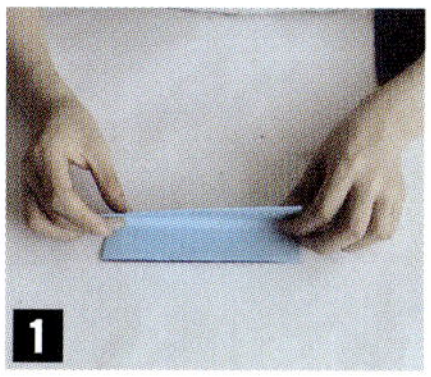
1
색종이 두 장을 준비한 후 색종이 한 장을 반으로 접고 또 반으로 접는다.

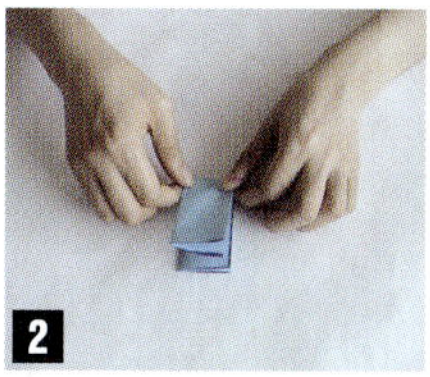
2
접은 색종이를 길이로 반접고 또 접는다.

3
두 개의 색종이를 16개의 정사각형이 나오도록 접는다.

4
하늘색 종이를 반으로 접은 상태에서 가운데 지점을 접힌 선까지 자른다.

5
또 다른 노란색 색종이를 길이로 4조각으로 자른다.

6
칼집을 낸 하늘색 색종이 가운데에 노란색 색종이 2장을 엇갈리게 끼워 넣는다.

7
나머지 오려둔 노란색 색종이 2장은 잘라 8개 정사각형으로 준비한다.

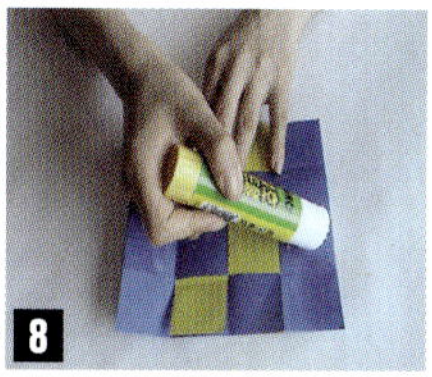
8
자른 8개의 조각을 색종이 앞뒤로 바둑판 모양으로 붙인다.

9
바둑판 모양이 되도록 완성한다.

10
색종이를 가운데로 접어 벌려본다.

11
하늘색 종이 가운데 부분에 숨겨진 공간이 나온다.

12
숨겨진 공간을 확인한다.

13
색종이의 앞부분에 우산의 옆모습을 그려 넣는다.

14
숨겨진 공간에 우산을 위에서 본 모습을 그려 넣는다.

(색종이 앞부분)
완성된 모습 1

(숨겨진 공간)
완성된 모습 2

참고자료

Chapter 10 판화

판화
롤러그림

1) 기법

관련주제 자유

활동목표
- 종이 위에 롤러로 그림을 그려가며 재미있는 표현을 해본다.
- 색의 혼합을 자연스럽게 알 수 있다.
- 붓으로 표현할 수 없는 느낌을 롤러로 표현하며 재미있게 활동할 수 있다.

활동자료
- 포스터 물감이나 아크릴 물감, 롤러, 일회용 접시, 켄트지, 연필, 문지르개, 물통

유의사항
- 종이 위를 롤러로 문지를 때에는 한 방향으로만 롤러가 움직일 수 있도록 한다.
- 물감이 얼굴과 옷에 묻지 않도록 주의한다.
- 롤러에 물감이 충분히 묻어 있지 않으면 종이에 색이 확실히 나타나지 않으므로 롤러에 물감을 충분히 묻혀준다.
- 일회용 접시 외에 아크릴 판이나 스티로폼을 사용할 수 있다.

활동의의
- 전지에 유아가 롤러를 하나씩 들고 자유스럽게 표현하며 협동작업을 할 수 있다.
- 롤러 양쪽 끝에 다른 색을 묻혀 주어 롤러를 문지르면서 색의 혼합을 알 수 있다. (예 : 빨간색+노란색=주황색, 초록색+노란색=연두색, 파란색+하얀색=하늘색)
- 자유스러운 활동 속에서 유아의 갈등을 해소시켜주며 정서 표현에 도움을 준다.
- 롤러에 굵은 실이나 끈을 감아 응용하여 재미있는 표현을 해볼 수 있다.

활동방법

켄트지를 준비한다.

일회용 접시에 초록색과 노란색 물감을 짠다.

물감을 짠 접시 위에 롤러를 갖다 대고, 롤러에 물감이 골고루 묻을 수 있도록 문지른다.

롤러에 물감이 골고루 묻었으면, 켄트지 위에 한 방향으로 문지른다.

롤러로 문지르는 과정을 여러 방향으로 반복하여 본다.

완성

참고자료

판화
롤러그림

2) 발상 1-산호초

관련주제 바다

활동목표
- 롤러 그림에 나타난 표현을 보고 자유롭게 발상할 수 있다.
- 다양한 발상을 통해 창의력과 상상력을 기를 수 있다.
- 롤러로 표현 기법을 달리하며 재미있게 활동할 수 있다.

활동자료
- 포스터 물감이나 아크릴 물감, 롤러, 일회용 접시, 켄트지, 문지르개, 연필, 물통, 사인펜

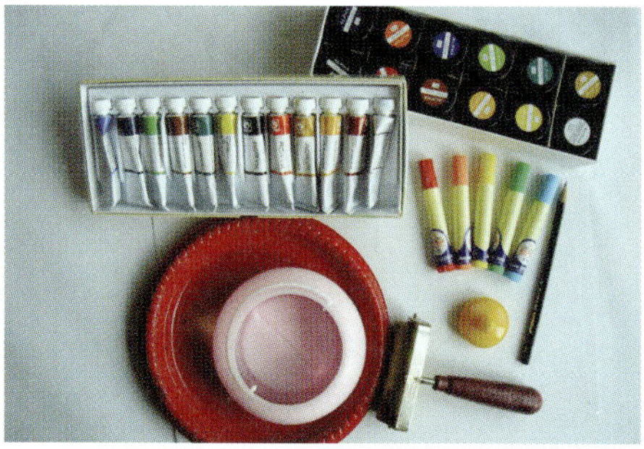

유의사항
- 교사는 유아가 물감이 묻은 롤러를 가지고 장난치지 않도록 주의를 준다.
- 교사는 색별로 롤러를 준비해 주어 유아가 편리하게 사용할 수 있도록 도와준다.

활동의의
- 교사는 유아가 롤러로 표현된 현상을 보고 자유롭게 발상할 수 있도록 도와준다.
  ① 색을 통한 발상 : 길, 바닷속, 미역, 나무, 머리카락, 산 등
  ② 질감을 통한 발상 : 산, 바다, 풍경, 동물 등
- 유아들이 자유롭게 롤러 그림을 그려보고 전지를 작게 잘라 각각 유아에게 주어 연상되는 것을 그려보게 할 수 있다.

활동방법

컨트지를 준비한다.

일회용 접시에 초록색, 노란색 물감을 짠다.

물감을 덜어 놓은 접시 위에 롤러를 갖다 대어, 롤러에 물감이 골고루 묻을 수 있도록 문지른다.

롤러에 물감이 골고루 묻었으면, 켄트지 위에 한 방향으로 문지른다.

롤러그림을 보고 바닷속 미역이 연상되어 사인펜으로 바다 속 풍경을 그려본다.

완성

판화
롤러그림

3) 발상 2-모닥불

관련주제 자연

활동목표
- 롤러그림으로 생긴 물감의 질감을 통해 다양한 발상을 할 수 있다.
- 색의 혼합을 알 수 있다.

활동자료
- 포스터 물감이나 아크릴 물감, 롤러, 일회용 접시, 켄트지, 문지르개, 연필, 사인펜, 물통

유의사항
- 롤러를 쓰고 닦을 때는 못쓰는 헝겊이나 신문지에 롤러를 굴려서 물감을 닦아낸다.

활동의의
- 얇은 종이나 화선지 밑에 여러 가지 사물(동전, 골판지, 클립, 나뭇잎 등)을 넣고 롤러에 물감을 묻혀 밀어 봄으로 재미있는 표현을 응용해 볼 수 있다.

활동방법

켄트지를 준비한다.

일회용 접시에 노란색과 빨간색 물감을 짠다.

물감을 덜어 놓은 접시 위에 롤러를 갖다 대고, 롤러에 물감이 골고루 묻을 수 있도록 문지른다.

롤러에 물감이 골고루 묻었으면, 마련한 종이 위에 한방향으로 문지른다.

롤러의 그림이 모닥불을 떠오르게 하여 사인펜으로 모닥불을 그려본다.

완성

참고자료

판화
우드락판화

꽃바구니

관련주제 식물

활동목표
- 우드락을 이용해 판화를 찍어 볼 수 있다.
- 똑같은 것을 여러 번 찍을 수 있는 판화의 특징과 기법을 익힐 수 있다.

활동자료
- 스케치북, 크레파스, 동전, 가위, 칼, 클립, 유성 사인펜

유의사항
- 연필로 우드락에 그릴 때 너무 약하게 그으면 판화가 잘 나오지 않으므로 적당히 힘을 주어 그린다.
- 우드락에 먼지가 묻어 잘 안 찍힐 수 있으므로 주방용 세제나 비누로 깨끗이 씻어 준 후에 연필로 그린다.
- 판화를 찍을 때는 우드락에 물감이 골고루 묻도록 롤러나 붓으로 잘 칠한다.

활동의의
- 교사는 유아들이 판화의 개념과 기법을 알 수 있도록 쉽게 설명해 주고 실제로 화가나 작가들이 만든 판화를 보여주어 이해를 도와주며 그림을 그리는 것과 찍어내는 것의 차이점을 알 수 있게 해준다.
- 교사는 판화 작가들이 실제로 하는 서명, 찍은 판의 수와 제목을 기재하는 방법 등을 알려주어 유아들이 판화 작업에 실제로 응용해 봄으로써 판화와 친숙해질 수 있도록 도와준다.

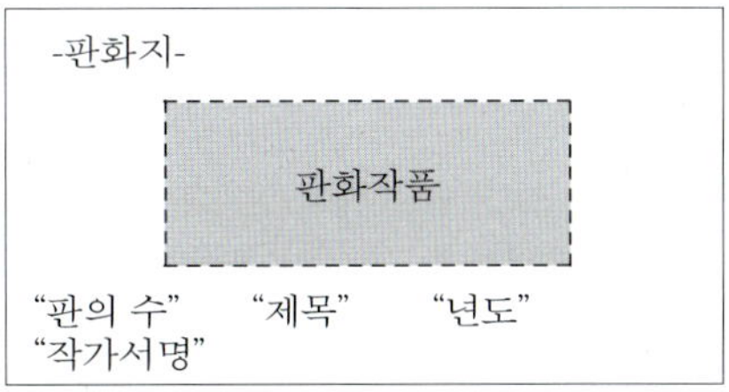

* 판의 수 : 2/3 - 3번 찍은 종이 중에 2번째 판, 1/3 - 3번 찍은 종이 중에 1번째 판

활동방법

우드락 판에 연필로 밑그림을 그린다.

연필을 이용하여 꾹꾹 눌러 그려준다.

일회용 접시에 아크릴 물감을 짠다.

꽃 그림을 붓으로 색칠한다.

다양한 색으로 칠한다.

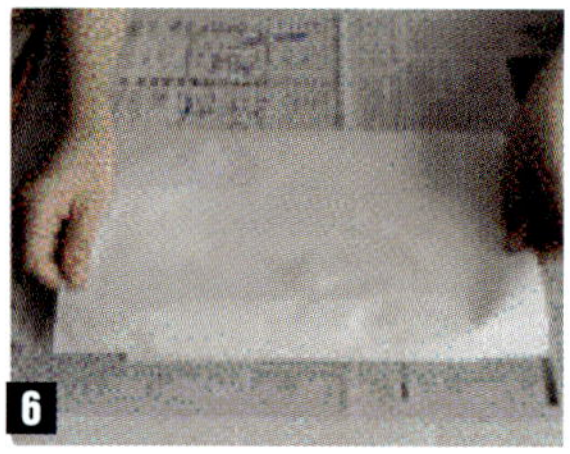

판 위에 물감이 골고루 칠 하여졌으면, 그 위를 화선지 나 켄트지로 덮어 준다.

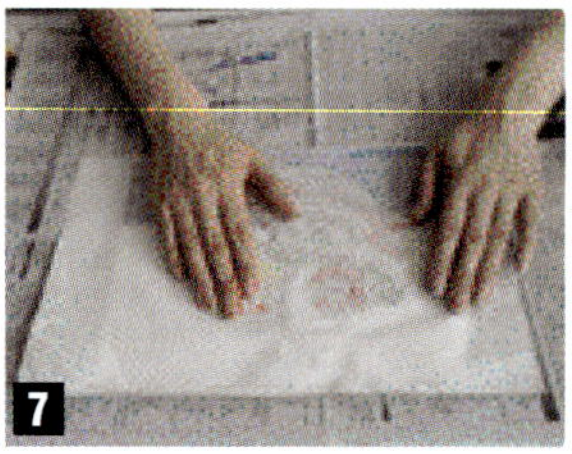

덮은 종이를 손이나 문지르개로 눌러준다.

완성

참고자료

판화
지판화

1) 기법

관련주제 자유

활동목표

- 지판화의 기법을 알고 재미있는 표현을 해볼 수 있다.
- 판화의 다양한 방법을 알 수 있다.

활동자료

- 켄트지, 롤러, 일회용 접시, 두꺼운 도화지, 포스터 물감이나 아크릴 물감, 가위나 칼

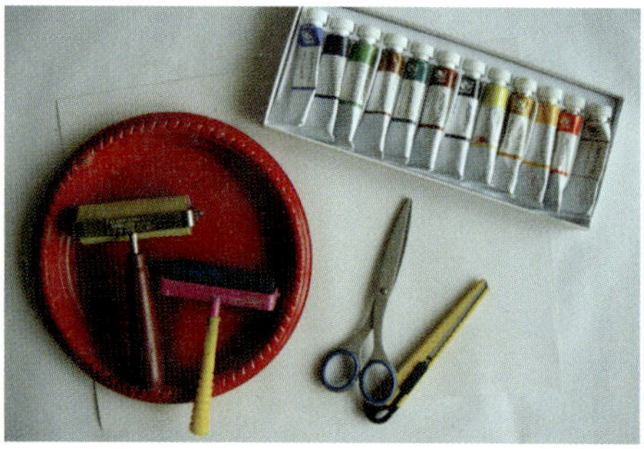

유의사항

- 롤러에 물감이 골고루 묻도록 한다.
- 교사는 미리 두꺼운 도화지에 단순한 모양으로 구멍을 내주어 유아가 쉽게 찍을 수 있도록 해준다.

활동의의

- 교사는 구멍이 있는 사물을 응용하여 유아가 찍어볼 수 있게 한다.

활동방법

1
두꺼운 도화지에 간단한 밑그림을 그리고 칼로 잘라낸다.

2
삼각형 모양을 잘라낸 두꺼운 도화지를 켄트지 위에 올린다.

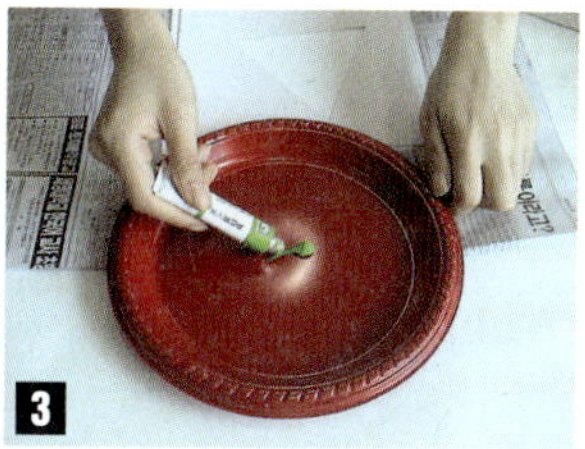
3
접시 위에 물감을 짠다.

4
롤러에 물감을 충분히 묻힌다.

5
두꺼운 도화지의 잘라낸 삼각형 부분을 롤러로 문지른다.

완성

참고자료

판화
롤러그림

2) 발상 1-수박

관련주제 과일

활동목표
- 지판화를 통해 얻어진 표현을 보고 다양한 발상을 할 수 있다.
- 다양한 발상을 통해 창의력과 상상력을 얻을 수 있다.

활동자료
- 켄트지, 롤러, 일회용 접시, 두꺼운 도화지, 포스터 물감이나 아크릴 물감, 가위나 칼, 사인펜

유의사항
- 유아가 칼을 사용할 때 위험하므로 교사가 도와주거나 미리 구멍을 낸 두꺼운 도화지를 준비해 준다.

활동의의
- 교사는 다양한 자극제를 주어 유아들이 자유롭게 발상할 수 있도록 도와준다.
- 미리 다양한 모양으로 구멍을 뚫어준다. 다양한 사물(병뚜껑, 아빠의 와이셔츠나 남방의 갓 대, 플라스틱 장난감, 폐품 등)로 대치시켜 본다.

활동방법

1 두꺼운 도화지 위에 간단한 밑그림을 그리고, 그것을 칼로 잘라낸다.

2 잘라낸 두꺼운 도화지를 켄트지 위에 올린다.

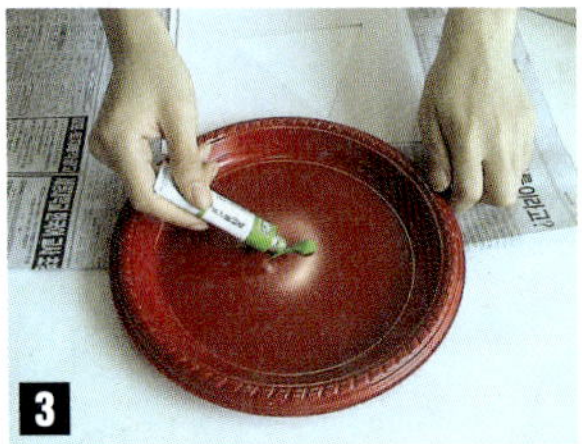
3 물감을 짠다.

4 롤러에 물감을 묻힌다.

5 롤러로 구멍이 뚫린 종이 위를 문지른다.

6 롤러로 문질러 생긴 모양이 수박으로 연상되어 사인펜으로 그린다.

완성

판화
롤러그림

3) 발상 2-눈사람

관련주제 겨울

활동목표
- 지판화의 기법을 통해 다양한 표현을 해볼 수 있다.

활동자료
- 켄트지, 롤러, 일회용 접시, 두꺼운 도화지, 포스터 물감이나 아크릴 물감, 가위나 칼, 연필, 사인펜

유의사항
- 판화는 기법이 여러 가지로 섞여 다소 복잡할 수 있으므로 교사는 단순한 주제를 가지고 표현할 수 있도록 유도해야 한다.

활동의의
- 하나의 주제로 두개의 판화 기법을 연결할 때 주제와 연관된 그림을 연상하여 표현한다.

활동방법

두꺼운 도화지를 눈사람 모양으로 그린 후 오린다.

켄트지 위에 두꺼운 도화지를 올려 놓는다.

하늘색 물감을 롤러에 묻힌다.

두꺼운 도화지의 눈사람 부분을 롤러로 문지른다.

* 눈모양 붙이기

우드락 판을 준비한다.

종이를 자유롭게 자른다.

우드락판 위에 노란색 물감을 롤러로 문지른다.

6번에 자른 종이들을 노란색 우드락 판에 자유롭게 놓는다.

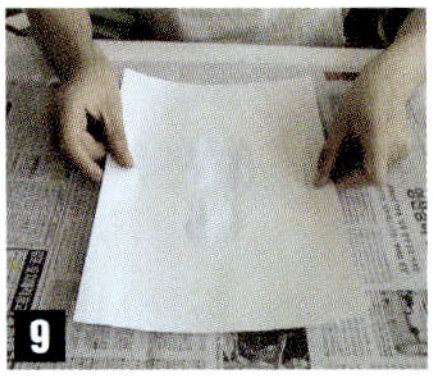

눈사람을 찍은 켄트지를 우드락 판에 뒤집어 올려놓는다.

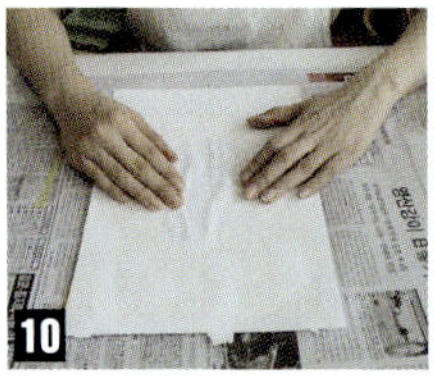

놓은 종이를 문지른다.

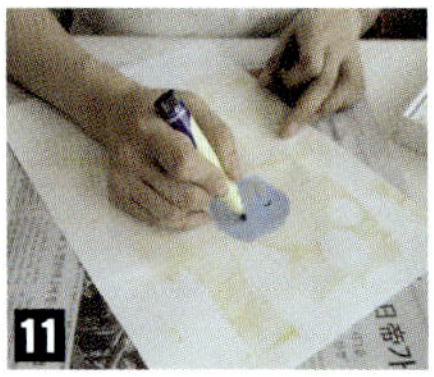

10번의 종이를 우드락에서 떼어내어 눈사람을 그려본다.

완성

참고자료

Chapter 11 본드그림

본드그림

야자수 나무

관련주제 여름

활동목표
- 오공본드를 이용해 재미있는 표현을 할 수 있다.

활동자료
- 오공본드, 색상지, 크레파스, 파스텔, 화장지

유의사항
- 풀이 다 마르기 전에는 만지지 않도록 주의한다.
- 오공본드가 마르면 투명한 색이 되므로 바탕 색상지는 어두운 색을 준비한다.
- 유아가 오공본드를 짜기 힘들어 할 수 있으므로 교사는 미리 큰 통에 오공본드를 짜주고 붓으로 그려서 표현할 수 있도록 도와준다.
- 오공본드가 마르는 시간이 필요하므로 2차시 수업으로 진행한다.
- 파스텔로 칠한 것은 나중에 정착액을 뿌려준다.

활동의의
- 오공본드를 유리창에 짜서 말리면 스티커처럼 떼었다 붙였다 할 수 있다.
- 재료의 다양한 사용법을 알 수 있다.
- 오공본드가 마른 후 크레파스로 칠하면 진하게 나타나고 파스텔로 칠하면 흐리게 나타나는데 이것을 응용하여 가까운 사물이나 풍경을 크레파스로 칠하게 하고 먼 사물이나 풍경을 파스텔로 칠하게 한다.

활동방법

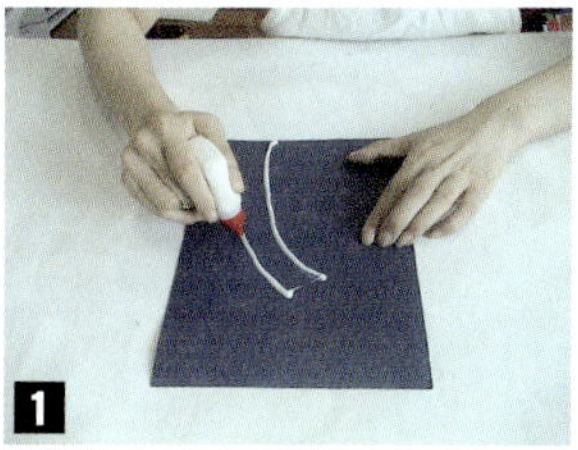

사인펜으로 주제를 그린다.

나뭇잎 부분에 여러 가지 색깔의 크레파스로 색칠을 한다.

색칠을 다 한 후 그 위에 검정색으로 다시 덧칠을 한다.

완성

참고자료

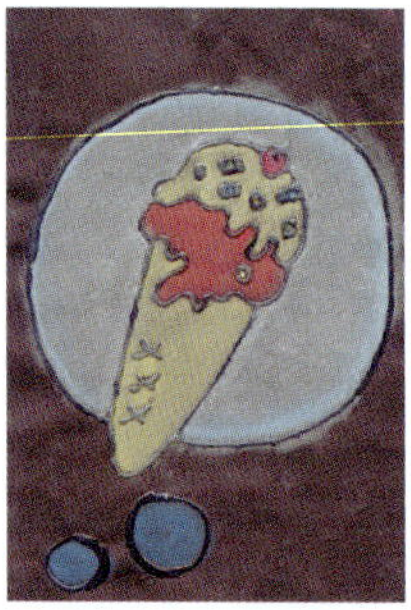

Chapter 12 색종이 접어 꾸미기

색종이 접어 꾸미기 아카시아

관련주제 꽃

활동목표
- 색종이를 이용하여 재미있는 표현을 할 수 있다.
- 다양한 방법으로 구성하는 능력을 기를 수 있고, 종이의 형태 변화와 응용 꾸미기를 할 수 있다.
- 색 감각을 익힐 수 있다.

활동자료
- 켄트지, 색종이, 가위, 자, 풀, 연필

유의사항
- 색종이를 자르기 전 반드시 켄트지 위에 점을 찍어 선을 그릴 수 있도록 한다.
- 16등분으로 자른 종이는 반드시 한 가지 모양으로 접어 통일성을 이루도록 한다.
- 가위질이 서툰 유아는 교사가 미리 잘라준다.

활동의의
- 색종이 디자인을 유아들과 해봄으로 기초 디자인 감각을 기를 수 있고, 색 감각을 기를 수도 있다.
- 완성된 색종이 디자인으로 벽면 디자인을 할 수 있다.
(봄, 여름, 가을, 겨울, 4계절 중 각 계절이 되면 떠오르는 색을 걸어 보게 하여 꾸며볼 수 있다.)

활동방법

켄트지 중앙에 색종이를 준비한다.

켄트지 중앙에 놓은 색종이의 모서리를 연필로 표시한다.

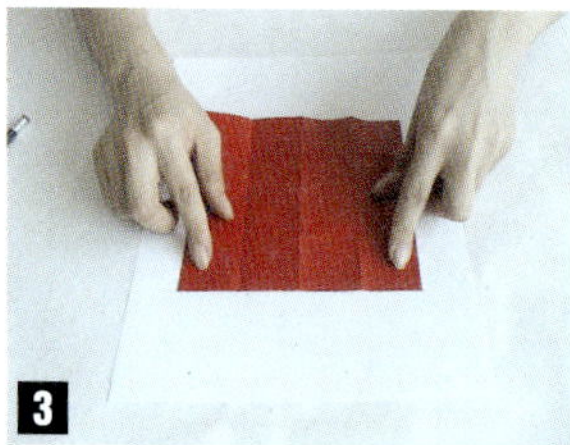

색종이를 사각 접기 하여 16등분으로 나눈 후 켄트지에 표시한 곳에 놓는다.

색종이에 풀을 묻혀 켄트지에 붙인다.

다른 색종이를 16등분으로 접은 후 16개의 정사각형을 자른다.

5번에 자른 16개의 정사각형을 바둑판 모양으로 붙인다.

다른색 색종이도 똑같이 16등분으로 접은 후 자른다.

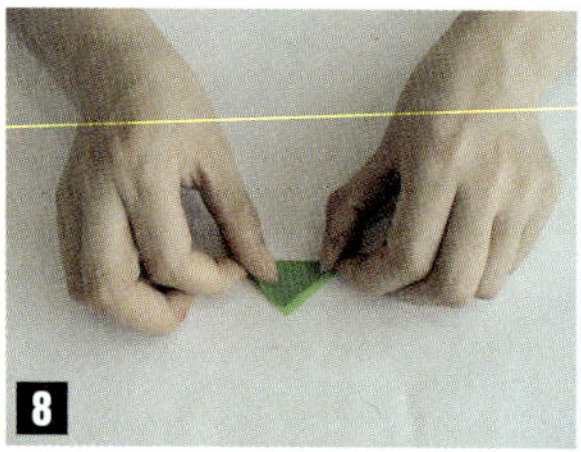

정사각형을 세모로 반을 접었다 편다.

접힌 선을 맞추어서 직삼각형으로 접는다.

양쪽을 접어서 완성한다.

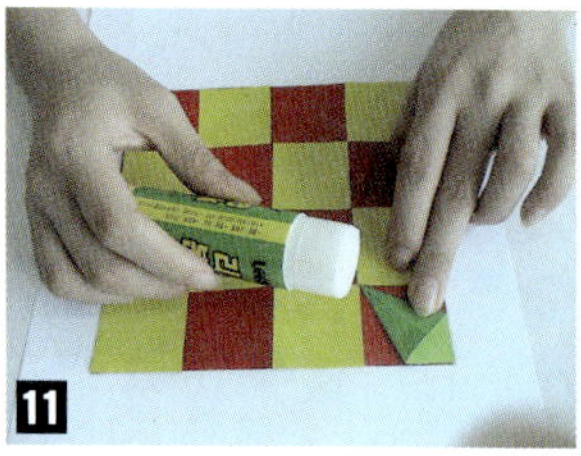

10번의 모양으로 16개를 접은 후 도화지에 붙인다.

완성

참고자료

Chapter 13 골판지 퍼즐

골판지 퍼즐

숲 속

관련주제 자연

활동목표
- 골판지로 퍼즐을 만들어 재미있는 활동을 할 수 있다.
- 퍼즐을 만들어 자유롭게 모양을 만드는 활동을 통해 상상력과 창의력을 기를 수 있다.
- 공간감을 기를 수 있다.
- 소근육 발달을 기를 수 있다.

활동자료
- 골판지, 색 지끈, 오공본드, 가위

유의사항
- 골판지에 지끈을 붙이기 전에, 미리 지끈을 같은 크기로 마련하여 두면 작업이 빨리 진행된다.
- 유아가 오공본드 짜는 것을 힘들어 하면 교사는 그릇에 오공본드를 짜주고 붓으로 이용하게 한다.
- 퍼즐을 만들 때 뒷면에 꼭 번호를 적어 놀이를 실시한 후 작업한다.
- 너무 많은 조각을 내면 유아들이 혼돈할 수 있으므로 4~6개 정도로 퍼즐 조각을 만든다.

- 골판지에 지끈을 붙일 때 지끈의 색과 수를 정하여 나름대로 규칙을 정해 붙인다.

활동의의

- 골판지에 지끈을 붙이는 것은 산만한 아이들을 집중하게 할 수 있다.
- 골판지에 지끈을 붙여 봄으로써 소근육과 색감각을 기를 수 있다.
- 교사는 다 만들어진 퍼즐 조각을 이용하여 같은 주제를 주고 유아가 가진 조각을 가지고 꾸며보게 함으로써 공간감을 기를 수 있도록 유도한다.
  예 : 자신이 가진 조각을 이용해서 사람이 되게 만들어 보세요.
  자신이 가진 조각을 이용해서 자동차를 만들어 보세요.

활동방법

골판지를 알맞은 크기로 잘라 놓는다.

지끈을 골판지 길이에 맞춘다.

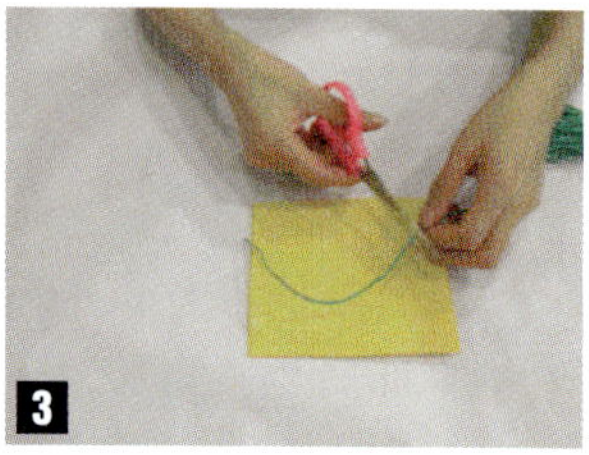

지끈을 골판지에 길이에 맞추어 자른다.

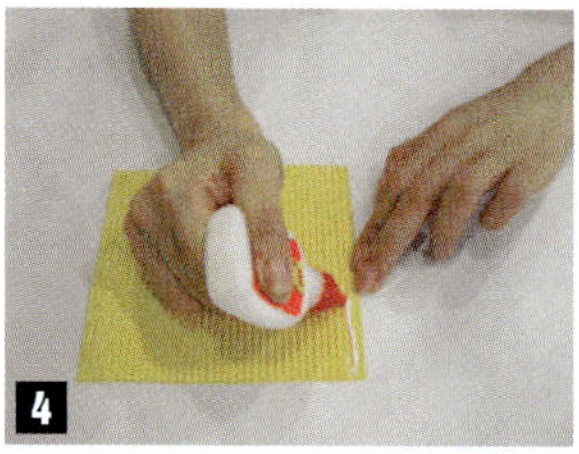

오공본드를 칠한다.

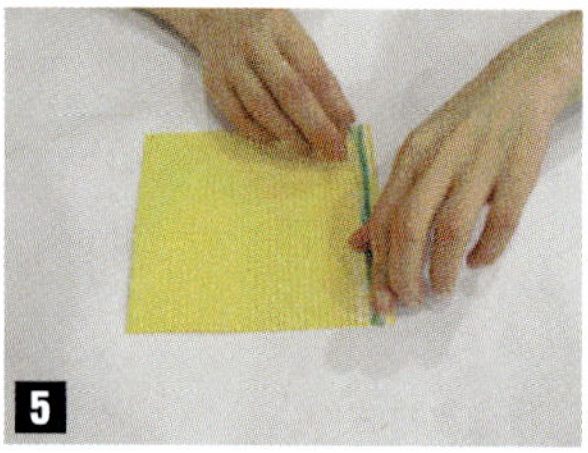

골판지 위에 지끈을 가지런히 붙여 나간다.

지끈을 자신이 하고 싶은 색으로 규칙을 정해 골판지에 붙인다.

본드가 다 마른 골판지 판을 뒤집어 곡선과 직선을 그려 알맞은 조각이 나올 수 있도록 한다.

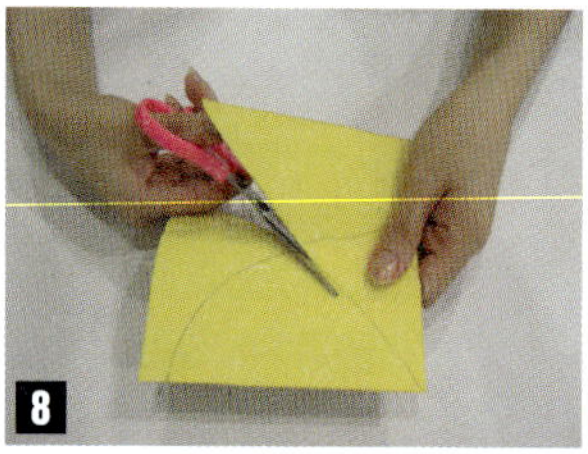

7번에서 나온 선을 가위로 잘라 4조각을 만든다.

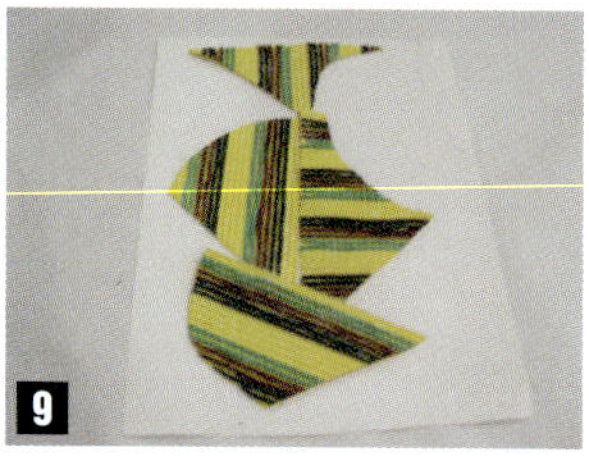

자른 조각을 여러 방향으로 배치하여 가장 그럴듯한 모양이 나오도록 만든다.

자른 조각이 여자의 옆 모습과 같아 도화지에 오공본드로 붙인다.

연상되는 것을 도화지 위에 꾸며 본다.

완성

참고자료

참고문헌

강경미(2007). 아동 행동 수정. 서울 : 학지사.

교육과학 기술부(2008). 유치원 교육과정 해설(Ⅰ). 서울 : 대한교과서 주식회사.

______(2008). 유치원교육과정 해설(Ⅲ). 서울 : 대한교과서 주식회사.

김동연·최외선(2002). 아동 미술 치료. 대구 : 중문 출판사.

김미남(2012). 아동미술발달 이해를 위한 사회문화적 관점의 학문적 접근들. 미술과 교육, 13(1), 103-123.

김선현(2003). 흙동이와 찰흙 놀이해요. 서울 : 이론과 실천.

김영학(1993). 민화. 서울: 대원사.

김옥경·이선옥·고태순·이현아(2005). 유아교육개론. 서울 : 태영 출판사.

김용래(2000). 교육심리학. 서울: 문음사.

김유미(2004). 두뇌를 알고 가르치자. 서울 : 학지사.

김재은(1976). 그림에 의한 아동의 심리진단. 서울 : 교육과학사.

김재은(1981). 인물화에 의한 아동의 심리진단. 서울 : 교육과학사.

김재은·김동극·여광응(2006). 간편 지능 검사. 서울 : 교육과학사.

김정(2000). 미술교육논총. 서울 : 학연사.

김정·조정숙(2003). 유아미술교육. 서울 : 한국방송대학 출판부.

김정규·이광자·조정숙(2003). 교과교재 연구 및 지도법. 서울 : 정민사.

김춘일(1988). 美術科 教育論. 서울: 갑을 출판사.

박도순·홍후조(2003). 교육과정과 교육 평가. 서울 : 문음사.

박은덕(2000). 은덕이의 아동화이야기. 서울: 양서원.

박은혜 · 김미선 · 김수진 · 강혜경 · 김은숙 · 김정연 · 이명희(2004). 장애아동을 휘한 미술교육. 서울 : 학지사.

백중열(2003). 뇌 과학과 미술교육. 미술교육이론의 탐색. 서울 : 도서출판 예경.

_____(2008). 아동미술치료. 서울 : 공동체.

백중열 · 오현숙(2006). 교사를 위한 아동 미술교육의 이해. 서울 : 공동체.

서울대학교 교육연구소(1998). 교육학 대백과 사전. 춘천 : 하우동설.

송인섭(1998). 인간의 자아개념 탐구. 서울 : 학지사.

신명희(2000). 지각의 심리학. 서울 : 학지사.

오종숙(2001). 유아미술교육의 이론과 실제. 서울 : 양서원.

오현숙(2000). 아동화에 나타난 색채심리분석. 한국기초조형학연구. Vol. 1 No 2. pp.91-105.

이규선 · 김동연 · 전성수(1996). 미술교육학 개론. 서울 : 교육과학사.

이근매 · 최외선(2003). 유아동 발달을 돕는 미술치료의 실제. 서울 : 교육과학사.

이기숙(2001). 유아교육과정. 서울 : 교문사.

이숙재 · 이봉선 · 김경란(2002). 유아미술교육. 서울 : 창지사.

이영자 · 박미라 · 최경애(2004). 유아교육 교수매체. 서울 : 교문사.

이윤구(1988). 미술실에서 미술관까지. 서울 : 두산동아.

이정환(2002). 유아 교육의 통합적 미술교육과정. 서울 : 창지사.

이현아(2005). 교사를 위한 유아창작공예. 서울 : 창지사.

_____(2008). 시각체제의 특정 속성과 조형요소의 관계 연구. 한국조형교육, 제31호 1호, pp.219~256.

_____(2008). 시각지능과 미술교육과의 관계 연구. 미술교육논총, 제22권 1호, pp.95-124.

_____(2022). 교사를 위한 유아창작공예. 서울 : 창지사.

정옥분(2007). 아동발달의 이해. 서울 : 학지사.

정현희(2006). 실제 적용 중심의 미술치료. 서울 : 학지사.

조동균(2004). 시각뇌의 기제와 미술교육. 미술교육논총, 제18권 2호, pp.25-44.

조복희(2003). 유아 발달. 서울 : 교육과학사.

조정숙 · 전인옥(2003). 유아교육개론. 서울 : 한국 방송통신대학교 출판부.

최외선 · 이근매 · 김갑숙 · 최선남 · 이미옥(2007). 마음을 나누는 미술치료. 서울 : 학지사.

한국미술교과교육학회(1999). 유아미술교육학. 서울 : 학문사.

한국 미술치료학회(2000). 미술치료의 이론과 실제. 대구 : 동아문화사.

한임순(1999). 최신유아 교육개론. 서울 : 동문사.

「2019 개정 누리과정 해설서」(2019) (발간등록번호 11−1342000−00522−01) 서울: 교육과학 기술부·보건 복지부.

「2019 개정 누리과정」(2019). '놀이 이해 자료' (발간등록 번호 11−1342000−000523−01) 서울: 교육과학기술부·보건 복지부.

「2019 개정 누리과정」(2019). '놀이 실행 자료' (발간등록 번호 11−1342000−000524−01) 서울: 교육과학기술부·보건 복지부.

Anderson, T.(1986). Talking about art with children: From theory to practice. *Art Education, 39(1)*. 5−8.

Arnheim, R.(1969). *Visual Thinking*, Berkeley, Los Angeles, University of California Press.

Arnheim, R.(1974). *Art and visual perception*. 김춘일 역 (1996). 미술과 시지각. 서울 : 미진사.

Barns, R.(1987). *Teaching Art to Young Children 4-9*, London : Allen & Unwin.

Burns, R. C. & Kaufman, S. H.(1974). *Actions, styles and symbols in kinetic family drawings*. 장연집 역(2000). 서울: 교문사. 197

Block, J. R. & Harold E. Y.(1992). *Can you Believe your eyes?*. 신재원 역(1995). 시각심리학. 서울: 도서출판 국제.

Buck, J.(1948). *The House-Tree-Person technique. Los Angeles*: Western Psychological Sevices.

Burt, C.(1921). *Mental and scholastic tests*. London: P. S. King& Son.

Carlson, N. R.(2003) *Physiology of Behavior*. 김현택외 역(2006). 생리심리학의 기초. 서울: 시그마프레스.

Chugani, H. T.(1991). Imaging human brain development withpositron emission tomography, *Journal of Nuclear, 32*. 6−23.

Cole, E., & Schaefer.(1990). Can young children be art critics? *Young childen, 45(2)*. 33−43.

Edwards, B.(1999). *The new drawing on the right side of the brain.* 강은엽 역(2000). 오른쪽 두뇌로 그림 그리기. 서울: 나무숲.

Eisner, E. W.(1972). *Educating artistic vision*. N. Y.: Macmillan.

Eisner, E. W.(1972). *Educating artistic vision*. 서울교육대학교 미술교육연구회 역(2003). 새로운 눈우로 보는 미술교육. 서울 : 도서출판 예경.

Eisner, E. W.(1982). The relationship of theory and practice in the art education. *Art education NAEA*, 1.

Feldman, E. B.(1970). *Becoming human through art*. Englewood Cliffs, NJ: Prentice-Hall

Gardner, H.(1983). *Frames of Mind: The Theory of Multiple Intelligence*. New York.

Gardner, H.(1983). *Frames of Mind*. 이경희 역(1998). 마음의 틀. 서울 :문음사.

Goodenough, F.(1926). *Measurement of intelligence by drawings*. New York: Harcourt, Brace & World.

Harris, D.(1963). *Children's drawings as measures of intellectual msturity*. New York: Harcount, Brace & World.

Herberholz, B. & Hanson, L.(1995). *Early childhood art*. LA: Win. C. Brown Publishers.

Isenberg, J. P., & Jalongo, M, R.(1997). *Creative expression and play in early childhood*, Prentice-Hall, Inc.

Kalat, J. W.(1998). Biological Psychlogy, 김문수·문양호·박소현·박순권 공역(2006). 생물 심리학. 서울 : 시그마 프레스.

Kellogg, R.(1970). *Analyzing Children's Art*, Califomia : National Press Books.

Koppitz, E.(1968). *Psychological evaluation of children's human figure drawings*. New York: Grune & Stratton.

Lowenfeld, V. & Brittain, W. L.(1964). *Creative and Medtal Growth*. N.Y. : The Macmillan Co.

______(1975). *Creative and Medtal Growth*. N.Y. : The Macmillan Pub. Co., Inc.

Machover, K.(1949). Pe*rsonality Projection inthe drawing of the human figure*. Springfield, IL: Charles C Thomas.

Malchiodi, C.(1998). *Understanding children's drawings*, 김동연·이재연·홍은주 역(2003). 아동미술심리이해. 서울 : 학지사.

Mc Kim(1980). *Thinking visually*. 김이환 역(1995). 시각적 사고. 서울: 평민사.

Mittler, G. A.(1980). Learning to Look, Looking to Learn? A proposed approach to art appreciation at the secondary school level. *Art Education. 33(2)*, 17-21.

Moutoussis, K. & Zeki, S.(1997). *"A direct demonstration of perceptual asynchrony in vision,"* Proc. R. Soc. Lond. B. 264. 393−9.

NAEYC(1991). Guidelines for appropriate curriculum content and assessment in programs serving children ages 3 through 8. *Young Children, 21*.

Palmer, S. E.(2000). Perceptual organization. In A. E. Kazdin(Ed.), *Encyclopedia of psychology*. Washington, DC: American Psychological Association.

Palmer, S. E., & Rock, I.(1994). Rethinking perceptual organization: The role of uniform connectedness. *Psychonomic Bulletin & review. 1*. 29−55.

Phyfe−Perkins, E.(1982). Children's Behavior in Pre−school setting−A review of Research Concerning the Influence of Physical Environment: *Current Topics inEarly Childhood Education*, Ed. Kat., L. G., vol. Ⅳ, pp. 92−93.

Piaget, J.(1960). *Psychology of intelligence. Paterson*, NJ: Littlefield, Adams.

Prinzmetal, W. P.(1995). Visual feature integration in a world of objects. *Current Directions in psychological Science, 4*, 90−94.

Reed. S. K.(1982). Cognition: Theory and applications. 박권생 역(2006). 인지 심리학. 서울: 시그마 프레스

Rudolph, M. & Gohen, D. H.(1984). *Kindergarten and Early Schooling*(2nd, Ed.) Englewood Cliffs, N.J : Prentice−Hall.

Sharp, P. O.(1976). Aesthetic response in early education. *Art Education, 29(7)*, 825−29

Shepard, R. N., & Metzler, J.(1971). Mental rotation of three−mensional objects. *Science, 171*, 701−703.

Solso, R. S.(2000). Cognition & the Visual Art. 신현정·유상욱 역(2003). 시각 심리학. 서울 : 시그마 프레스.

Wilson, B. (1997). *Child art, multiple interpretations, and conflicts of interest*. In A. M. Kindler(Ed.). Child development in art(81−94). Reston, VA: National Art Education Association.

Zeki, S.(1999). Inner vision. 박창범 역(2003). 이너비전 뇌를 보는 그림, 뇌로 보는 그림. 서울: 시공사.

저자소개

이 현 아(李弦娥)

- 홍익대학교 대학원 교육학과 졸업(박사)
- 한국교원대학교 대학원 미술교육학과 졸업(석사)
- 덕성여자대학교 동양화학과 졸업(학부)
- 전, 경원대학교 유아교육학과 강사
  총신대학교 아동학과 강사
  한양여자대학교 유아교육과 겸임교수
  총신대학교 미술심리치료 책임 교수
  청주교육대학교 강사
  서울교육대학교 강사
  경인교육대학교 강사
- 현, 청주교육대학교 강사
  경인교육대학교 강사
  이현아 미술심리치료 센터장

- **주요 저서 및 논문**

  『교사를 위한 유아창작공예』-개정판 (2022)
  『유아교육개론』(2005)
  『유아미술교육』(2009)
  『유아동미술교육』(2010)
  『초등미술교육의 이해』-개정판(2022)
  '미술자아개념 척도에 관한 연구'(2006), 단독
  '초등학생의 미술표현 능력과 시각지수에 관한 연구'(2007) 단독
  '시각체제와 조형요소의 관계연구'(2008) 단독
  '시각지능과 미술교육의 관계 연구'(2008) 단독
  '상상 능력 척도개발에 관한 연구'(2008) 단독
  '집단 미술치료가 목회자 자녀(PK)에 미치는 효과'(2011) 단독
  '정서 행동장애아동의 내면화, 외현화 문제의 완화 및 감소를 위한 미술치료사례연구'(2013) 단독
  '미술개념에 대한 미술 분야 전문가들의 인식 분석: 브레인스토밍(FGI)방법을 중심으로'(2014) 공동
  '미술적성의 개념 및 구성요인에 관한 연구: 미술전문가들의 인식조사를 중심으로'(2015) 공동
  '청소년용 미술적성 검사의 예비 타당화 연구'(2017) 공동
  '미술적성검사도구 개발을 위한 미술적성요인 도출에 관한 연구'(2017) 공동
  '진로발달이론을 통해 살펴본 청소년용 미술적성에의 시사점 고찰'(2017) 공동
  '정서 · 행동적 어려움 학습자의 미술적 표현 특성과 미술 교육적 모색'(2019) 단독
  '시각지수와 미술자아개념의 상관관계 분석 연구'(2019) 단독

제2판

유아의 마음을 읽는

유아미술교육

초 판 1쇄 발행 2014년 1월 20일
제2판 1쇄 발행 2022년 7월 4일

지 은 이 | 이현아
펴 낸 이 | 김기섭
책임편집 | 엄지연, 이현남
펴 낸 곳 | www.changjisa.com
08589 서울시 금천구 가산디지털 1로 83 파트너스타워1차 9층
전화 (02) 719-2211~3
팩스 (02) 701-9386
등 록 | 1977년 4월 28일 · 제1-421호

ISBN 978-89-426-1538-4 (93370)

값 24,000원